立法学

邓小兵　赵嘉玲　朱秀亮◎编　著

中国政法大学出版社

2023·北京

图书在版编目（ＣＩＰ）数据

立法学/邓小兵，赵嘉玲，朱秀亮编著.—北京：中国政法大学出版社,2023.10
ISBN 978-7-5764-1220-8

Ⅰ.①立… Ⅱ.①邓… ②赵… ③朱… Ⅲ.①立法－法的理论－研究 Ⅳ.①D901

中国国家版本馆 CIP 数据核字(2023)第 237799 号

出 版 者	中国政法大学出版社
地　　址	北京市海淀区西土城路 25 号
邮寄地址	北京 100088 信箱 8034 分箱　邮编 100088
网　　址	http://www.cuplpress.com (网络实名：中国政法大学出版社)
电　　话	010－58908586(编辑部) 58908334(邮购部)
编辑邮箱	zhengfadch@126.com
承　　印	固安华明印业有限公司
开　　本	720mm×960mm　　1/16
印　　张	18.25
字　　数	320 千字
版　　次	2023 年 10 月第 1 版
印　　次	2023 年 10 月第 1 次印刷
定　　价	76.00 元

出版说明

　　本书是针对大学法学院系本科生和法律硕士研究生编写的参考教材。本书系统地阐释了立法学的基本理论知识并辅之以典型案例作说明。具体而言，本书主要结合当前在立法学方面比较有影响的观点重点研究了立法原理、立法体制、立法主体、立法权限、立法过程、立法程序、立法技术、立法结构、立法语言、立法完善、立法监督等方面的问题。本书是在充分借鉴前人研究基础之上的一次探讨，希望对感兴趣的学生的学习有所裨益。

目　录

【内容概要】

新中国的法律发展史表明，要建设法治国家，必须重视立法建设。现阶段，有中国特色的社会主义法律体系已经形成，我国法治建设"有法可依"的问题已经基本解决，新时代立法工作的重心逐渐转到提高立法质量方面，以良法促发展、保善治成为当前立法工作的新任务。对此，我们必须在科学的立法理论指导下前行。万丈高楼平地起，继续加强与完善立法理论研究也就成为前提和基础。

【基本原理】

依法治国，建设社会主义法治国家已经成为中国不可阻挡的历史发展潮流。法治的最基本前提即是"科学立法"，实现"良法善治"。要制定"良法"，就必须有科学的立法理论作指导。为此，我们首先必须对"法""立法""立法学"等基本概念有一个清晰的认识与把握。

一、立法的基本概念

（一）法、法律

把握立法的概念必须首先从把握法的概念入手，而探讨法的概念时又要涉及与其紧密相关的法律的概念，因而准确把握法与法律的概念是研究立法概念的基础和前提。

法的概念在如今的法学理论和法律实践中存在广义与狭义的区分。广义的法主要是指某种规则行为体系或某些社会行为规范的总称，在这个意义上，法的范围最为广泛，不仅包括各种官方的法律文件，还包括那些民间法、民间行为习惯、禁忌、惯例、不成文法、判例等具有法的意义的事项。部门法中的民法，其表现形式就是广义的法。而狭义的法通常就是指法律，但此时狭义下的法所指法律的概念也有广义与狭义之分。广义的法律是指由国家有权机关制定的一切具有普遍效力的规范性文件的总称，一般也将其称为"国家法"，即只要是国家有权机关制定的，有普遍效力的规范就是法律。行政法部门法中的法，就是指这种广义的法律。我国《行政诉讼法》[1]第 5 条规定的"人民法院审理行政案件，以事实为根据，以法律为准绳"，其作为"准绳"的法律也是指这种层面上的法。狭义的法律，也是最狭义之法，在当代中国法律体系中，仅指由全国人民代表大会及其常务委员会制定的规范性文件的名称。刑法部门法中的法就是最狭义的法。《刑法》第 3 条规定的"法律明文规定为犯罪行为的，依照法律定罪处刑；法律没有明文规定为犯罪行为的，不得定罪处刑"，也就是我们通常所说的"罪刑法定原则"，所依据的就是这种法。

我国《立法法》所调整的"法"以及立法学研究对象的"法"，应是广义的法律，即《立法法》第 2 条所明确规定的"法律、行政法规、地方性法规、自治条例和单行条例的制定、修改和废止，适用本法。国务院部门规章和地方政府规章的制定、修改和废止，依照本法的有关规定执行"。具体说来就是指狭义的法律、行政法规、地方性法规、自治条例和单行条例以及部门规章和地方政府规章。

在这里有几个基本问题需要澄清：

第一，宪法的法律属性问题。宪法是由全国人民代表大会制定的法律文件，理应属于法律的范畴，但是由于我国的特殊实际，宪法不作为人民法院审理案件的直接依据，因此我们在使用狭义的法律概念时，并不包括宪法。在使用广义的法律概念时，一般也不包括宪法，例如《立法法》所"立"的法，所以我们经常用宪法与法律这种很奇特的表述法，典型的体现就是《宪法》。其第 5 条第 4 款规定："一切国家机关和武装力量、各政党和各社会团体、各企业事业组织都必须遵守宪法和法律。一切违反宪法和法律的行为，必须予以追究。"第 5 款也规定："任何组织或者个人都不得有超越宪法和法

---

[1]《行政诉讼法》，即《中华人民共和国行政诉讼法》。为表述方便，本书中涉及我国法律文件直接使用简称，省去"中华人民共和国"字样，全书统一，后不赘述。

律的特权。"但是，在谈行政法的渊源时，宪法又包括在内。

第二，党内法规的属性问题。党内法规是一个历史形成的概念，也是一个在党的领导和党的建设实践中不断完善的概念。在党的历史文献资料中，与党内法规概念并提的称谓还有"党规""党的法纪""党的法规""党规党法"等多种。《中国共产党党内法规制定条例》第 3 条第 1 款规定："党内法规是党的中央组织，中央纪律检查委员会以及党中央工作机关和省、自治区、直辖市党委制定的体现党的统一意志、规范党的领导和党的建设活动、依靠党的纪律保证实施的专门规章制度。"中共中央《关于全面推进依法治国若干重大问题的决定》提道："全面推进依法治国，总目标是建设中国特色社会主义法治体系，建设社会主义法治国家。这就是，在中国共产党领导下，坚持中国特色社会主义制度，贯彻中国特色社会主义法治理论，形成完备的法律规范体系、高效的法治实施体系、严密的法治监督体系、有力的法治保障体系，形成完善的党内法规体系，坚持依法治国、依法执政、依法行政共同推进，坚持法治国家、法治政府、法治社会一体建设，实现科学立法、严格执法、公正司法、全民守法，促进国家治理体系和治理能力现代化。"因此，党内法规是中国特色社会主义法治体系的有机组成部分，却不是基于国家意志的法律规范体系的组成部分，因此不属于法律的范畴。

第三，关于监察法规的立法问题。为了贯彻实施《宪法》和《监察法》，保障国家监察委员会依法履行最高监察机关职责，根据监察工作实际需要，第十三届全国人民代表大会常务委员会第十四次会议通过《关于国家监察委员会制定监察法规的决定》："一、国家监察委员会根据宪法和法律，制定监察法规。监察法规可以就下列事项作出规定：（一）为执行法律的规定需要制定监察法规的事项；（二）为履行领导地方各级监察委员会工作的职责需要制定监察法规的事项。监察法规不得与宪法、法律相抵触……"该决定表明，现阶段我国广义的法律是包括监察法规的。对监察法规作出明确规定，较为理想的解决方式是修改《立法法》。《立法法》是对我国的立法体制、立法权限和立法程序作出系统规定的基本法律。但是考虑《立法法》的修改除涉及监察法规制定权外，关于立法的指导思想、宪法和法律委员会的职责、授权立法等规定都需要研究和修改。因此，时隔八年之后，《立法法》于 2023 年再次迎来修改，不仅明确了国家监察委员会的提案权、合宪性审查权等职权，还明确了国家监察委员会制定监察法规的职权和备案规定。例如《立法法》

第 118 条规定："国家监察委员会根据宪法和法律、全国人民代表大会常务委员会的有关决定，制定监察法规，报全国人民代表大会常务委员会备案。"回应并解决了此前学界提出的由全国人大常委会以作决定的方式，对机构职责问题加以规定的过渡性规定，从立法理论和立法体制层面弥补了监察法规缺位的问题。

第四，关于军事法规和军事规章的立法问题。事实上，《立法法》第 117条规定："中央军事委员会根据宪法和法律，制定军事法规。中国人民解放军各战区、军兵种和中国人民武装警察部队，可以根据法律和中央军事委员会的军事法规、决定、命令，在其权限范围内，制定军事规章。军事法规、军事规章在武装力量内部实施。军事法规、军事规章的制定、修改和废止办法，由中央军事委员会依照本法规定的原则规定。"据此，中央军事委员会 2017年制定的《军事立法工作条例》第 1 条规定："为了规范军事立法工作，保证军事立法质量，完善军事法规制度体系，深入推进依法治军，根据宪法、立法法和国防法的有关规定，制定本条例。"第 2 条规定："中央军委制定、修改、废止、解释军事法规，战区、军兵种制定、修改、废止、解释军事规章的活动，适用本条例。为贯彻执行军事法规、军事规章而制定具体规定、办法、细则等军事规范性文件的活动，因制定军事法规、军事规章条件尚不成熟，先行以文件形式制定规定、办法等军事规范性文件的活动，按照本条例规定执行。军事法规、军事规章是军队建设和部队行动的基本依据，是官兵行为的基本准则。军事规范性文件是军事法规制度体系的组成部分，是军事法规、军事规章的必要补充。"所以，我国广义的法律，还包括军事法规和军事规章。但是由于其调整的领域和对象比较特殊，与普通老百姓的生活有一定距离，故大家了解得不多，我们的立法理论也较少涉及，仅在作系统介绍时提到。

第五，特别行政区的立法问题。我国《宪法》第 31 条规定："国家在必要时得设立特别行政区。在特别行政区内实行的制度按照具体情况由全国人民代表大会以法律规定。"据此，全国人民代表大会制定的《香港特别行政区基本法》第 2 条规定："全国人民代表大会授权香港特别行政区依照本法的规定实行高度自治，享有行政管理权、立法权、独立的司法权和终审权。"第 5条规定："香港特别行政区不实行社会主义制度和政策，保持原有的资本主义制度和生活方式，五十年不变。"第 8 条规定："香港原有法律，即普通法、衡平法、条例、附属立法和习惯法，除同本法相抵触或经香港特别行政区的立法机关作出修改者外，予以保留。"《澳门特别行政区基本法》第2条规定："中华人民共和国全国人民代表大会授权澳门特别行政区依照本法的规定实行高度自治，享有行政管理权、立法权、独立的司法权和终审权。"第5条规定："澳门特别行政区不实行社会主义的制度和政策，保持原有的资本主义制度和生活方式，五十年不变。"第8条规定："澳门原有的法律、法令、行政法规和其他规范性文件，除同本法相抵触或经澳门特别行政区的立法机关或其他有关机关依照法定程序作出修改者外，予以保留。"上述规定表明，香港和澳门两个特别行政区的立法，属于我国立法体系的有机组成部分，却不是社会主义法律体系的组成部分，其高度自治的特殊性使得一般立法理论很少涉及。

第六，"红头文件"的法律属性问题。国务院办公厅《关于加强行政规范性文件制定和监督管理工作的通知》（国办发〔2018〕37号）提道："行政规范性文件是除国务院的行政法规、决定、命令以及部门规章和地方政府规章外，由行政机关或者经法律、法规授权的具有管理公共事务职能的组织（以下统称行政机关）依照法定权限、程序制定并公开发布，涉及公民、法人和其他组织权利义务，具有普遍约束力，在一定期限内反复适用的公文。制发行政规范性文件是行政机关依法履行职能的重要方式，直接关系群众切身利益，事关政府形象。""严格依法行政，防止乱发文件。"因此，生活中大量出现的行政规范性文件（"红头文件"的一种），虽然也是行政法学研究的对象，但其并不是严格意义上的法，它们的制定与适用反而要受到法的严格约束。

（二）立法

诚如法律的概念有广义与狭义之分一样，立法的概念也可以从广义和狭义两个角度进行把握。广义的立法，通常是指有权的国家机关依照法定权限和程序，制定、认可、修改、补充和废止法律以及其他规范性法律文件的活动。狭义的立法，仅仅是指国家最高权力机关制定、认可、修改、补充和废止基本法律和其他法律的活动。这种对立法概念进行广义与狭义区分的基础在于对法律概念本身理解的不同。我国《立法法》阐述的立法应当是广义立法的概念。

此外，在不同的语境下，立法一词还应该有不同的理解。

作名词解，与成文法同义，指有权国家机关制定、认可、修改、补充和废止规范性法律文件的结果，通常与判例、惯例等法的渊源一同使用。中国目前是一个成文法国家，但是法院判例尤其是最高人民法院通过选择在人民法院公报上发布的判例在司法实践中逐渐发挥着重要的指导作用。从长远的发展趋势来看，判例有可能成为中国司法的依据之一。

作动词解，即指有权国家机关制定、认可、修改、补充和废止规范性法律文件的活动，这种活动是特定的主体依据特定的职权按照特定的程序所进行的，因而具有相应的法律意义，能够产生相应的法律后果，经常与行政、司法等国家行为并列。

二、立法的作用与地位

(一) 立法的作用

立法作为上层建筑的范畴，其产生的作用也是两面的。

从积极方面来看，立法作为法运行的起点，没有立法的进行就不会有其他执法、守法与司法活动的存在。立法是法的主要来源方式，正因为有了立法的存在才保证了社会关系能够通过法来调整，真正发挥前提作用的就是立法。一切法治建设的起点必须是有法可依，立法扮演着关键的角色，没有立法者制定的良法的有效运行，法治建设就只能是空中楼阁。立法也是利益分配的重要手段，立法通过权利与义务的设定，配置社会成员的利益与负担，实现着调整社会关系的目的。立法是维护社会秩序、确认改革成果的重要方式，改革的成果只有通过法律的形式加以固定才能成为行之有效的制度措施。立法也是解决现代社会出现的新情况、新问题的重要途径，立法作用的大力发挥，不断地推动着社会的发展。

然而，从消极方面看，立法一旦与社会实际状况不符合，不仅起不到调整社会关系的作用，而且还会对社会的发展造成阻碍。恶法的出现不仅起不到维护良好社会秩序的目的，而且会使法治建设陷入停滞，社会公平正义的价值观念丧失，造成社会发展的倒退。立法的不科学会导致社会大量恶性事件出现。立法科学性的丧失，缺乏对违法行为的有力制裁，就会使违法者有恃无恐，将法律视为无物。立法民主性的缺乏也会导致立法背离社会成员的意志，造成专制、为少数人谋利益的法律出现。

（二）立法的地位

立法与执法、司法相比，立法是执法、司法的前提和先导。在成文法国家，没有立法就不可能有执法、司法，立法处于基础性的地位。同时，立法也是守法的基础条件，没有立法的存在也谈不上守法的价值。立法是为不同的社会关系确立规则的过程，是社会利益分配与责任负担的关键环节。

三、立法的历史发展

中国现代意义的法治建设包括立法是从清末"西风东渐"开始的。但是由于旧中国政权极不稳定，所以当时的立法对社会的影响也有限。新中国成立以后，我国立法重新开启了一条自我发展之路。这期间，伴随着国家大政方针的改变，立法活动也起起伏伏。诚如北京大学的周旺生教授所言，这期间我国的立法发展经历了一条屡经变故，从肯定到否定再到否定之否定的道路。[1]

（一）新中国初期的立法——立法肯定阶段

这段时期主要是从 1949 年到 1956 年。在这段时间内，新中国立法开始产生，并且同时出现了大量的立法成就。1949 年中国人民政治协商会议第一届全体会议通过了起临时宪法作用的《共同纲领》，以立法的形式宣告了新中国的产生。1954 年第一届全国人民代表大会第一次全体会议通过了第一部社会主义类型的《宪法》，确立了各项国家制度，随后有关全国人民代表大会、国务院、地方各级人民代表大会和地方各级人民政府、各级人民法院、各级人民检察院等重要的组织法律都相继问世。总体来看，这段时期内国家对立法的态度还是十分重视的，虽然在政权建立之初各项工作都需要兼顾，但是立法仍然是国家生活中一项重要的大事，立法活动的规模也较为宏大。其中除了宪法以及宪法性法律的出台以外，涉及社会生活其他方面的立法也不断涌现，形成了对社会关系的有效的调整机制。在立法体制方面，中央高度集中的立法体制逐步形成，从地方开始享有一定的立法权到立法权全部收归中央，当 1954 年《宪法》通过之后，全国人大成为行使立法权的唯一机关，其他各个机关都无权制定法律，全国人大常委会仅有权解释法律。

---

〔1〕 参见周旺生：《立法学》（第 2 版），法律出版社 2009 年版，第 118 页。

（二）"反右""文革"期间的立法——立法否定阶段

这段时期主要是从 1957 年到 1978 年。在这段时间内，我国立法遭受了重大的挫折。在 1956 年中共八大为社会主义建设指明道路的前提下，理应是立法与各项事业蓬勃开展的时期，然而随着 1957 年反右斗争扩大的开始，进而一系列错误决定的作出，再到"文化大革命"的彻底否定，新中国的立法遭遇了历史最黑暗的低谷。这段时期中国立法的损失是巨大的，不但停滞不前，而且之前的法制建设遭到严重破坏。从 1965 年到 1974 年这十年间，作为国家最高权力机关的全国人大没有召开一次会议，仅此一点就可以窥见这期间立法被否定的程度。

（三）改革开放后的立法——立法否定之否定阶段

这段时期主要是从 1978 年党的十一届三中全会召开至今，改革开放拉开了中国法治发展的新大幕。随着十一届三中全会对过去历史的总结，中国各项事业重新步入了发展正轨。在邓小平同志提出的"有法可依、有法必依、执法必严、违法必究"十六字方针的引领下，中国立法开启了新的历史阶段。1982 年《宪法》的制定重新确立了国家各项制度，也奠定了今天中国全面依法治国的基础。1979 年地方组织法的制定以及后来的几次修改，将立法权从中央集中行使逐步转变为地方享有一定的立法权，标志着我国立法体制改革的进步。直到 2000 年《立法法》的出台以及 2015 年的重大修改，我国立法形成了一个由国家立法权、行政立法权、地方立法权、授权立法权以及特别行政区立法权组成的规模宏大的立法体制，我国的立法发展终于步入正轨。

据吉林省法学会官网统计，到 2022 年 3 月 12 日，我国现行法律共 292 部。其中，已公布，过一段时间施行的法律 5 部。包括宪法 1 部加 5 部修正案，宪法相关法 52 部，民商法 25 部，行政法 99 部，经济法 78 部，社会法 24 部，刑法 2 部加 11 部修正案，诉讼与非诉讼程序法 11 部。[1]以宪法为核心，以法律为主干，包括行政法规、地方性法规等规范性文件在内的，由七个法律部门、三个层次法律规范构成的中国特色社会主义法律体系已经基本形成，国家经济、政治、文化、社会生活的各个方面基本做到有法可依，为依法治国、建设社会主义法治国家、实现国家长治久安提供了有力的法制保障。

---

〔1〕"中华人民共和国现行法律目录·2022 年 3 月 12 日（名称）版"，载吉林省法学会官网：http://jlfxhw.com/fml/2475.jhtml.

四、立法学的研究对象与研究方法

（一）立法学

1. 立法学的概念

立法学就是以立法现象和立法规律为研究对象的法学学科。作为立法学的学科建设，在我国也就是近几十年的事情，立法学作为新兴的法学学科，为立法的发展作出了不可磨灭的贡献。在立法学的体系建构中，主要是从立法原理、立法制度与立法技术这三方面展开的，这三方面也形成了立法学体系的核心框架。

2. 立法学的地位

立法学作为法学的新兴学科，其独立地位是不容置疑的。立法学有其独立的研究对象与研究方法，具有自身学科区别于其他学科的特有品质，这些都决定了立法学可以独立地存在与发展。

3. 立法学的作用

立法学通过对立法现象、立法规律的研究有效地指导着立法实践活动，促进着立法质量的提高。同时，立法学作为法学的一个新兴学科，通过自身研究的不断深入，对整个法学体系都会产生广泛的积极影响。

（二）立法学的研究对象

每种学科的存在都会有其自身的研究对象，立法学也不例外。从立法学的概念可知，立法学的研究对象是各种立法现象以及立法规律。

（1）从立法现象来看，立法学主要研究各种立法主体的立法、各种效力层次不同的立法、各种不同时代的立法、各种不同立法过程与立法程序的立法、各种立法完善阶段的立法，等等。

（2）从立法规律来看，立法学主要研究在立法活动中体现出来的各种立法现象蕴含的规律、各种立法发展过程中蕴含的规律、各种立法活动过程中蕴含的规律等等，并把握这些规律，提高立法质量，实现立法的科学化。

（三）立法学的研究方法

立法学作为法学学科的一种，其研究方法也离不开法学的研究方法，尤其是价值分析法以及实证分析法。除了这些共性的研究方法外，立法学还存在自身独特的研究方法，即针对自身的学科特点，立法学的研究离不开理论与实践相结合的方法，离不开吸收外国经验与本土国情相结合的方法，离不开立法现象与执法、司法、守法等法律现象相结合研究的方法，同时立法学的研究也可以采用案例研究的方法、诊所研究方法，等等。

【法律规范】

《宪法》

第 5 条第 1 款　中华人民共和国实行依法治国，建设社会主义法治国家。

《立法法》

第 1 条　为了规范立法活动，健全国家立法制度，提高立法质量，完善中国特色社会主义法律体系，发挥立法的引领和推动作用，保障和发展社会主义民主，全面推进依法治国，建设社会主义法治国家，根据宪法，制定本法。

【论点要览】

《邓小平文选》（第 2 卷，人民出版社 1994 年版——《解放思想，实事求是，团结一致向前看》）：为了保障人民民主，必须加强法制。必须使民主制度化、法律化，使这种制度和法律不因领导人的改变而改变，不因领导人的看法和注意力的改变而改变。现在的问题是法律很不完备，很多法律还没有制定出来。往往把领导人说的话当作"法"，不赞成领导人说的话就叫做"违法"，领导人的话改变了，"法"也就跟着改变。所以，应该集中力量制定刑法、民法、诉讼法和其他各种必要的法律，例如工厂法、人民公社法、森林法、草原法、环境保护法、劳动法、外国人投资法等等，经过一定的民主程序讨论通过，并且加强检察机关和司法机关，做到有法可依，有法必依，执法必严，违法必究。国家和企业、企业和企业、企业和个人等等之间的关系，也要用法律的形式来确定；它们之间的矛盾，也有不少要通过法律来解决。现在立法的工作量很大，人力很不够，因此法律条文开始可以粗一点，逐步完善。有的法规地方可以先试搞，然后经过总结提高，制定全国通行的法律。修改补充法律，成熟一条就修改补充一条，不要等待"成套设备"。总之，有比没有好，快搞比慢搞好。

《中国特色社会主义法律体系已经基本形成》（吴邦国，2011 年 3 月 10 日，全国人大常委会时任委员长吴邦国向十一届全国人大四次会议作全国人大常委会工作报告）：立法权是宪法和法律赋予全国人大及其常委会的重要职权。十届全国人大常委会从一开始就明确提出任期内"以基本形成中国特色社会主义法律体系为目标、以提高立法质量为重点"的立法工作思路，并以此指导立法工作。五年来（2007-2011 年间），共审议宪法修正案草案、法律草案、法律解释草案和有关法律问题的决定草案 106 件，通过了其中的 100 件。到目前（2011 年）为止，我国现行有效的法律共 229 件，涵盖宪法及宪法相关法、民商法、行政法、经济法、社会法、刑法、诉讼及非诉讼程序法等七个法律部门；现行有效的行政法规近 600 件，地方性法规 7000 多件，以宪法为核心，以法律为主干，包括行政法规、地方性法规等规范性文件在内的，由七个法律部门、三个层次法律规范构成的中国特色社会主义法律体系已经基本形成，国家经济、政治、文化、社会生活的各个方面基本做到有法可依，为依法治国、建设社会主义法治国家、实现国家长治久安提供了有力的法制保障。

中共中央《关于全面推进依法治国若干重大问题的决定》（2014 年 10 月 23 日，中国共产党第十八届中央委员会第四次全体会议通过）：全面推进依法治国，总目标是建设中国特色社会主义法治体系，建设社会主义法治国家。这就是，在中国共产党领导下，坚持中国特色社会主义制度，贯彻中国特色社会主义法治理论，形成完备的法律规范体系、高效的法治实施体系、严密的法治监督体系、有力的法治保障体系，形成完善的党内法规体系，坚持依法治国、依法执政、依法行政共同推进，坚持法治国家、法治政府、法治社会一体建设，实现科学立法、严格执法、公正司法、全民守法，促进国家治理体系和治理能力现代化。

《政治学》（［古希腊］亚里士多德著；吴寿彭译，商务印书馆 1965 年版）：法治应当包含两种含义，已成立的法律获得普遍的服从，而大家所服从的法律又应该本身是制订得良好的法律。

【典型案例】

案例一：齐玉苓案

基本案情：

齐玉苓与陈晓琪同是山东省滕州市第八中学的初中学生，同时参加了 1990 年的中等专科学校预选考试。陈晓琪没有通过预选考试，失去继续参加统一招生考试的资格。而齐玉苓通过预选考试后，又在当年的统一招生考试中取得了超过委培生录取分数线的成绩。山东省济宁商业学校给齐玉苓发出录取通知书，委托滕州八中转交，而陈晓琪却从滕州八中领走了齐玉苓的录取通知书，以齐玉苓的名义到济宁市商业学校报到并就读直至毕业。1993 年毕业后，陈晓琪被分配到了中国银行滕州市支行，但其仍然使用齐玉苓的姓名在中国银行滕州市支行工作。1999 年 1 月 29 日，齐玉苓在得知陈晓琪冒用其姓名上学并就业这一情况后，将陈晓琪、陈晓琪父亲陈克政、济宁商业学校、滕州八中和滕州市教委告上法庭。齐玉苓诉称：由于各被告共同弄虚作假，促成被告陈晓琪冒用原告的姓名进入济宁商校学习，致使原告的姓名权、受教育权以及其他相关权益被侵犯。请求法院判令被告停止侵害、赔礼道歉，并赔偿原告经济损失 16 万元，精神损失 40 万元。

枣庄市中级人民法院一审判决陈晓琪停止对齐玉苓姓名权的侵害，赔偿精神损失费 3.5 万元，并认定陈晓琪等侵害齐玉苓受教育权不能成立。原告齐玉苓不服，遂向山东省高级人民法院提起上诉。山东省高级人民法院认为，上诉人齐玉苓所诉被上诉人陈晓琪、陈克政、济宁商校、滕州八中、滕州教委侵犯姓名权、受教育权一案，存在着适用法律方面的疑难问题，因此依照《人民法院组织法》第 33 条规定，向最高人民法院递交了《关于齐玉苓与陈晓琪、陈克政、山东省济宁市商业学校、山东省滕州市第八中学、山东省滕州市教育委员会姓名权纠纷一案的请示》。

最高人民法院研究后认为：齐玉苓主张的受教育权，源于我国《宪法》第 46 条第 1 款的规定。根据本案事实，陈晓琪等以侵犯姓名权的手段，侵犯了齐玉苓依据宪法规定所享有的受教育的基本权利并造成了具体的损害后果，应承担相应的民事责任。据此，2001 年 7 月 24 日，最高人民法院作出了《关于以侵犯姓名权的手段侵犯宪法保护的公民受教育的基本权利是否应承担民事责任的批复》。

2001 年 8 月 23 日，山东省高级人民法院依据《宪法》第 46 条、最高人民法院批复和民事诉讼法有关条款，对此案做出终审判决：①责令陈晓琪停止对齐玉苓姓名权的侵害；②陈晓琪等四被告向齐玉苓赔礼道歉；③齐玉苓因受教育权被侵犯造成的直接经济损失 7000 元和间接经济损失 41 045 元，由陈晓琪、陈克政赔偿，其余被告承担连带赔偿责任；④陈晓琪等被告赔偿齐玉苓精神损害赔偿费 50 000 元。2001 年 11 月 20 日，齐玉苓案执行完毕。

2009 年 12 月 18 日，最高人民法院发布公告：从 2009 年 12 月 24 日起，废止 2007 年底以前发布的 27 项司法解释。其中，包括最高院就本案所作的《关于以侵犯姓名权的手段侵犯宪法保护的公民受教育的基本权利是否应承担民事责任的批复》（法释〔2001〕25 号）。

（资料来源：〔1〕《最高人民法院公报》2001 年第 5 期；〔2〕陈宝成："我国宪法司法化第一案有关司法解释废止"，载《成都商报》2008 年 12 月 31 日。）

提示与问题：

（1）齐玉苓案件中她受侵犯的是姓名权还是受教育权？

（2）法律对齐玉苓受教育权救济的最佳途径是什么？

（3）如何理解最高人民法院关于本案的司法解释？

（4）最高人民法院公告废止关于本案的司法解释说明了什么？

案例二：《民法典》规定"离婚冷静期"

基本案情：

2017 年 2 月，一名年轻女子婚后因为带小孩等琐事发生纠纷，起诉至安岳县法院，要求与丈夫离婚。案件中双方均为"85 后"，且二人脾气比较大，2017 年 3 月法院在审理过程中女方曾有放弃诉讼的意思，开庭结束后法院决定对这对夫妻发出"离婚冷静期通知书"。2017 年 10 月 24 日，济南市市中区人民法院在对市民小张夫妇的离婚诉讼中发出离婚冷静通知书。在充分调研后，家事少年审判庭制作了"离婚冷静期"通知书并获审委会通过。2017 年四川省资阳市安岳县人民法院披露，一对"85 后"夫妻的离婚案件。该法院要求双方冷静理性地思考离婚决定，原则上三个月内不向对方提出离婚，并发出了该省首份"离婚冷静期"通知书。在此类案例中夫妻产生离婚纠纷均基于一时冲动，法院限定夫妻冷静 3 个月，在此期间原则上不得向对方提出离婚。

"离婚冷静期"是一项实践走在立法前面的制度探索，因为在《民法典》出台以前，立法层面尚不存在关于"离婚冷静期"的任何规定。根据 2003 年国务院出台的《婚姻登记条例》的规定，夫妻离婚不再有一个月审批期的规定。事实上，这一个月的审批期间给了夫妻之间一个慎重思考的机会，很多夫妻经过这段时间的反思之后重归于好。然而取消这一规定后使得我国事实上成了世界上离婚最自由的国家。我国很多夫妻不乏在大吵一架后当天就要离婚的情形。简便快捷的离婚程序使得离婚夫妻当场分道扬镳，拿到离婚证便成为陌路人的情形更是屡见不鲜。随着人们独立和自由意识的加强，离婚不再是很多人避之不谈的家丑，而是人们寻求人生美好生活，结束痛苦婚姻的必备途径。但是这导致了许多夫妻在冲动之下草率离婚，离婚后又追悔莫及，如此一来大大提高了我国的离婚率，大量的婚姻纠纷案件涌入法院。

根据 2003 年民政部门登记离婚的数量是 69 万件，2016 年达到了 364 万件，巨大的数据增量说明我们的婚姻家庭处于一种躁动不安的状态，我们的社会隐藏了一些不稳定的因素。这些不稳定因素不仅仅关系夫妻双方的离异，更会导致未成年人的抚养教育和保护问题，涉及妇女权益的维护问题，涉及老年人的赡养及残疾人的保护等诸多社会问题。

2021 年 1 月 1 日实施的《民法典》第 1077 条正式确定了 30 天的离婚"冷静期"制度。该制度通过为当事人设置冷静思考的期间，使夫妻双方有充分的时间进行慎重思考，防止意气用事，草率地作出离婚决定，让"离婚热"在立法制度的保障下变得更冷静。

（资料来源：[1] 冯建生："'冷静期'让离婚更冷静"，载《人民法院报》2020 年 10 月 9 日；[2] 郭剑平："我国离婚冷静期制度构建的法理学思考"，载《社会科学家》2018 年第 7 期。）

提示与问题：

（1）结合本单元所学知识，如何评价"离婚冷静期"入法？

（2）从立法的历史发展角度如何看待"离婚冷静期"入法？

【参考书目】

周旺生：《立法学》（第 2 版），法律出版社 2009 年版，第一章、第三章、第六章。

刘莘主编：《立法法》，北京大学出版社 2008 年版，第一章。

周旺生：《立法学》，法律出版社 2004 年版，第一章、第二章。

黄文艺、杨亚非主编：《立法学》，吉林大学出版社 2002 年版，第一章、第二章。

【分析思考】

（1）简述法、法律及立法的概念。

（2）如何理解立法的作用与地位？

（3）阐述我国立法的历史发展。

（4）如何理解立法学的研究对象与研究方法？

///【内容概要】///

立法原理是整个立法活动的理论表现形态，立法指导思想与立法基本原则是其基础。立法指导思想是解决我们立法的方向问题，表明我们希望立什么样的法，现阶段我们的立法指导思想应是不断完善有中国特色的社会主义良法体系。立法基本原则则是解决我们如何立法的宏观规则，即如何确保立法指导思想的实现，在我国应包括依法立法原则、民主立法原则与科学立法原则。

///【基本原理】///

一、立法的基本原理

立法的基本原理是立法活动的理论表现形态，它并不是以法律制度的形式直接表现出来的，而是表现为贯穿于立法制度与立法技术之中的精神理念与观念形态，是整个立法学理论体系的基石。其中，有关立法的指导思想和基本原则的内容奠定了立法原理的基础。

二、立法的指导思想

（一）立法指导思想的含义

立法指导思想是立法主体对立法活动结果的一种期望，即我们准备立一个什么样的法，解决的是立法的方向问题。它是一国立法者法的观念与意识在立法活动中的具体体现。

现阶段，指导中国立法活动的思想应是习近平法治思想，不断完善中国特色的社会主义良法体系，最终实现依法治国。这种良法体系是在中国特色的社会主义法律体系已经形成的基础上，按照马克思主义的价值观与社会发展的客观规律，以人权保障为终极目标而逐步建立的。

"依法治国实质上是良法治国"，是良法在依法治国中的地位与作用决定的。在我国，依法治国有其特殊含义，法律是治国之重器，良法是善治之前提。建设中国特色社会主义法治体系，必须坚持立法先行，发挥立法的引领和推动作用，抓住提高立法质量这个关键。要恪守以民为本、立法为民理念，贯彻社会主义核心价值观，使每一项立法都符合宪法精神、反映人民意志、得到人民拥护。要把公正、公平、公开原则贯穿立法全过程，完善立法体制机制，坚持立改废释并举，增强法律法规的及时性、系统性、针对性、有效性。很显然，我国依法治国的主体是人民，对象是国家事务、经济文化事业和社会事务，原则是法律至上，目的是发扬社会主义民主，全面实现人民当家作主。这就是说，依法治国的每一要素、每一环节，都与良法有直接关系。因为，只有良法，才能体现与保障人民的意志与利益；只有良法，才能管理好国家事务、经济文化事业和社会事务；只有良法，才能全面实现人民当家作主，才能实现社会正义。因此，良法治国，保障人权，决定了我国现阶段立法的指导思想。

(二) 良法的基本标准

"法治应当包含两种含义，已成立的法律获得普遍的服从，而大家所服从的法律又应该本身是制订得良好的法律。"自古希腊时期亚里士多德在《政治学》中率先提出良法这个概念以来，就一直受到人们的关注与争议。关注的是它的价值，争议的是它的标准。

武汉大学已故李龙教授认为，良法应该至少符合下列四个标准：[1]

(1) 价值合理性是良法的核心要素。关于法律价值问题，尽管中外学者的论述侧重各有不同，但平等、自由、人权、民主、法治、秩序等，已在理论界达成共识。法律价值之为良法的核心基点，首先是因为平等、自由、民主、人权等法律价值，是现代法制产生和发展的前提；其次是因为法律价值不但是一国法律规范的核心内容，而且是一国法规体系建构的基本原则；最后是因为法律价值是法制定实施的出发点和归宿，制定法律的过程就是法律

---

[1] 参见李龙主编：《良法论》，武汉大学出版社 2005 年版，第 71~73 页。

价值规范化过程,实施法律过程就是法律价值现实化过程,法律监督过程就是法律价值的矫正过程。

(2)规范合理性是良法的形式表征。同普通法相比,宪法一经产生就具备形式化特征。当今世界上采用成文宪法的国家首先注重的就是宪法的法典化和形式化问题。即使像英国等几个采用不成文宪法的国家不注重普通法的形式化,但是宪法的成文性规定也是这些国家宪法存在的主要方式。宪法规范合理性之为良性宪法的形式标准,是因为:宪法价值不独为观念层面的存在,它必须通过宪法规范形式转变为有约束力的行为规则,去规制宪治实践,进而形成满足人们需求的价值事实。宪法规范合理性的基本要求是:结构体系的完整性、规则要素的齐备性、内容组合的确定性和语言文字的精确性。这个要求同样适用于其他成文法。

(3)体制合理性是良法的实体要件。法律是国家权力的构造书,更是公民权利的保障书。法和宪法关于国家权力体制的设定,不是目的,只是手段。良好的法律就是要通过国家权力体制的合理性设定,防止国家机关越权行使、滥权行使,来达到保障和实现任何公民的权利和自由。在这方面,宪法关于国家权力体制的设计更为凸显。西方主要资本主义国家(如英、美、法等)宪法的基本内容是国家权力相互制约型的设计和国家权力的运行范围的界定,在表现形式上有授权性规范,也有禁止性规范。而关于公民权利的范围问题,宪法则采用概括式的授权方式,即重要权利列举,剩余权利人民保留。唯其如此,原因在于:就国家机关而言,法无明文规定的不得行使;就公民而言,法无明文禁止的可以行使。同时他们坚信,有治权无制约、延伸权力腐败是必然的结果。

(4)程序合理性是良法的运行保障。法的生命在于运行,而法的运行是讲程序的。程序是价值规范化、规范现实化的桥梁。法的制定和实施与保障,都是通过程序的中介作用得以实现的。同时,现代意义的程序,不独理解为实体法所确认的权力和权利的运行过程和方式。现代西方学者关于程序正义的论述,表明程序价值的独立性在西方社会已经形成共识。正当程序原则之所以被奉为法治的圭臬,这是由正当程序的功能和作用所决定的。因为合理性的程序要求:程序法定、主体平等、过程公开、决策自治、结果符合逻辑;同时合理性的程序保证任何决策都是通过"看得见的方式"作出的,避免了"黑箱"操作的恣意,增强了政府行为的可信度。

可以说，上述关于良法的四个标准，尽管不一定能得到所有人的共识，但却一定会得到大家的重视与参考，对我们判断良法的标准具有很好的借鉴作用。

三、立法的基本原则

立法的基本原则是立法机关展开立法活动的过程中理应遵循的准则。立法基本原则反映了立法的一般规律和客观要求，同时是立法指导思想在立法实践中的体现和具体化。立法既是一项政治活动，又是一项科学活动，立法的基本原则是政治性和科学性的统一，[1]是执政者立法意识和立法制度的重要反映。立法指导思想是观念化、抽象化的立法原则，立法的基本原则是规范化、具体化的主要的立法指导思想。[2]立法指导思想要通过立法基本原则来具体化，立法基本原则须根据立法指导思想来确定。立法指导思想主要作用于立法者的思想，通过立法者的思想来影响立法活动，立法基本原则主要作用于立法者的立法行为，直接对立法活动发挥作用。整个立法和各种立法活动都有自己的原则，根据我国《立法法》第 5 条、第 6 条、第 7 条的规定，我国整个立法的总的基本原则，主要包括依法立法原则、民主立法原则和科学立法原则这三个方面。以法律的形式对我国立法的基本原则进行规定，可以保证立法的基本原则成为人们必须遵循的立法制度，实现我国立法的科学与健康发展。

（一）依法立法原则

我国《立法法》第 5 条规定："立法应当符合宪法的规定、原则和精神，依照法定的权限和程序，从国家整体利益出发，维护社会主义法制的统一、尊严、权威。"这就是我国《立法法》对依法立法原则的具体规定，依法立法原则又称法治原则，一方面要求我国立法要依照法定的权限与程序进行，另一方面要求立法必须维护社会主义法制的统一和尊严。

（1）立法应当依照法定的权限和程序进行，就要求一切立法权的存在和行使都应当有法的根据，立法活动的绝大多数环节都依法进行，社会组织或成员以立法主体的身份进行活动，其行为应当以法为规范，行使法定职权，

---

〔1〕 参见李龙主编：《法理学》，武汉大学出版社 2011 年版，第 201 页。
〔2〕 参见周旺生：《立法学》（第 2 版），法律出版社 2009 年版，第 61 页。

履行法定职责。在立法需要遵循的法的根据中，宪法是最高规格的根据。坚持立法的法治原则，就要有一套较为完善的立法制度，为立法权的存在和行使，为立法活动的进行提供法的根据。而完善的立法制度，至少应该包括立法主体制度、立法权限制度、立法程序制度、立法监督制度，等等。由此可见，依法立法原则中所谓的法，从根本上是指宪法，同时也包括其他的规范立法的宪法性法律文件如《立法法》，以及那些虽不是宪法性文件但是对立法起制约作用的基本法律，如《行政处罚法》关于行政处罚的创设权规定、《行政许可法》关于行政许可的创设权规定、《行政强制法》关于行政强制的创设权规定，都是相关立法必须严格遵守的标准。总之，立法活动的进行不是随意展开的，而是必须依照宪法和法律设定的权限和程序进行，离开了法对立法活动的规范，必然会使立法活动陷入混乱。

另外，立法应当依照法定的权限进行，还必须遵守法律优先原则和法律保留原则。

法律优先这一概念是德国行政法鼻祖奥托·迈耶提出的。他认为："以法律形式出现的国家意志依法优先于所有其他形式表达的国家意志；法律只能以法律的形式才能被废止，而法律却能废止所有与之相冲突的意思表达，或使之根本不起作用。"[1]这说明了法律与其他形式表达的国家意志的关系。从我们探寻的行政执法现代化的视角来看，法律优先清楚地表达了国家立法机关制定的法律与行政立法之间的关系。当然，这里的"法律"仅指狭义上的法律，即由全国人大及其常委会制定的法律。

法律优先的内涵我们可以理解为法律对于行政立法的优越地位，即全国人大及其常委会制定的法律相对于国务院的行政法规、部门规章和地方政府规章而具有的优先性。法律优先强调了国家法律体系并不是平等的，而是存在不同位阶的，有效力高的法，也有效力低的法，低位阶的法必须与高位阶的法保持一致，如果与其相抵触则当然无效。行政立法相对于法律来说就是处于低位阶的法，法律对于行政立法来说无疑具有更高的效力和优越地位。法律优先就要求行政机关必须主动、积极地遵守法律的规定，积极履行法律规定的职责，并且不能出台与法律相抵触的法规、规章，行政执法更不能随意扩大法律规定的事项范围抑或损益法律的精神，行政机关内部的规范性文

---

[1]　参见［德］奥托·迈耶：《德国行政法》，刘飞译，商务印书馆2002年版，第70页。

件也不能与法律的精神相抵触，只有这样才能确保行政机关依法行政。概括来看，法律优先强调行政执法必须做到两项要求：一是一切行政立法都必须根据法律进行，这保障了国家不同层级的立法权的统一性，处于下位的行政立法必须遵循处于上位的法律的规定，体现出的立法语言为"根据宪法、法律""根据法律和行政法规"，这就是法律优先标准的积极要求；二是一切行政立法都不得与法律相抵触，这是法律优先标准的消极要求。这里的不抵触既包括立法精神和立法原则的不抵触，也包括具体的法律规定之间的不抵触。行政法规、规章不得与宪法、法律相抵触，规章不得与行政法规相抵触，地方政府规章不得与地方性法规相抵触，而一旦出现了相抵触的情形，根据宪法和法律的规定，有权机关可以依照法定程序撤销或改变这些抵触立法。

法律保留这一概念也是奥托·迈耶最先提出的概念，其初衷是禁止行政机关在没有法律规定的情况下对个人自由和财产权利的干预。传统意义上的法律保留范围限于"侵害行政"和"干预行政"，而没有把所谓的"给付行政"和"内部行政"纳入保留范围，但随着行政职能的扩张，传统的法律保留范围已然无法适应需要，因此其提出了法律保留的重要性理论，即凡是涉及基本人权的重要事项，均必须保留予立法者制定。重要性理论的提出，大大发展了法律保留的范围，除干预行政外，也包括给付行政和内部行政。[1]

法律保留是从消极角度对行政立法所不能触及的事项作出的规定。我国《立法法》第 11 条对我国的法律保留问题作了规定："下列事项只能制定法律：（一）国家主权的事项；（二）各级人民代表大会、人民政府、监察委员会、人民法院和人民检察院的产生、组织和职权；（三）民族区域自治制度、特别行政区制度、基层群众自治制度；（四）犯罪和刑罚；（五）对公民政治权利的剥夺、限制人身自由的强制措施和处罚；（六）税种的设立、税率的确定和税收征收管理等税收基本制度；（七）对非国有财产的征收、征用；（八）民事基本制度；（九）基本经济制度以及财政、海关、金融和外贸的基本制度；（十）诉讼制度和仲裁基本制度；（十一）必须由全国人民代表大会及其常务委员会制定法律的其他事项。"第 12 条又作了补充规定："本法第十一条规定的事项尚未制定法律的，全国人民代表大会及其常务委员会有权作出决定，授权国务院可以根据实际需要，对其中的部分事项先制定行政法规，

---

〔1〕 参见周佑勇："论德国行政法的基本原则"，载《行政法学研究》2004 年第 2 期。

但是有关犯罪和刑罚、对公民政治权利的剥夺和限制人身自由的强制措施和处罚、司法制度等事项除外。"由此可见，《立法法》在将第 11 条规定的事项的立法权力保留给了全国人大及其常委会以外，并不禁止其授权国务院进行某些事项的立法，这种授权与法律保留并不矛盾，法律保留强调的是法律已经明确规定了全国人大及其常委会对某些事项的立法垄断，其他机关没有法律的规定因而就没有这些事项的立法权力，但这并不妨碍全国人大及其常委会将这些事项中的某些事项的立法权授予国务院由其先行制定行政法规，而国务院只能在授权的范围进行立法，待条件成熟后，再将这些授权立法上升为法律。现在由全国人大及其常委会制定的法律中有许多都是法律保留以外的事项，如科学、教育、文化、体育和环境保护等方面的法律。而两者区别的关键在于，法律保留所列只能制定法律的事项，在尚未制定法律以前，行政法规只有根据全国人大及其常委会的授权才能规定，否则不能加以规定；不属于立法保留的事项，在没有制定法律之前，原则上行政法规可以先予规定，并且不需要授权，行政法规在先作了规定的并不妨碍制定法律，而且法律制定后，应当以法律为准，行政法规如果与法律相抵触则无效。

事实上，《立法法》第 11 条尽管罗列了 11 项保留，它们却并不是完全处于同一个层面的。首先，第 11 项是一个概括性的兜底条款，留待随着社会的发展，全国人大及其常委会及时作出相应规定，它与前面明确列举的十项为并列关系；其次，全国人大及其常委会已经制定出了相应法律的，也就是客观上不需要授权国务院制定暂时性行政法规的，包括第 1 项、第 2 项、第 3 项、第 4 项、第 8 项、第 10 项，根据前已述及的法律优先原则，国务院无权制定超越上述法律基本原则的行政法规，因此相对于可能进行授权立法的范畴而言，这些属于排除事项；最后，第 5 项、第 6 项、第 7 项、第 9 项是全国人大及其常委会尚未制定相关法律或者虽然制定了相关法律但是要么不完备要么有随时修订的可能，在这里面又分绝对保留事项和相对保留事项，绝对保留事项也就是第 12 条当中明确列举的"有关犯罪和刑罚、对公民政治权利的剥夺和限制人身自由的强制措施和处罚、司法制度等事项"，对应第 8 条则分别是第 4 项、第 5 项和第 10 项。因此，真正属于相对法律保留也就是国务院可能获得授权在没有明确法律的前提下制定行政法规的范围，只是第 7 项和第 9 项。由此我们可以明确得知，所谓的相对保留，仅仅限于"对非国有财产的征收、征用"以及"基本经济制度以及财政、海关、金融和外贸的基本制度"。明晰了这几个层面，将会更加有利于我们准确把握立法保留原则以及立法的合法性。

（2）立法必须维护社会主义法制的统一和尊严，就要求一切立法都要从国家整体利益和长远利益出发，摒弃狭隘的部门保护主义和地方保护主义，使整个社会主义法律体系和谐一致。

我国《立法法》对各种立法的效力等级作出了清晰的规定，并且对不同规范性法律文件发生冲突时的调整办法作出了规定。根据效力等级规则，宪法具有最高的法律效力，一切法律、行政法规、地方性法规、自治条例和单行条例、规章都不得同宪法相抵触。法律的效力高于行政法规、地方性法规、规章。行政法规的效力高于地方性法规、规章。地方性法规的效力高于本级和下级地方政府规章。省、自治区的人民政府制定的规章的效力高于本行政区域内的设区的市的人民政府制定的规章。自治条例和单行条例依法对法律、行政法规、地方性法规作变通规定的，在本自治地方适用自治条例和单行条例的规定。经济特区法规根据授权对法律、行政法规、地方性法规作变通规定的，在本经济特区适用经济特区法规的规定。部门规章之间、部门规章与地方政府规章之间具有同等效力，在各自的权限范围内施行。同一机关制定的法律、行政法规、地方性法规、自治条例和单行条例、规章，特别规定与一般规定不一致的，适用特别规定；新的规定与旧的规定不一致的，适用新的规定。法律、行政法规、地方性法规、自治条例和单行条例、规章不溯及既往，但为了更好地保护公民、法人和其他组织的权利和利益而作的特别规定除外。法律之间对同一事项的新的一般规定与旧的特别规定不一致，不能确定如何适用时，由全国人民代表大会常务委员会裁决。行政法规之间对同一事项的新的一般规定与旧的特别规定不一致，不能确定如何适用时，由国务院裁决。地方性法规、规章之间不一致时，由有关机关依照下列规定的权限作出裁决：①同一机关制定的新的一般规定与旧的特别规定不一致时，由制定机关裁决。②地方性法规与部门规章之间对同一事项的规定不一致，不能确定如何适用时，由国务院提出意见，国务院认为应当适用地方性法规的，应当决定在该地方适用地方性法规的规定；认为应当适用部门规章的，应当提请全国人民代表大会常务委员会裁决。③部门规章之间、部门规章与地方政府规章之间对同一事项的规定不一致时，由国务院裁决。根据授权制定的法规与法律规定不一致，不能确定如何适用时，由全国人民代表大会常务委员会裁决。

（二）民主立法原则

我国《立法法》第 6 条规定："立法应当坚持和发展全过程人民民主，尊重和保障人权，保障和促进社会公平正义。立法应当体现人民的意志，发扬社会主义民主，坚持立法公开，保障人民通过多种途径参与立法活动。"立法要建立在全过程人民民主的基础上，实行全过程人民民主立法。立法的全过程人民民主原则，就是指在立法全过程、全方位、全链条中，都要体现和贯彻人民主权思想，贯彻和实现人民参与国家事务管理，集中和反映人民的智慧、利益、要求和愿望，使立法与人民群众相结合，使立法机关与人民群众参与相结合。发挥民主，集思广益，是立法过程中每一环节的灵魂。这既是法律的人民性的体现，也是人民主权原则实现的关键。也有学者指出，立法的民主原则，是指立法的主体具有广泛的代表性，立法权从根本上讲属于人民、来源于人民；立法的内容应当体现人民的要求，确认和保障人民权益；立法过程和立法程序应具有开放性、透明性，应当通过法律规定，保障人民能够通过各种渠道参与立法。[1]立法的民主化原则主要要求：立法机关的成员是人民的代表，人民代表是由人民通过直接或间接的方式选举产生的，具有广泛的代表性；立法过程中，人民可以通过各种方式和途径参与立法，保证立法程序的民主化，必须做到立法的公开性，即坚持立法公开，保障人民的广泛参与，实现立法内容的人民性，最重要的是要实现立法监督的民主化，这是保证立法健康发展的关键环节。综上所述，这些方面都是立法过程中的核心问题，关系立法的成功与否，关系人民当家作主实现与否。

当前，各种立法座谈会、听证会、论证会的广泛召开，以及网上征求民意，都是民主立法的典型表现，对集思广益，充分体现公民利益主张，减小立法后的执法摩擦，都具有十分现实的价值。

（三）科学立法原则

我国《立法法》第 7 条规定："立法应当从实际出发，适应经济社会发展和全面深化改革的要求，科学合理地规定公民、法人和其他组织的权利与义务、国家机关的权力与责任。法律规范应当明确、具体，具有针对性和可执行性。"这是我国《立法法》对科学立法原则的具体规定。坚持立法的科学原

---

〔1〕　参见李龙主编：《法理学》，人民法院出版社，中国社会科学出版社 2003 年版，第 384 页。

则，注意克服立法中的主观任意性和盲目性，有助于保证立法质量。立法的科学原则要求立法观念的科学化和现代化，与时俱进地发展科学、先进的立法观念和理念，更新过时落后的立法观念和理念，视立法活动为科学活动，通过不断的立法实践总结经验教训，促进立法科学化观念的贯彻与落实。建立和完善科学的立法体制，合理划分立法权限的范围，重视立法的方法和技术问题，顾及立法的全局和局部的关系，妥善处理立法的超前、同步与滞后的关系，保证立法过程中的主客观条件具体的历史的统一，注意立法的原则性、稳定性、连续性与及时变动的结合，注重选择最佳的立法形式、立法内容及最佳的法案起草者，促使立法与时俱进地反映市场经济的发展。科学立法原则强调立法要体现理性化。法律本身是人类理性化的产物，理性化是立法的基础性和根本性要素，是科学性原则的具体体现，尤其要做到法律用语规范、明确，符合立法基本技术要求，法条内容具体、详细，具有针对性和可执行性。同时强调立法要体现合理化。既要科学、合理地规定公民、法人和其他组织的权利与义务，做到权利与义务相统一；又要科学、合理地规定国家机关的权力与责任，做到权力与责任相一致。只有这样，才能提高法律、法规、规章的质量和效能。

总结科学立法原则的具体要求，实质上就是马克思主义哲学基本观点和基本问题在立法原则中的运用。辩证唯物论认为物质决定意识，意识对物质有能动的反作用，因此必须一切从实际出发，主观符合客观。科学立法意味着一切立法活动必须从实际出发，不能脱离实际，超越现行阶段，必须使得立法者的主观思想与我国的立法具体客观实际相契合，只有这样才能制定出符合我国客观实际所需要的法律。唯物辩证法认为，事物的发展是有规律的，我们必须把握规律，按规律办事，不能违背规律，忽视规律。立法活动若想科学化，必须遵循立法活动自身的内在规律。质言之，立法活动也是有规律可循的一项社会活动，立法者必须在立法活动中清晰把握立法活动的整个脉络，按照立法规律进行立法，只有这样所立之法才是科学的。同时，所立之法调整的社会关系的发展也是有规律的，立法者必须对有待调整的社会关系进行准确的分析与透视，抓住其发展的客观规律，从而按照其发展规律制定符合其发展规律的法律，绝对不能无视规律、盲目立法，必须按照客观规律办事才能保证立法的科学性。辩证唯物主义认识论认为，实践决定认识，认识是对实践的反映，实践是检验认识正确与否的唯一标准，认识是不断变化发展的。立法者在立法活动中贯彻科学立法原则，就必须清醒地认识到立法实践对立法发展所起到的重要作用，只有我们有条不紊地积极推进立法实践的健康发展，才能为立法积累大量的宝贵经验，实现立法更为符合社会发展的客观要求。同时要认识到，正如法谚所云："有一百条法律就有一百零一个问题。"立法认识的范围是有局限的，在任何时候不可能制定一部法律解决所有的问题，立法者的立法认识也是随着立法实践的推进而不断发展完善的，因而在面对困难与挫折时，我们必须保持冷静的头脑，不能片面因为短期的立法困难而忽视长远的立法建设，必须随着立法实践的不断推进积极完善我国的立法各项制度。

四、立法与国情

立法的指导思想和基本原则所体现的立法意识，从根本上看是由作为立法者所处的国情决定的。国情的要素包括一国的经济发展水平、政治制度、文化制度、历史传统、民族与宗教、地理与人口状况以及国际环境等内容。国情对立法的决定作用具体体现为这些要素对立法的不断影响和作用的过程中，立法必须基于具体的国情环境，不能脱离国情环境而盲目立法，国情决定了立法的指导思想与基本原则，决定了立法制度的设计与安排，决定了立法技术的发展与完善。具体而言，经济因素、政治因素、历史文化因素以及国际因素对立法的作用体现在：

（一）经济因素对立法的影响

经济因素中，生产力要素是决定立法的最根本因素，一国生产力发展水平的高低直接决定了该国立法发展水平的高低，没有高度发达的生产力水平，立法技术与立法制度只能停留在较低的层面上。因此，一国立法水平若想实现提高与突破，根本上须对生产力要素作出解放与发展。

具体至我国国情，由于我国的经济发展是从计划经济开始起步发展的，逐步经历了有商品的计划经济、有计划的商品经济以及社会主义市场经济这几种不同的经济形态。因而，这种经济因素影响下的国情决定了我国的立法必然要经历一个从落后于世界到初步发展再到逐步发达进而追上世界的过程。在实行计划经济的时代，落后的经济发展水平以及高度集中的计划经济体制要求党的政策、法令先行，法制建设退守，当时的立法无疑处于落后甚至没有的地位。随着经济体制改革的不断深入，经济发展的趋势逐步向好，因而经济的发展对立法提出了制度供给需求，推动我国立法进入了起步发展的新时期。到了建设中国特色社会主义现代化的今天，我国经济发展水平已然有了大幅度的提高，社会主义法律体系也已形成，并在此基础上致力于提高立法质量与效率，为国家治理体系和治理能力现代化提供良法体系。因此，《立法法》第 9 条规定："立法应当适应改革需要，坚持在法治下推进改革和在改革中完善法治相统一，引导、推动、规范、保障相关改革，发挥法治在国家治理体系和治理能力现代化中的重要作用。"概言之，在现行法治建设的目标下，我国的经济有立法的保驾护航必然会实现进一步的发展，必然要发挥立法对经济社会发展的引领和推动作用，等到我国经济发展水平提高到与发达国家相近的高度时，势必也会促使我国立法朝着不断发达的方向迈进。

（二）政治因素对立法的影响

国家的性质决定了立法的性质，国家的政体也对立法的结构与立法的制度产生重要的影响，国家的结构形式更与立法体制与立法制度紧密相关。

具体到我国政治因素中，我国的国体是工人阶级领导的、以工农联盟为基础的人民民主专政的社会主义国家。社会主义制度是我国的根本制度。我国的一切权力属于人民。人民行使国家权力的机关是全国人民代表大会和地方各级人民代表大会。中国共产党是中国工人阶级的先锋队，同时是中国人民和中华民族的先锋队，是中国特色社会主义事业的领导核心。我国的立法离不开党的领导，党是我国立法的主要决策者，党的意志对我国立法的发展起着至关重要的作用。人民行使国家权力的机关是全国人民代表大会和地方各级人民代表大会。全国人大是国家的最高立法机关，人民代表大会制度是促进我国立法发展的重要制度。新中国成立以来，立法受到政治因素的影响十分深刻，在以阶级斗争为纲的时代，立法根本不可能实现独立发展，其最多充当为政治斗争的工具。到了改革开放时期，经济建设成为国家工作的重心，立法也日益被重视成为巩固改革成果的重要手段。直到今天，立法已经成为建设法治国家的重要手段，保持了相对的独立性，立法不仅仅对经济内容作出规定，同时对涉及国家机构、公民基本权利和义务方面的内容也在宪法中作出了规定，以法律的形式更为有效地保障了国家政治体制的运行与发展。

（三）历史文化因素对立法的影响

我国有几千年的悠久历史文化传统，这其中有值得吸收借鉴的优秀灿烂文化，也有过时的、消极的不适应社会发展的文化内容，我们必须对其进行摒弃。在意识形态领域，马克思主义、毛泽东思想以及中国特色社会主义理论体系的思想是我们的行动指南，我国立法就是在这些思想交融影响的基础上不断发展与进步的。

我国历史文化传统中的成文法传统对我国立法的发展起到了先导的积极作用，也成为了我国立法发展的重要趋势与潮流，我国在对成文法进行研究的基础上，形成了大量的优秀立法经验与技术，促进了我国立法的科学发展。中国历史传统文化是一种两面性的文化，对立法的影响也有积极与消极两个方面，我们必须充分理性认识、对待我国的历史文化传统，取其精华去其糟粕，扬长避短，使其对立法发挥促进作用。因此，《立法法》第 8 条规定："立法应当倡导和弘扬社会主义核心价值观，坚持依法治国和以德治国相结合，铸牢中华民族共同体意识，推动社会主义精神文明建设。"

（四）国际因素对立法的影响

世界上任何一个国家都不是孤立存在的，其或多或少与其他国家发生着这样或那样的联系，立法也不例外，一国的立法在发展过程中不是闭门造车的产物，都是在吸收他国立法经验的基础上结合自身国情而逐步完善的，我国的立法更是如此。

中国的法治之路一直离不开对外国的学习与借鉴。早在清政府末期我国就开始了模仿欧美国家的制度进行相关立法。新中国成立后，由于缺乏必要的理论知识与实践经验，而苏联是社会主义阵营的先锋，因而在我们建设社会主义毫无章法的时候，学习苏联的立法模式就是实现我国社会主义立法发展的重要途径。然而学习的过程有成功也有失败，虽然在一定程度上巩固了社会主义政权，建立了一系列基本的国家制度，但是苏联的一些错误思想也对我国立法产生了消极影响。随着改革开放的逐渐深入，苏联的解体以及社会主义阵营的分化，我国转而开始了向西方资本主义国家借鉴立法的进程。不论是大陆法系的德法还是普通法系的英美，都成为我国立法研究借鉴的对象。通过借鉴这些发达国家成功的立法经验，节省了我国立法自我完善的时间，对我国新时期立法制度的大踏步发展起到了积极的作用。但是我们也要清醒地认识到，这些发达国家的立法虽然有其进步之处，但都是其本国历史与国情的产物，也存在着不足，我们必须摒弃那种不加分析完全照搬的作法，而是必须立足于我国立法的具体国情，对这些发达国家的立法制度进行合理地分析，将其与中国本土国情合理结合，将这些发达的立法制度本土化与中国化，只有这样才能真正实现国际因素对我国立法的促进作用。

【法律规范】

《立法法》

第3条　立法应当坚持中国共产党的领导，坚持以马克思列宁主义、毛泽东思想、邓小平理论、"三个代表"重要思想、科学发展观、习近平新时代中国特色社会主义思想为指导，推进中国特色社会主义法治体系建设，保障在法治轨道上全面建设社会主义现代化国家。

第4条　立法应当坚持以经济建设为中心，坚持改革开放，贯彻新发展理念，保障以中国式现代化全面推进中华民族伟大复兴。

第5条　立法应当符合宪法的规定、原则和精神，依照法定的权限和程序，从国家整体利益出发，维护社会主义法制的统一、尊严、权威。

第6条　立法应当坚持和发展全过程人民民主，尊重和保障人权，保障和促进社会公平正义。

立法应当体现人民的意志，发扬社会主义民主，坚持立法公开，保障人民通过多种途径参与立法活动。

第7条　立法应当从实际出发，适应经济社会发展和全面深化改革的要求，科学合理地规定公民、法人和其他组织的权利与义务、国家机关的权力与责任。

法律规范应当明确、具体，具有针对性和可执行性。

第8条　立法应当倡导和弘扬社会主义核心价值观，坚持依法治国和以德治国相结合，铸牢中华民族共同体意识，推动社会主义精神文明建设。

第9条　立法应当适应改革需要，坚持在法治下推进改革和在改革中完善法治相统一，引导、推动、规范、保障相关改革，发挥法治在国家治理体系和治理能力现代化中的重要作用。

【论点要览】

《政治学》（［古希腊］亚里士多德著，吴寿彭译，商务印书馆1965年版）：法治应当包含两种含义，已成立的法律获得普遍的服从，而大家所服从的法律又应该本身是制订得良好的法律。

《立法学》（周旺生，法律出版社 2009 年版）：一定的立法原理是一定的立法和立法学的直接的理论基础。它是关于立法的带有普遍性和基本规律性的事物的理论表现，同时它又是立法学体系的重要组成部分。

《立法学》（刘明利编著，山东大学出版社 2002 年版）：立法的民主原则含义是：立法权由人民行使，立法权以维护人民的利益为宗旨，立法工作及立法程序应当民主化。

《法治、启蒙与现代法的精神》（陈弘毅，中国政法大学出版社 1998 年版）：法治之法是维护和保障个人的自由和尊严的法，它是普遍、抽象、有一般适用性的法则，平等地应用于人们，避免不合理的差别对待，而且不能是为了特别的、个别的利益或目的而制定的，即：它的内容应是"盲目"的（不特别针对某个案、某个对象、某利益的）、非个人化（IMPERSONAL）的。法治概念的最高层次是一种信念，相信一切法律的基础，应该是对于人的价值的尊重。

《立法学总论》（张根大等，法律出版社 1991 年版）：我们可以说，法的规律及其本质决定了立法原则的内容，立法原则则以概念形式反映和表示法的本质和规律。如法之所以能存在并发挥作用的缘由，就在于法是社会关系的特殊调节器，这是法自身的规律。

《社会契约论》（［法］卢梭著；何兆武译，商务印书馆 1980 年版）：如果整体所获得的力量等于或者优于全体个人的天然力量的总和，那么我们就可以说立法已经达到了它可能达到的最高的完美程度了。

【典型案例】

案例一：社会主义核心价值观入法入规

基本案情：

新华社北京 2016 年 12 月 25 日电 近日，中共中央办公厅、国务院办公厅印发了《关于进一步把社会主义核心价值观融入法治建设的指导意见》，并发出通知，要求各地区各部门结合实际认真贯彻落实。

《关于进一步把社会主义核心价值观融入法治建设的指导意见》节选如下：

为深入贯彻习近平总书记系列重要讲话精神，大力培育和践行社会主义核心价值观，运用法律法规和公共政策向社会传导正确价值取向，把社会主义核心价值观融入法治建设，现提出如下意见。

一、重要意义和总体要求

社会主义核心价值观是社会主义法治建设的灵魂。把社会主义核心价值观融入法治建设，是坚持依法治国和以德治国相结合的必然要求，是加强社会主义核心价值观建设的重要途径。党的十八大以来，在以习近平同志为核心的党中央坚强领导下，各地区各部门积极运用法治思维和法治方式，推动以富强、民主、文明、和谐，自由、平等、公正、法治，爱国、敬业、诚信、友善为主要内容的社会主义核心价值观建设，各方面工作呈现向上向好的发展态势。同时也要看到，与推进国家治理体系和治理能力现代化建设的要求相比，把社会主义核心价值观融入法治建设还存在不小差距。有的法规和政策价值导向不鲜明，针对性、可操作性不强，保障不够有力；一些地方和部门在执法司法过程中存在与社会主义核心价值观要求不符的现象；部分社会成员尊法学法守法用法意识不强，全民法治观念需要进一步提高，等等。要从巩固全体人民团结奋斗的共同思想道德基础的战略高度，充分认识把社会主义核心价值观融入法治建设的重要性紧迫性，切实发挥法治的规范和保障作用，推动社会主义核心价值观内化于心、外化于行。

进一步把社会主义核心价值观融入法治建设，必须全面贯彻党的十八大和十八届三中、四中、五中、六中全会精神，深入贯彻习近平总书记系列重要讲话精神和治国理政新理念新思想新战略，全面落实依法治国基本方略，坚持依法治国和以德治国相结合，把社会主义核心价值观融入法治国家、法治政府、法治社会建设全过程，融入科学立法、严格执法、公正司法、全民守法各环节，以法治体现道德理念、强化法律对道德建设的促进作用，推动社会主义核心价值观更加深入人心，为实现"两个一百年"奋斗目标、实现中华民族伟大复兴的中国梦提供强大价值引导力、文化凝聚力和精神推动力。

二、推动社会主义核心价值观入法入规

法律法规体现鲜明价值导向，社会主义法律法规直接影响人们对社会主义核心价值观的认知认同和自觉践行。要坚持以社会主义核心价值观为引领，恪守以民为本、立法为民理念，把社会主义核心价值观的要求体现到宪法法律、法规规章和公共政策之中，转化为具有刚性约束力的法律规定。

加强重点领域立法。深入分析社会主义核心价值观建设的立法需求，把法律的规范性和引领性结合起来，坚持立改废释并举，积极推进相关领域立法，使法律法规更好体现国家的价值目标、社会的价值取向、公民的价值准则。加快完善体现权利公平、机会公平、规则公平的法律制度，依法保障公民权利，维护公平正义。不断完善社会主义市场经济法律制度，加快形成保护产权、维护契约、统一市场、平等交换、公平竞争、有效监管的体制机制，促进社会诚信建设。推进民法典编纂工作，健全民事基本法律制度，强化全社会的契约精神。加强保障和改善民生、推进社会治理体系创新方面的立法，完善教育、劳动就业、收入分配、社会保障、医疗卫生、扶贫济困、社会救助、婚姻家庭和妇女儿童、老年人、残疾人合法权益保护等方面的法律法规。注重把一些基本道德规范转化为法律规范，把实践中行之有效的政策制度及时上升为法律法规，推动文明行为、社会诚信、见义勇为、尊崇英雄、志愿服务、勤劳节俭、孝亲敬老等方面的立法工作。推动设区的市提高立法精细化水平，促进社会文明建设。加强互联网领域立法，完善网络信息服务、网络安全保护、网络社会管理等方面的法律法规。不断完善有效约束开发行为和推动绿色低碳循环发展的生态文明法律制度，推动人与自然和谐发展。加强规范性文件备案审查制度和能力建设，建立健全法律法规定期清理机制，对与社会主义核心价值观要求不相适应的，依照法定程序及时进行修改和废止。

强化公共政策的价值目标。制定经济社会政策和重大改革措施，出台与人们生产生活和现实利益密切相关的具体政策措施，要充分体现公平正义和社会责任，注重政策目标和价值导向有机统一，注重经济效益和社会效益有机统一，形成有利于培育和弘扬社会主义核心价值观的良好政策导向和利益引导机制。完善政策评估和纠偏机制，防止具体政策措施与社会主义核心价值观相背离，实现公共政策和道德建设良性互动。

加强党内法规制度建设。以党章为根本遵循，完善党内法规，健全制度保障，构建起配套完备的党内法规制度体系，推动党员干部带头践行社会主义核心价值观。把从严治党实践成果转化为道德规范和纪律要求，做到依规治党和以德治党相统一，充分展现共产党人高尚思想道德情操和价值追求。

提示与问题：

（1）如何理解推动社会主义核心价值观入法入规的意义？

（2）如何具体推动社会主义核心价值观入法入规？

案例二：兰州市鞭炮"禁"改"限"

基本案情：

2008 年 8 月 22 日，兰州市第十四届人大常委会第十三次会议通过《兰州市燃放烟花爆竹安全管理规定》，经甘肃省第十一届人大常委会第六次会议批准。2008 年 12 月 3 日，兰州市人大常委会公布了该规定，并从即日起施行。该规定明确兰州市允许燃放烟花爆竹的时间是：农历腊月廿三到正月十六，其他时间禁止燃放。这标志着兰州市对于烟花爆竹的态度从十三年前的"禁放"终于正式改为"限放"。

由于各种意外事故的不断发生以及大量燃放烟花爆竹使兰州大气质量急剧下降等多方面的原因，1995 年 3 月 11 日，兰州市第十一届人大常委会第二十二次会议审议通过了《兰州市禁止燃放烟花爆竹的规定》，决定禁止在兰州市近郊四区燃放烟花爆竹，经甘肃省第八届人大常委会第十五次会议正式批准，"禁放令"于 1995 年 9 月 1 日起实施。然而在此后的 13 年中，"禁放令"的实施效果十分尴尬，不但大气质量没有因此有所好转，更严重的是每逢年节时间，此起彼伏的鞭炮声让执法人员疲于奔命，禁不住的鞭炮让执法加大了成本，让法律失去了尊严。因此在"禁放令"陷入尴尬后，支持重新修订"禁放令"，由"禁"改"限"，越来越成为顺应时代发展的趋势。

然而"禁"改"限"的过程并不是一蹴而就的。在随后兰州市的两会上，不断有人大代表和政协委员提出建议和议案，要求对"禁放令"进行修改，该建议通过媒体报道后，随即得到了兰州市大部分市民的支持，尤其在国内一些大中城市顺应民意纷纷解禁后，这一呼声更强。代表们认为燃放烟花爆竹是中华民族古老的民俗，"禁"改"限"就是民俗的回归，也是文化的回归。逢年过节燃放烟花爆竹，乃是人们在长期社会生活中形成的共同习惯，也是一种情结。政策制定也必须以听取公众真实意愿和诉求为基础。

同时，兰州市人民政府法制办也组织召开了《兰州市禁止燃放烟花爆竹的规定》修订协调论证会，针对修订"禁放令"广泛听取各方意见，包括公安、质监、工商、消防、城管、环保、教育等多个部门负责人参加了论证会，来自兰州大学法学院的法学专家等也都表达了自己的观点。论证会让大家认识到：兰州市鞭炮"禁"改"限"的时机成熟了。十三年法规与民俗的博弈，让"解禁"成了共识。兰州市十四届人大第三次会议闭会后，兰州市人大内务司法工作委员会召开了座谈会，邀请不同阶层的代表参加。大家普遍认为，"限放"是一种进步，是以人为本执政理念的体现。它集中地体现了民情、反映了民意、尊重了民俗、顺应了社会发展。会后兰州市人大启动了立法程序，组织专家进行立法听证和论证。2008 年 8 月 21 日，《兰州市燃放烟花爆竹安全管理规定》出台。

（资料来源：［1］路燕："兰州烟花爆竹禁改限呼之欲出，曾两度被否"，载《兰州晨报》2008 年 8 月 22 日；［2］吴梦寒："'禁改限'体现对民意的尊重——兰州市燃放烟花爆竹'限放令'透视"，载《甘肃日报》2008 年 12 月 29 日。）

提示与问题：

（1）如何理解《兰州市燃放烟花爆竹安全管理规定》的批准程序和备案程序？

（2）兰州市鞭炮"禁"改"限"的过程体现了立法的哪些基本原则？

（3）结合所学立法学知识，谈谈对"限放令"出台过程的认识。

【参考书目】

周旺生：《立法学》（第 2 版），法律出版社 2009 年版，第二章、第四章、第五章。
黄文艺、杨亚非主编：《立法学》，吉林大学出版社 2002 年版，第五章。

【分析思考】

（1）简述立法的指导思想。
（2）如何理解立法的基本原则的主要内容？
（3）简述立法与国情的关系。

【内容概要】

立法体制是关于立法权、立法权运行和立法权载体诸方面的体系和制度所构成的有机整体，其核心是有关立法权限的体系和制度。中国现阶段的立法体制是既有权力机关的立法权，也有行政机关的立法权，既有中央立法权，也有地方立法权，因此是一种比较特殊的立法体制。立法制度是立法活动、立法过程所须遵循的各种实体性准则的总称，是国家法制的重要组成部分。

【基本原理】

一、立法体制的概念

关于立法体制的概念问题，学术界存在着不同的观点，大体来看，主要有四种：一是认为立法体制就是立法权的划分，所谓立法体制就是立法权体系；二是认为立法体制就是明确中央和地方立法权限的划分体制；三是认为立法体制是关于立法权、立法权运行和立法权载体诸方面的体系和制度所构成的有机整体，其核心是有关立法权限的体系和制度。其构成要素多元，既包括立法权限的体系和制度，也包括立法权的运行体系和制度，还包括立法权的载体体系和制度；[1]四是认为立法体制是由立法权限划分和有权立法的国家机构共同构成的制度体系，核心是立法权限的划分。[2]从这四种观点来看，第一种观点与第二种观点将立法体制等同于立法权的划分体系，不能全

---

[1] 参见周旺生：《立法学》（第 2 版），法律出版社 2009 年版，第 145 页。
[2] 参见刘莘主编：《立法法》，北京大学出版社 2008 年版，第 106 页。

面地把握立法体制的准确内涵。第四种观点在第一、二种观点的基础上将立法体制扩展至包括有权立法的国家机构，然而其仅仅将有权的立法机构纳入了立法体制之中，而将那些不享有立法权但积极参与立法活动过程的工作机构排除在立法体制之外，显然也是不妥的。因为这些机构也承担着保障立法权有效行使与运行的重要任务，其理应属于立法体制的重要部分。

本书认为，第三种观点能够全面地体现立法体制的准确内涵，能够完整地把握立法体制的全部外延。立法体制是指关于立法权的划分与运行以及立法权载体这三方面的体系和制度所构成的有机整体。其中，有关立法权的体系和制度是立法体制的核心内容。具体而言，有关立法权限划分的体系和制度主要包括立法权的归属与性质、立法权的种类与构成、立法权的范围与限制以及各种立法权的关系、立法权在国家权力体系中的地位、立法权与其他国家权力的关系等方面的问题；有关立法权的运行的体系和制度主要包括立法权的运行规则、运行过程和运行方式等方面的问题；有关立法权载体的体系和制度主要包括立法权行使的主体制度、行使立法权的主体的组织原则、活动程序和方式等方面的问题。以上这三方面体系和制度构成的有机整体，就是立法体制的全部内容。在这个体制中，立法权限是基础和核心，立法权的运行和立法权的载体是基于立法权限而产生和存在的，并成为立法体制的重要组成部分。我们必须走出立法体制就是立法权划分体系的误区，因为立法权限的划分虽然重要到可以成为立法体制的核心内容的程度，但是也不能忽略立法体制中的立法权运行与立法权载体作为立法体制的重要内容的部分。

二、立法体制的分类

一国的立法体制往往与历史、国情尤其是政治体制密不可分，因此不同的国家有着不同的立法体制。但总体而言，不同国家的立法体制也有着很多的共性，因此大致可以将世界各国的立法体制分为单一的立法体制、复合的立法体制以及制衡的立法体制。

（一）世界各国立法体制类型概况

1. 单一立法体制

单一立法体制是指立法权由一个国家政权机关或者由一个人行使的立法体制。通常情况下，这个国家政权机关为议会。这种单一的立法体制，立法权可以仅仅由中央的立法机关，比如中央议会行使，也可以由中央和地方的两级议会行使，还可以由国家元首单独行使。因此单一的立法体制包括单一的一级立法体制和单一的两级立法体制。

单一的一级立法体制是指立法权只能由中央的一个机关行使，其他中央机关以及其他地方机关均无立法权的体制。在单一的一级立法体制中，通常情况下，这些国家的立法权由一个专门的中央立法机关行使，多为议会。这些国家的议会专门行使立法职能，享有全部的立法权但也只享有立法权，比如海地。除此之外，有的国家的立法权由一个既享有立法权又享有其他职权的中央机关行使，这个机关作为国家唯一的立法机关，但是该机关的职权不仅仅只有立法权一项，比如古巴。还有的国家立法权是一个由君主和议员组成的议会行使，这通常出现在君主立宪制的国家中，比如英国。更有的国家立法权只由国家元首单独行使，比如布隆迪。单一的两级立法体制，是指中央和地方的立法主体都各自享有不同立法权的体制。但是这些立法权不论在中央抑或是地方都必须归属同一类别的国家机关。比如同时归属中央议会与地方议会，典型国家如墨西哥。单一的两级立法体制与单一的一级立法体制的关键区别就在于立法权从中央集中一级专属享有立法权分权给地方，由此地方也享有相应的立法权。

2. 复合立法体制

所谓复合立法体制，是指立法权由两个或两个以上的不同类别的国家政权机关分别行使的立法体制。复合立法体制与单一立法体制的区别在于，其立法权不再单纯仅由一种类别的国家政权机关行使，立法权可以由两种或两种以上不同类型的国家政权机关行使。这种复合的立法体制一般只会形成复合的一级立法体制，而不会成为复合的两级立法体制，也就是说，仅仅由处于中央一级的不同类型的国家政权机关分享立法权，这种分享不会出现在地方的政权机关之间。这种复合的立法体制，有的国家的立法权归属于君主和议会，由这两类国家政权机关行使，这里的君主并非英国式的君主立宪制的君主，而是作为独立的国家政权机构与议会并行分别行使立法权，比如荷兰。有的国家的立法权归属于总统和议会，由这两类国家政权机关行使立法权，比如智利。

3. 制衡立法体制

根据立法主体在行使立法权时是否受到另一个主体的牵制，可以将立法体制分为独立的立法体制和制衡的立法体制。在独立的立法体制中，立法主体行使立法权时不会受到其他机关的制约，自己可以独立地行使立法权。相对而言这种立法体制中的立法主体的权限较大，容易发生立法权被滥用的情况。而制衡的立法体制就是指一个立法主体的立法权的行使受到另一个立法主体的制约和牵制，另一个立法主体对该立法是否生效起到关键的作用。这种制衡的立法体制是建立在三权分立的政治体制基础之上的，其中立法权受到行政权和司法权的制约，使其饱受监督与牵制。在这类制衡立法体制的国家，立法权原则上属于议会，但是作为行政机关的首脑的总统可以对议会的立法活动作出重大的影响，总统有权批准议会的法律，有权要求议会重新审议相关法律内容，甚至有权否决议会立法或者解散议会。总统之所以享有如此强大的监督权，是由于总统在立法中的权力来源于宪法，并不受制于议会。这与上述的一些总统与议会联合行使立法权的复合立法体制不同。除了行政机关以外，司法机关也对议会的立法起到了重要的牵制作用，这些国家通常存在宪法诉讼与违宪审查制度，司法机关有权通过审判宣布立法机关的立法因为违反宪法而归于无效。比如美国就是典型的制衡立法体制的国家，国会在行使立法权时，既受到来自总统的牵制，同时也受到来自司法机关的制衡，美国总统可以行使权力来否决国会立法，美国联邦最高法院也可以通过行使违宪审查权来宣布国会的立法因违反宪法而无效。

（二）我国现行的立法体制

我国现行的立法体制不同于上述三种世界普遍存在的立法体制，因为我国的立法体制无法与上述任何一种立法体制完全吻合，但也与这几类体制有部分的类似。在我国存在着多种立法权，如制定法律的立法权、制定行政法规的立法权、制定地方性法规的立法权以及制定规章的立法权，甚至还包括制定军事法规和监察法规的立法权。这些立法权不是仅仅由一个同类型的政权机关或者一个人行使，而且这些立法权分为中央与地方两级，分别由不同类别的政权机关行使，因而我国的立法体制不可能是单一的立法体制以及复合的立法体制。同时，我国实行议行合一的政治体制，全国人民代表大会是国家最高权力机关，国务院以及最高人民法院和最高人民检察院都由全国人大选举产生。国家主席和国务院总理都产生于全国人大，全国人大对国务院的行政法规以及地方人大的地方性法规出现与宪法、法律相抵触的情形时有权进行撤销。因而我国的行政机关不存在批准或否决人大立法的权力，相反却要受人大的监督。因此我国的立法体制也不可能是制衡的立法体制。由此可见，我国的立法体制不属于任何一种世界普遍存在的立法体制，根据以上的分析本书认为，我国现行立法体制是具有中国特色的立法体制。

周旺生教授对我国的这种特色甚浓的立法体制作出过精彩的论述："从立法权限划分的角度看，它是中央统一领导和一定程度分权的，多级并存、多类结合的立法权限划分体制。实行中央统一领导和一定程度分权。一方面是指最重要的立法权亦即立宪权和立法律权，属于中央，并在整个立法体制中处于领导地位。立宪权和立法律权只能由最高国家权力机关及其常设机关行使，地方没有这个权，其他任何机关都没有这个权。行政法规、地方性法规都不得与宪法、法律相抵触。另一方面，是指国家的整个立法权力，由中央和地方多方面的主体行使。这是中国现行立法体制最深刻的进步或变化。这种相当程度上的分权，通过多级并存和多类结合两个特征进一步表现出来。多级并存，即全国人大及其常委会制定国家法律，国务院及其所属部门分别制定行政法规和部门规章，一般地方的有关国家权力机关和政府制定地方性法规和地方政府规章。全国人大及其常委会、国务院及其所属部门、一般地方的有关国家权力机关和政府，在立法上以及在它们所立的规范性法文件的效力上有着级别之差，但这些不同级别的立法和规范性法文件并存于现行中国立法体制中。多类结合，即上述立法及其所制定的规范性法律文件，同民族自治地方的立法及其所制定的自治法规，以及经济特区和港澳特别行政区的立法及其所制定的规范性法律文件，在类别上有差别。"〔1〕

我国之所以形成了独具中国特色的立法体制的原因在于：从国体上看，我国是工人阶级领导的、以工农联盟为基础的人民民主专政的社会主义国家；从政体上看，人民代表大会制度是我国的根本政治制度；从国家结构形式来讲，统一的单一制国家是历史形成的传统，这些因素决定了我国的立法体制必须保证立法权限的相对集中，不能过于分散，以便有利于维护法制的统一和国家的统一。然而，由于我国地域广阔，民族成分复杂，各地自然、社会状况不尽相同，经济社会发展水平层次不一，地方政权层级较多，条块分明，必须保证发挥中央和地方两个方面的积极性，同时，我国多民族的客观情况决定了在少数民族聚居的地方实行民族区域自治，必须保证少数民族地区的传统习惯和生活方式得到尊重和保留。这些因素就决定了我国的立法权限不

---

〔1〕　参见周旺生：《立法学》（第2版），法律出版社2009年版，第149~150页。

能过于集中于中央，必须适应全国各地的各种不同情况，保证立法体制既有利于充分调动各方面的主动性和积极性，又能有利于促进改革发展稳定和社会主义民主法制建设，维护中央的权威。根据这些实际情况，宪法以及相关法律确立了既统一又分层次的立法体制。所有立法都必须以宪法为依据，不得同宪法相抵触，各种立法按其效力等级不同各居其位，下位法不得同上位法相抵触。法律只能由全国人大及其常委会制定，保证国家立法权由全国人大及其常委会统一行使。同时，在保证国家法制统一的前提下，国务院、省级人大及其常委会和设区的市人大及其常委会、民族自治地方人大、国务院各部委、省级人民政府和设区的市人民政府，分别可以制定行政法规、地方性法规、自治条例和单行条例、地方政府规章，保证立法的层次性。经过不断的实践证明，这是一个符合中国国情的立法体制。

1. 国家最高权力机关制定法律的权限

根据《宪法》的规定，全国人民代表大会和全国人民代表大会常务委员会行使国家立法权。全国人大行使修改宪法、监督宪法实施的职权，行使制定和修改刑事、民事、国家机构的和其他基本法律的职权。全国人民代表大会常务委员会行使解释宪法、监督宪法实施的职权，行使制定和修改除应当由全国人民代表大会制定的法律以外的其他法律的职权，同时，在全国人大闭会期间，有权对全国人大制定的法律进行部分补充和修改，但是不得同该法律的基本原则相抵触。行使解释法律的职权，行使撤销国务院制定的同宪法、法律相抵触的行政法规、决定和命令的职权，行使撤销省、自治区、直辖市国家权力机关制定的同宪法、法律和行政法规相抵触的地方性法规和决议的职权。

为了保证国家法制的统一，《立法法》规定了十一个方面的事项为全国人大及其常委会的专属立法权，这些事项只能由法律规定：①国家主权的事项；②各级人民代表大会、人民政府、监察委员会、人民法院和人民检察院的产生、组织和职权；③民族区域自治制度、特别行政区制度、基层群众自治制度；④犯罪和刑罚；⑤对公民政治权利的剥夺、限制人身自由的强制措施和处罚；⑥税种的设立、税率的确定和税收征收管理等税收基本制度；⑦对非国有财产的征收、征用；⑧民事基本制度；⑨基本经济制度以及财政、海关、金融和外贸的基本制度；⑩诉讼制度和仲裁基本制度；⑪必须由全国人民代表大会及其常务委员会制定法律的其他事项。

2. 国家最高行政机关制定行政法规的权限

国家最高行政机关的立法权限体现在：国务院根据宪法和法律，制定行政法规。根据《立法法》第 72 条的规定，行政法规可以就下列事项作出规定：①为执行法律的规定需要制定行政法规的事项；②《宪法》第 89 条规定的国务院行政管理职权的事项。其中《宪法》第 89 条规定的国务院行使的行政管理职权的事项主要有：规定各部和各委员会的任务和职责，统一领导各部和各委员会的工作，并且领导不属于各部和各委员会的全国性的行政工作；统一领导全国地方各级国家行政机关的工作，规定中央和省、自治区、直辖市的国家行政机关的职权的具体划分；编制和执行国民经济和社会发展计划和国家预算；领导和管理经济工作和城乡建设、生态文明建设；领导和管理教育、科学、文化、卫生、体育和计划生育工作；领导和管理民政、公安、司法行政等工作；管理对外事务，同外国缔结条约和协定；领导和管理国防建设事业；领导和管理民族事务，保障少数民族的平等权利和民族自治地方的自治权利；保护华侨的正当的权利和利益，保护归侨和侨眷的合法的权利和利益；依照法律规定决定省、自治区、直辖市的范围内部分地区进入紧急状态；审定行政机构的编制，依照法律规定任免、培训、考核和奖惩行政人员。

此外，根据《立法法》第 12 条的规定："本法第十一条规定的事项尚未制定法律的，全国人民代表大会及其常务委员会有权作出决定，授权国务院可以根据实际需要，对其中的部分事项先制定行政法规，但是有关犯罪和刑罚、对公民政治权利的剥夺和限制人身自由的强制措施和处罚、司法制度等事项除外。"由此，国务院还可以根据实际需要，经全国人大及其常委会授权，对属于全国人大及其常委会专属立法权而尚未制定法律的事项，制定行政法规，但犯罪和刑罚、对公民政治权利的剥夺和限制人身自由的强制措施和处罚、司法制度等事项除外，因为这些事项只能由法律作规定，不能由行政法规作规定。

3. 国家最高行政机关所属机关制定规章的权限

我国《宪法》规定，国务院各部委有权在本部门权限范围内发布规章。国家最高行政机关所属机关的制定规章的权限体现在《宪法》第 90 条的规定："国务院各部部长、各委员会主任负责本部门的工作；召集和主持部务会议或者委员会会议、委务会议，讨论决定本部门工作的重大问题。各部、各委员会根据法律和国务院的行政法规、决定、命令，在本部门的权限内，发布命令、指示和规章。"《立法法》第 91 条规定："国务院各部、委员会、中国人民银行、审计署和具有行政管理职能的直属机构以及法律规定的机构，可以根据法律和国务院的行政法规、决定、命令，在本部门的权限范围内，制定规章。部门规章规定的事项应当属于执行法律或者国务院的行政法规、决定、命令的事项。没有法律或者国务院的行政法规、决定、命令的依据，部门规章不得设定减损公民、法人和其他组织权利或者增加其义务的规范，不得增加本部门的权力或者减少本部门的法定职责。"同时，《立法法》第 92 条还规定："涉及两个以上国务院部门职权范围的事项，应当提请国务院制定行政法规或者由国务院有关部门联合制定规章。"

特别要关注的是，2023 年修改的《立法法》在扩大了规章制定机关范畴的同时，保留了 2015 年《立法法》对部门规章权限的禁止性规定。2015 年《立法法》要求没有法律或者国务院的行政法规、决定、命令的依据，部门规章不得设定减损公民、法人和其他组织权利或者增加其义务的规范，不得增加本部门的权力或者减少本部门的法定职责，这无疑对部门规章的规范制定和运行发挥着重要作用。

4. 省、自治区、直辖市和设区的市、自治州的权力机关制定地方性法规的权限

省、自治区、直辖市和设区的市的权力机关制定地方性法规的权限体现在《立法法》第 80 条规定："省、自治区、直辖市的人民代表大会及其常务委员会根据本行政区域的具体情况和实际需要，在不同宪法、法律、行政法规相抵触的前提下，可以制定地方性法规。"第 81 条规定："设区的市的人民代表大会及其常务委员会根据本市的具体情况和实际需要，在不同宪法、法律、行政法规和本省、自治区的地方性法规相抵触的前提下，可以对城乡建设与管理、生态文明建设、历史文化保护、基层治理等方面的事项制定地方性法规，法律对设区的市制定地方性法规的事项另有规定的，从其规定。设区的市的地方性法规须报省、自治区的人民代表大会常务委员会批准后施行。省、自治区的人民代表大会常务委员会对报请批准的地方性法规，应当对其合法性进行审查，认为同宪法、法律、行政法规和本省、自治区的地方性法规不抵触的，应当在四个月内予以批准。省、自治区的人民代表大会常务委员会在对报请批准的设区的市的地方性法规进行审查时，发现其同本省、自治区的人民政府的规章相抵触的，应当作出处理决定。除省、自

治区的人民政府所在地的市，经济特区所在地的市和国务院已经批准的较大的市以外，其他设区的市开始制定地方性法规的具体步骤和时间，由省、自治区的人民代表大会常务委员会综合考虑本省、自治区所辖的设区的市的人口数量、地域面积、经济社会发展情况以及立法需求、立法能力等因素确定，并报全国人民代表大会常务委员会和国务院备案。自治州的人民代表大会及其常务委员会可以依照本条第一款规定行使设区的市制定地方性法规的职权。自治州开始制定地方性法规的具体步骤和时间，依照前款规定确定。省、自治区的人民政府所在地的市，经济特区所在地的市和国务院已经批准的较大的市已经制定的地方性法规，涉及本条第一款规定事项范围以外的，继续有效。"

回溯《立法法》的修改历程，2015年对本条内容进行了重点修改，一方面将较大的市的范围在原有基础上进行扩大，赋予设区的市地方立法权。党的十八届四中全会决定提出，明确地方立法权限和范围，依法赋予设区的市地方立法权。2015年《立法法》修改前，全国设区的市284个，享有地方立法权的有49个（包括27个省、自治区的人民政府所在地的市，4个经济特区所在地的市和18个经国务院批准的较大的市），没有地方立法权的有235个，修改后的《立法法》将地方立法权赋予其他235个设区的市。同时，修改后的《立法法》在依法赋予所有设区的市地方立法权的同时，明确设区的市的立法权范围进行了限定，设区的市制定地方性法规的事项限于对"城乡建设与管理、环境保护、历史文化保护等方面的事项"。同时，考虑到设区的市数量较多，地区差异较大，修改后的《立法法》还要求由省、自治区的人大常委会综合考虑本省、自治区所辖的设区的市的人口数量、地域面积、经济社会发展情况以及立法需求、立法能力等因素，确定其他设区的市开始制定地方性法规的具体步骤和时间，并报全国人大常委会和国务院备案，以确保扩大地方立法权事宜稳妥推进。

2023年《立法法》修改的重点内容有两项：一是将旧法第72条拆分成两条。其中，省、自治区、直辖市的人民代表大会及其常务委员会可以制定地方性法规单独作为一条，设区的市和自治州的人民代表大会及其常务委员会可以制定地方性法规，以及相关立法审查作为一条；二是将设区的市制定地方性法规的事项修改为"城乡建设与管理、生态文明建设、历史文化保护、基层治理等方面的事项"。

《立法法》第 82 条规定："地方性法规可以就下列事项作出规定：（一）为执行法律、行政法规的规定，需要根据本行政区域的实际情况作具体规定的事项；（二）属于地方性事务需要制定地方性法规的事项。除本法第十一条规定的事项外，其他事项国家尚未制定法律或者行政法规的，省、自治区、直辖市和设区的市、自治州根据本地方的具体情况和实际需要，可以先制定地方性法规。在国家制定的法律或者行政法规生效后，地方性法规同法律或者行政法规相抵触的规定无效，制定机关应当及时予以修改或者废止。设区的市、自治州根据本条第一款、第二款制定地方性法规，限于本法第八十一条第一款规定的事项。制定地方性法规，对上位法已经明确规定的内容，一般不作重复性规定。"另外，《立法法》第 84 条规定："经济特区所在地的省、市的人民代表大会及其常务委员会根据全国人民代表大会的授权决定，制定法规，在经济特区范围内实施。上海市人民代表大会及其常务委员会根据全国人民代表大会常务委员会的授权决定，制定浦东新区法规，在浦东新区实施。海南省人民代表大会及其常务委员会根据法律规定，制定海南自由贸易港法规，在海南自由贸易港范围内实施。"由此可知，海南省、深圳市、珠海市、汕头市、厦门市人大及其常委会以及广东省、福建省的人大及其常委会根据全国人大的授权，按照经济特区的具体情况和实际需要，遵循宪法的规定以及法律和行政法规的基本原则，有权制定经济特区法规，在各自的经济特区范围内实施。另外，特别授权上海市人民代表大会及其常务委员会制定浦东新区法规，法律授权海南省人民代表大会及其常务委员会根据法律规定，制定海南自由贸易港法规是立法因应深化改革和扩大开放需求做出的及时回应，既有助于建立和完善上海市浦东新区、海南省自由贸易港的法治保障，又有利于更好地引领和规范立法实践活动。需要注意的是，上述授权可以分为法律授权立法和特别授权立法。其中，上海市人民代表大会及其常务委员会制定浦东新区法规是特别授权立法，而海南省人民代表大会及其常务委员会制定自由贸易港法规是法律授权立法。因为，在一般情况下，《立法法》可以为了突显规范法律体系形式结构的功能，进行衔接性的确认和规定，也可以不作规定，直接按照特别法优先适用的规则，根据做出授权的法律的相关规定进行立法。但是，根据《海南自由贸易港法》第 10 条及《关于〈中华人民共和国海南自由贸易港法（草案）〉的说明》的规定，[1]就外贸及相关管理活动等涉及法律保留事项或依法应当由国务院制定行政法规事项制定海南自由贸易港法规的，应当分别报全国人民代表大会常务委员会或国务院批准后生效。换言之，海南省自由贸易港法规涉及了《立法法》第 12 条规定的相对保留原则和规则，是对相对保留立法事项授权方式和被授权主体范围的拓展。基于法律保留原则对"依法立法"原则以及法治基本原则和精神的重要价值，法律保留原则对一般法律条款都具有约束力，[2]因此《立法法》第 12 条与《海南自由贸易港法》第 10 条不能直接适用新法优于旧法或特别法优于一般法的适用规则，而应在《立法法》中予以确认和衔接。

5. 省、自治区、直辖市和设区的市、自治州的行政机关制定地方规章的权限

省、自治区、直辖市和设区的市的行政机关制定地方规章的权限体现在《立法法》第 93 条第 1、2 款的规定："省、自治区、直辖市和设区的市、自治州的人民政府，可以根据法律、行政法规和本省、自治区、直辖市的地方性法规，制定规章。地方政府规章可以就下列事项作出规定：（一）为执行法律、行政法规、地方性法规的规定需要制定规章的事项；（二）属于本行政区域的具体行政管理事项。"同时，地方政府规章的制定程序应当遵循国务院制定的《规章制定程序条例》的规定进行。地方政府规章应当经政府常务会议或者全体会议决定。地方政府规章由省长或者自治区主席或者市长签署命令予以公布。地方政府规章签署公布后，及时在本级人民政府公报和在本行政区域范围内发行的报纸上刊登。省、自治区、直辖市和设区的市、自治州的人民政府，应当经常对规章进行清理，发现与新公布的法律、行政法规或者其他上位法的规定不一致的，或者与法律、行政法规或者其他上位法相抵触的，应当及时修改或者废止。

同时，地方规章解释权属于规章制定机关。规章有下列情况之一的，由制定机关解释：①规章的规定需要进一步明确具体含义的；②规章制定后出现新的情况，需要明确适用规章依据的。规章解释由规章制定机关的法制机

---

[1] 沈春耀："关于《中华人民共和国海南自由贸易港法（草案）》的说明——2020 年 12 月 22 日在第十三届全国人民代表大会常务委员会第二十四次会议上"，载 http://www.npc.gov.cn/npc/c30834/202106/589f495e276f4adb9092d6b6d951af58.shtml，最后访问日期：2023 年 5 月 16 日。

[2] 参见刘小妹："法律体系形式结构的立法法规范"，载《法学杂志》2022 年第 6 期。

构参照规章送审稿审查程序提出意见，报请制定机关批准后公布。规章的解释同规章具有同等效力。规章应当自公布之日起 30 日内，由法制机构依照《立法法》和《法规规章备案条例》的规定向有关机关备案。

6. 民族自治地方的权力机关制定自治条例和单行条例的权限

《宪法》第 116 条规定："民族自治地方的人民代表大会有权依照当地民族的政治、经济和文化的特点，制定自治条例和单行条例。自治区的自治条例和单行条例，报全国人民代表大会常务委员会批准后生效。自治州、自治县的自治条例和单行条例，报省或者自治区的人民代表大会常务委员会批准后生效，并报全国人民代表大会常务委员会备案。"

同时，我国《民族区域自治法》第 19 条也有同样规定："民族自治地方的人民代表大会有权依照当地民族的政治、经济和文化的特点，制定自治条例和单行条例。自治区的自治条例和单行条例，报全国人民代表大会常务委员会批准后生效。自治州、自治县的自治条例和单行条例报省、自治区、直辖市的人民代表大会常务委员会批准后生效，并报全国人民代表大会常务委员会和国务院备案。"

《立法法》第 85 条规定："民族自治地方的人民代表大会有权依照当地民族的政治、经济和文化的特点，制定自治条例和单行条例。自治区的自治条例和单行条例，报全国人民代表大会常务委员会批准后生效。自治州、自治县的自治条例和单行条例，报省、自治区、直辖市的人民代表大会常务委员会批准后生效。自治条例和单行条例可以依照当地民族的特点，对法律和行政法规的规定作出变通规定，但不得违背法律或者行政法规的基本原则，不得对宪法和民族区域自治法的规定以及其他有关法律、行政法规专门就民族自治地方所作的规定作出变通规定。"由此可见，民族自治地方有权制定自治条例和单行条例，并且可以在不违背法律或者行政法规基本原则以及宪法和民族区域自治法的规定以及其他有关法律、行政法规专门就民族自治地方所作的规定的前提下对法律和行政法规作变通规定。

关于变通规定，我国《刑法》第 90 条规定："民族自治地方不能全部适用本法规定的，可以由自治区或者省的人民代表大会根据当地民族的政治、经济、文化的特点和本法规定的基本原则，制定变通或者补充的规定，报请全国人民代表大会常务委员会批准施行。"

不过，我国已经失效的《婚姻法》第 50 条曾规定："民族自治地方的人民代表大会有权结合当地民族婚姻家庭的具体情况，制定变通规定。自治州、自治县制定的变通规定，报省、自治区、直辖市人民代表大会常务委员会批准后生效。自治区制定的变通规定，报全国人民代表大会常务委员会批准后生效。"但是 2021 年 1 月 1 日生效的《民法典》却没有类似的变通规定。民族自治地方的变通规定主要体现在法定结婚年龄，有些民族自治地方规定男 20 岁，女 18 岁即可结婚。此后是不是适用《民法典》规定还需要进一步明确。

7. 被授权立法机关根据授权进行立法的权限

我国《立法法》中对授权立法的规定的制度主要体现在：根据《立法法》第 12 条规定："本法第十一条规定的事项尚未制定法律的，全国人民代表大会及其常务委员会有权作出决定，授权国务院可以根据实际需要，对其中的部分事项先制定行政法规，但是有关犯罪和刑罚、对公民政治权利的剥夺和限制人身自由的强制措施和处罚、司法制度等事项除外。"同时《立法法》又对授权作出了要求。《立法法》第 13 条规定："授权决定应当明确授权的目的、事项、范围、期限以及被授权机关实施授权决定应当遵循的原则等。授权的期限不得超过五年，但是授权决定另有规定的除外。被授权机关应当在授权期限届满的六个月以前，向授权机关报告授权决定实施的情况，并提出是否需要制定有关法律的意见；需要继续授权的，可以提出相关意见，由全国人民代表大会及其常务委员会决定。"党的十八届四中全会决定提出，实现立法和改革决策相衔接，做到重大改革于法有据、立法主动适应改革和经济社会发展需要。实践条件还不成熟、需要先行先试的，要按照法定程序作出授权。按照这一要求，修改后的《立法法》增加规定，全国人大及其常委会可以根据改革发展的需要，决定就行政管理等领域的特定事项授权在特定期限和范围内在部分地方调整或暂时停止适用法律的部分规定。同时，针对暂时调整或者暂时停止适用法律的部分规定的事项，实践证明可行的，由全国人民代表大会及其常务委员会及时修改有关法律；修改法律的条件尚不成熟的，可以延长授权的期限，或者恢复施行有关法律规定。针对有些授权范围过于笼统、缺乏时限要求等问题，《立法法》还规定授权决定不仅应当明确授权的目的、范围，还要明确授权的事项、期限和被授权机关实施授权决定应当遵循的原则等，被授权机关应当在授权期限届满的 6 个月以前，向授权机关报告授权决定实施的情况。《立法法》第 14 条规定："授权立法事项，经过实践检验，制定法律的条件成熟时，由全国人民代表大会及其常务委员会及时制定法律。法律制定后，相应立法事项的授权终止。"

同时，《立法法》在行政法规和经济特区法规的规定中也对授权立法作出了规定。《立法法》第 72 条规定："国务院根据宪法和法律，制定行政法规。行政法规可以就下列事项作出规定：（一）为执行法律的规定需要制定行政法规的事项；（二）宪法第八十九条规定的国务院行政管理职权的事项。应当由全国人民代表大会及其常务委员会制定法律的事项，国务院根据全国人民代表大会及其常务委员会的授权决定先制定的行政法规，经过实践检验，制定法律的条件成熟时，国务院应当及时提请全国人民代表大会及其常务委员会制定法律。"《立法法》第 83 条规定："省、自治区、直辖市和设区的市、自治州的人民代表大会及其常务委员会根据区域协调发展的需要，可以协同制定地方性法规，在本行政区域或者有关区域内实施。省、自治区、直辖市和设区的市、自治州可以建立区域协同立法工作机制。"区域协同立法是为解决区域公共事务提供区域规则、衔接规则的立法活动。2022 年 3 月修改的《地方各级人民代表大会和地方各级人民政府组织法》贯彻国家区域协调发展战略，总结地方实践经验和做法，增设"区域协同立法"条款，规定省、设区的市两级人大及其常委会根据区域协调发展的需要可以开展协同立法，首次为区域协同立法提供了法律依据，确立了区域协同立法作为一种特殊类型的地方性法规的法律性质。《立法法》新增的区域协同立法规定实现了《地方各级人民代表大会和地方各级人民政府组织法》的衔接。《立法法》第 84 条规定："经济特区所在地的省、市的人民代表大会及其常务委员会根据全国人民代表大会的授权决定，制定法规，在经济特区范围内实施。上海市人民代表大会及其常务委员会根据全国人民代表大会常务委员会的授权决定，制定浦东新区法规，在浦东新区实施。海南省人民代表大会及其常务委员会根据法律规定，制定海南自由贸易港法规，在海南自由贸易港范围内实施。"

另外，中共中央、国务院《关于支持深圳建设中国特色社会主义先行示范区的意见》（2019 年 8 月 9 日）提出："用足用好经济特区立法权，在遵循宪法和法律、行政法规基本原则前提下，允许深圳立足改革创新实践需要，根据授权对法律、行政法规、地方性法规作变通规定。"这既是关于授权立法的单行规定，也是除民族自治地方之外的另一种变通立法规定。

三、立法制度的概念

（一）立法制度概述[1]

立法制度是立法活动、立法过程所须遵循的各种实体性准则的总称，是国家法制的重要组成部分。立法制度是国家法制整体中前提性、基础性的组成部分。没有好的立法制度，便难以产生好的法律、法规、规章和其他规范性文件，因而再好的执法、司法制度也不能发挥有效的作用，实现法治或建设现代法治国家便无从谈起。立法制度的状况是国家法制状况的更直接、更明显的标志。从结构的角度看，有没有健全的立法制度，直接反映出一国法制健全与否。从民主的角度看，立法权是否属于人民，立法机关是否由民意产生，立法程序或立法过程是否民主、是否有透明度，都直接和明显地反映出一国法制的民主化程度。

立法制度有成文和不成文两种形式。成文立法制度是以法的形式确定的立法活动、立法过程所须遵循的各种准则。不成文立法制度是立法活动、立法过程实际上所须遵循但并没有以法的形式确定的各种准则，包括习惯、判例以及未体现在规范性文件中的各种潜规则。一般来说，一国立法制度的成文化程度与该国整个法制与法治的发展程度成正比。现代立法制度主要是成文制度，许多国家不仅在宪法和宪法性法律中对立法制度作出规定，还有关于立法制度的专门立法。当前我国立法制度处于走向完善的发展过程中，宪法对立法制度的有关方面作出了原则规定，《立法法》对我国现行立法制度的有关方面作出了较为具体的规定。

（二）我国的立法制度问题

在立法制度中，立法体制，尤其是立法权限划分体制是更具大局性的制度。在这里，有必要对我国立法制度中的各种主体立法的地位和特点进行介绍。

1. 全国人民代表大会立法

全国人民代表大会立法，是中国最高国家权力机关依法制定和变动效力可以及于中国全部主权范围的规范性法文件活动的总称。全国人大立法是中国的国家立法，是中国的中央立法的首要组成部分。它在中国立法体制中，

---

[1] 参见张光杰主编：《法理学导论》，复旦大学出版社 2009 年版，第 101~102 页。

以具有最高性、根本性、完整性和独立性为其显著特征。

（1）全国人大立法具有最高性。全国人大是国家机构体系中的最高国家权力机关，是整个国家权力体系的中心，行政机关和司法机关都由人大产生并对人大负责。人大与行政机关和司法机关的关系，不同于西方国家议会与政府和司法机构的既相互独立、又相互制衡的关系，而是人大高于行政机关与司法机关的关系。全国人大行使最高立法权，包括立宪权、法律制定和变动权、立法监督权等。这些立法权是立法权体系中最重要的权力，是国家立法权的首要组成部分。全国人大产生的宪法和法律，在中国主权范围内具有统一的效力，在整个法的体系和法的渊源中居于最高地位。

（2）全国人大立法具有根本性。全国人大立法内容上调整的是整个国家、社会和公民生活中带根本性、全局性的关系，解决的是特别重要的问题，形式上是产生国家根本法宪法、基本法律和其他重要法律。全国人大立法是立法体制的核心，其他立法一般要以它为依据或不能与它相抵触。除全国人大常委会的国家立法权外，其他立法权或是为贯彻由它产生的宪法、法律和其他规范性法文件所行使，或是为补充它的不足以解决它所不能解决的问题而行使。

（3）全国人大立法最具完整性。全国人大既有权立法，也有权监督整个国家的立法活动是否合宪、违宪。全国人大对它所立的法，既有完整的制定权和修改、补充、废止权，也有提案、审议、表决和决定公布权。全国人大既有权自己立法，也有权授权其他国家机关立法。全国人大立法，内容广泛完整，无论宪法、行政法、刑法、民法，还是经济法、教科文卫法、劳动法和社会福利法、军事法，以及其他可能出现的部门法，全国人大都可以立法；法的体系中的各个部门法，都需要由全国人大制定一个、数个以至若干个基本法律作为基础、骨干，其他立法则不具有或不完全具有这种高度的完整性。

（4）全国人大立法最具独立性。由于全国人大的立法权居于最高地位，它所立的法不存在不得与其他法相抵触的问题，不存在被其他国家机关撤销的问题，也不需要报其他国家机关批准或备案。全国人大常委会虽然可以补充和修改全国人大制定的法律，但行使这一职权，在时间、外延和内涵三个方面都受到限制，并且补充和修改是通过作出修改决定进行的，而宪法规定全国人大有权改变或撤销全国人大常委会不适当的决定。国家主席可以公布全国人大制定的法律，但宪法规定这种公布要根据全国人大的决定来进行。

国家主席无权独立决定是否公布法律，如果国家主席违背全国人大的决定而不公布全国人大制定的法律，便违反了宪法，要负违宪责任，全国人大亦有权对其予以罢免。由于全国人大的国家立法权最具完整性，它的行使可以由全国人大独立进行。全国人大常委会和其他有关国家机关可以在某些方面参与全国人大的立法活动，如每年一度的全国人大会议要由全国人大常委会召集，国务院、中央军委、国家监察委员会、最高人民法院、最高人民检察院可以向全国人大提出法律案，但全国人大的每项立法权的行使都须通过全国人大会议的审议、表决这种关键性程序。

全国人大立法在中国立法体制中，之所以具有最高性、根本性、完整性和独立性，有其深刻的根源。人民行使国家权力的最高机关是全国人大，因此，全国人大的国家立法理所当然应当是最高立法。同时，一国的立法权是个综合性权力体系，这个体系由不同层次、不同类别的立法权所构成，它们无疑有地位高低的区分、完整性程度和独立性程度的区别，在中国这个宪法上规定一切权力属于人民的国家，全国人大的立法权在整个立法权体系中居于最高地位，最具完整性和独立性理所应当。

2. 全国人大常委会立法

全国人大常委会立法，是中国最高国家权力机关的常设机关依法制定和变动效力可以及于全国的规范性法律文件活动的总称。

全国人大常委会立法与全国人大立法共同构成中国国家立法的整体，是中国中央立法的非常重要的方面。它在中国立法体制中，以地位高、范围广、任务重、经常化和具有相当完整性、独立性为其主要特征。

（1）全国人大常委会的立法地位仅次于全国人大立法。全国人大常委会是最高国家权力机关全国人大的常设机关，也行使国家立法权，制定和变动除应当由全国人大制定的法律以外的其他法律，它的立法地位自然高于除全国人大以外的其他所有立法主体的立法。它的立法权在中国立法权限划分体制中高于除全国人大立法权以外的其他任何立法主体的立法权。全国人大常委会的法律效力可以及于全国，中国主权范围内的任何社会组织和个人都要遵守。除全国人大外，其他立法主体未经全国人大和全国人大常委会授权，其所立之法都要以全国人大常委会的法律为立法依据，或不得与其相抵触，否则无效。

（2）全国人大常委会立法范围最广、任务繁重、并处于经常化状态。全国人大常委会除了可以制定和变动法律以外，还有权解释宪法，有权在全国人大闭会期间对全国人大制定的法律作部分补充和修改，有权解释全国人大制定的和自己制定的法律，还有权撤销行政法规、地方性法规和省级自治条例、单行条例。这样广泛的立法权，在中国立法体制中是仅有的。全国人大常委会立法调整国家、社会和公民生活中各有关方面的基本事项、重要事项，其调整对象比全国人大立法的调整对象相对具体、广泛。全国人大常委会作为最高国家权力机关的常设机关，比全国人大更多地行使国家立法权。由于这些原因，全国人大常委会的立法任务比全国人大的立法任务繁重得多。全国人大常委会一般每两个月召开一次会议，每次会议都可以有立法议程，从而使国家立法处于经常化的状态。

（3）全国人大常委会立法具有相当完整性、独立性。全国人大常委会对其所立法律既有制定、修改、补充和废止权，也有提案、审议、表决和决定公布权；既有权自己立法，也有权监督其他有关立法主体立法，还有权授权其他国家机关立法；它的立法不需要向有关立法主体备案或经有关立法主体批准。这些是全国人大常委会立法具有完整性、独立性的具体表现。另一方面，全国人大常委会立法也受到一定的限制：它无权制定和变动宪法，无权制定基本法律，它行使补充和修改全国人大法律的权力要以不同被修改法律的基本原则相抵触为前提，全国人大有权对它的不适当的决定和法律予以撤销。既有完整性、独立性，又受到一定的限制，就使全国人大常委会立法呈现出具有相当完整性、独立性的特征。

3. 国务院立法

国务院立法，是中国最高国家行政机关即中央政府依法制定和变动行政法规并参与国家立法活动以及从事其他立法活动的总称。

国务院立法主要有以下特征：

（1）国务院立法兼具从属性和主导性。我国国务院不是许多西方国家那种与议会平行的中央政府，而是作为最高国家权力机关的执行机关存在于国家机构体系中的中央政府。这决定了国务院立法对全国人大及其常委会的立法具有从属性。国务院立法要以贯彻全国人大及其常委会的宪法、法律和其他规范性法律文件为基本任务或职能，国务院立法要以宪法和法律为依据而不得同它们相抵触。另一方面，国务院作为最高国家行政机关，担负统一领导和管理中国行政工作的责任，因而对全国的行政工作具有主导性。与此相适应，国务院立法对地方立法，特别是对制定地方性法规和地方政府规章的立法活动，具有主导性。地方性法规和地方政府规章不能与国务院行政法规相悖。

（2）国务院立法范围尤广、任务尤重。国务院立法调整的范围，远远超出全国人大及其常委会立法和地方立法调整的范围，其立法任务非常繁重。同时，国务院立法负有使宪法和法律得以贯彻实施的使命，负有向全国人大及其常委会提出法律案的使命，负有随时接受全国人大及其常委会授予的立法职权以完成特定立法任务的使命，还负有为地方立法提供立法依据的使命，所有这些，使得国务院立法在中国立法体制中任务最为繁重。

（3）国务院立法具有多样性、先行性和受制性。国务院制定和变动行政法规，参与国家立法亦即向国家立法机关提出法律案，完成国家立法机关的授权立法任务，监督行政规章的适当与否。这是中国立法体制中最具多样化色彩的一种立法。国务院制定行政法规，在一定程度上是为未来制定相关法律积累经验、准备条件。在走向法治的过程中，有些事项究竟应当由行政法规调整还是应当由法律调整，往往既难分清也不是非分清不可，在这些事项方面行政法规往往成为法律的先导或前身，通过行政法规的先行问世而为以后就这些事项制定法律奠定基础。将来全国人大及其常委会与国务院在立法范围上的界限进一步明确后，有些事项也还是法律和行政法规都可以调整的，为使针对这些事项制定的法律较为成熟可靠，在制定法律前先制定行政法规，也未尝不是有益措施。国务院作为最高国家权力机关的执行机关，它的立法活动，要对最高国家权力机关负责。国务院有权向全国人大及其常委会提出法律案，但该法律案能否通过，取决于接受法律案的机关。国务院根据全国人大及其常委会授权进行的立法活动，由于权力来源于授权者，也自然受到授权者制约。国务院立法的一个重要目的是贯彻、实施宪法和法律，这也是它具有受制性的一个原因。

4. 地方立法

（1）地方立法的含义。地方立法，指特定的地方国家政权机关依法制定和变动效力不超出本行政区域范围的规范性法律文件活动的总称。

这里所说的特定的地方国家政权机关，在中国现阶段，指《宪法》和《立法法》确定的可以制定规范性法律文件的地方国家机关，以及根据授权可以立法的地方国家机关。依法，指依照宪法、法律、法规和授权决定规定的立法权限、程序和其他要求。效力不超出本行政区域范围，与"在本行政区域范围"不尽相同。前者既可以指效力在本行政区域全部范围都有效，又可以指在本行政区域范围的部分区域有效；后者则可以被人误解为任何法都在本行政区域全部范围有效。由于事实上不是每个法都在本行政区域全部范围都有效，因此前者比后者确当。规范性法律文件，是地方立法的各种法的形式的总称，在中国现阶段包括地方性法规、地方政府规章、自治条例、单行条例、特别行政区的法律和其他规范性法律文件、被授权的主体制定的效力及于一定地方行政区域的规范性法律文件。

地方立法是相对于中央立法而言的立法，是构成国家整个立法的一个重要方面。不少国家的地方立法本身也是个完整体系，由多类别、多层次的立法构成。中国地方立法目前由一般地方立法、民族自治地方立法和特区地方立法所构成。特区立法又包括经济特区和特别行政区两方面立法。在一般地方立法和民族自治地方立法内部，又有层次的区别。

（2）地方立法的特征。

第一，地方立法具有地方性。地方立法的主体只能是地方国家机关。中央国家机关不能是地方立法的主体，即使中央国家机关制定专门解决地方问题的法律、法规，如全国人大制定《香港特别行政区基本法》，这样的立法活动也不属于地方立法的范畴。地方立法的任务是解决地方问题，尤其是注重解决应当以立法解决而中央立法不能或不便解决的问题。地方立法可以有或应当有鲜明的地方特色，其基本原则之一是要从本地实际出发，保持地方特色。地方立法的效力范围限于本地行政区域内。

第二，地方立法更具复杂性。从总体上说，地方立法比中央立法更复杂。地方立法有更多的关系需要处理。地方立法调整的社会关系更具体，在总体上规定的事项更多，许多不宜由中央立法解决的问题便由地方立法解决，这也增加了它的复杂性。各地经济、政治、文化等发展不平衡的情况，在使地方立法异彩纷呈的同时，也使地方立法复杂化。当然，地方立法更具复杂性，是从地方立法的总体情况来说的，不是任何一种地方立法，都比中央立法更复杂。

第三，地方立法具有从属与自主两重性。一方面，地方立法与中央立法相比，处于相对次要的地位，一般要以中央法律、法规为依据，或不能与其相抵触。在立法功能方面，地方立法一般都负有贯彻实施中央法律、法规的责任。在中国，地方立法还有补充中央法律、法规以及先行一步为中央立法积累经验的任务。一国法制统一原则还要求地方立法的法的体系、法的形式或渊源及其他有关方面，应当与中央立法保持一定的协调性。另一方面，地方立法作为一国立法体制的组成部分，也有相对独立的地位，地方立法存在的主要原因之一，是要以地方立法的形式调整地方社会关系、解决地方问题，它可以在不与中央法律、法规相抵触的前提下，独立自主地立法，积极地解决应当由自己解决的问题。地方也可以根据本地情况，在坚持或顾及法制统一的前提下，在法的体系、法的形式或渊源及其他方面，自主地形成自己的风格。

四、立法体制与立法制度的关系

现代立法制度主要由下列制度所构成。其一，关于立法体制的制度。其二，关于立法主体的制度。其三，关于立法权的制度。其四，关于立法运作的制度。其五，关于立法监督的制度。其六，立法与有关方面关系的制度。

在这种立法制度中，立法体制，尤其是立法权限划分体制，是更具大局性的制度。

【法律规范】

《立法法》

第 10 条第 1 款　全国人民代表大会和全国人民代表大会常务委员会根据宪法规定行使国家立法权。

第 72 条第 1 款　国务院根据宪法和法律，制定行政法规。

第 80 条　省、自治区、直辖市的人民代表大会及其常务委员会根据本行政区域的具体情况和实际需要，在不同宪法、法律、行政法规相抵触的前提下，可以制定地方性法规。

第 81 条　设区的市的人民代表大会及其常务委员会根据本市的具体情况和实际需要，在不同宪法、法律、行政法规和本省、自治区的地方性法规相抵触的前提下，可以对城乡建设与管理、生态文明建设、历史文化保护、基层治理等方面的事项制定地方性法规，法律对设区的市制定地方性法规的事项另有规定的，从其规定。设区的市的地方性法规须报省、自治区的人民代表大会常务委员会批准后施行。省、自治区的人民代表大会常务委员会对报请批准的地方性法规，应当对其合法性进行审查，认为同宪法、法律、行政法规和本省、自治区的地方性法规不抵触的，应当在四个月内予以批准。

省、自治区的人民代表大会常务委员会在对报请批准的设区的市的地方性法规进行审查时，发现其同本省、自治区的人民政府的规章相抵触的，应当作出处理决定。

除省、自治区的人民政府所在地的市，经济特区所在地的市和国务院已经批准的较大的市以外，其他设区的市开始制定地方性法规的具体步骤和时间，由省、自治区的人民代表大会常务委员会综合考虑本省、自治区所辖的设区的市的人口数量、地域面积、经济社会发展情况以及立法需求、立法能力等因素确定，并报全国人民代表大会常务委员会和国务院备案。

自治州的人民代表大会及其常务委员会可以依照本条第一款规定行使设区的市制定地方性法规的职权。自治州开始制定地方性法规的具体步骤和时间，依照前款规定确定。

省、自治区的人民政府所在地的市，经济特区所在地的市和国务院已经批准的较大的市已经制定的地方性法规，涉及本条第一款规定事项范围以外的，继续有效。

第84条　经济特区所在地的省、市的人民代表大会及其常务委员会根据全国人民代表大会的授权决定，制定法规，在经济特区范围内实施。

上海市人民代表大会及其常务委员会根据全国人民代表大会常务委员会的授权决定，制定浦东新区法规，在浦东新区实施。

海南省人民代表大会及其常务委员会根据法律规定，制定海南自由贸易港法规，在海南自由贸易港范围内实施。

第85条第1款　民族自治地方的人民代表大会有权依照当地民族的政治、经济和文化的特点，制定自治条例和单行条例。自治区的自治条例和单行条例，报全国人民代表大会常务委员会批准后生效。自治州、自治县的自治条例和单行条例，报省、自治区、直辖市的人民代表大会常务委员会批准后生效。

第91条　国务院各部、委员会、中国人民银行、审计署和具有行政管理职能的直属机构以及法律规定的机构，可以根据法律和国务院的行政法规、决定、命令，在本部门的权限范围内，制定规章。

部门规章规定的事项应当属于执行法律或者国务院的行政法规、决定、命令的事项。没有法律或者国务院的行政法规、决定、命令的依据，部门规章不得设定减损公民、法人和其他组织权利或者增加其义务的规范，不得增加本部门的权力或者减少本部门的法定职责。

第93条第1款　省、自治区、直辖市和设区的市、自治州的人民政府，可以根据法律、行政法规和本省、自治区、直辖市的地方性法规，制定规章。

【论点要览】

《立法学原理》（陈光主编，武汉大学出版社2018年版）：立法体制是关于立法权限分配、立法权运行以及立法权载体诸方面的体系构成的有机体，其核心是一国立法权限的划分以及不同层级立法权之间的关系。我国的立法权不是由一个机关行使的，因而不属于单一立法体制，同时，我国的立法体制不是建立在分权制衡基础上的，因而也不是制衡立法体制。我国实行的是一种具有中国特色的特殊的立法体制，从立法权限划分的角度看：它是中央统一领导和一定程度分权的，多级并存、多类结合的立法权限划分体制。结合我国《立法法》的相关规定，可以将我国的立法体制概括为"一元两级多层次"的立法体制。

《论法的精神》（[法]孟德斯鸠著，许明龙译，商务印书馆2009年版）：当立法权和行政权集中在同一个人或同一个机关之手，自由便不复存在了。如果司法权同立法权合而为一，则将对公民的生命和自由施行专断的权力，因为法官就是立法者。如果司法权同行政权合而为一，法官便将握有压迫者的力量。

《中国立法原理论》（韩忠伟、杨涛、李晓棠，甘肃民族出版社2008年版）：需要指出的是，无论学者们在揭示立法体制的概念内涵时有何差异，都一致同意对立法体制的界定不能离开对立法权限的划分。因为，这是立法体制的核心内容。

《立法学》（朱力宇、张曙光主编，中国人民大学出版社2001年版）：立法体制和立法体系是两个有密切联系而又容易混同的概念，应当加以区别。立法体制要解决的核心问题是立法权限如何划分；立法体系要解决的核心问题是法律规范的表现形式。立法体制在法的本质方面涉及立法权的归属问题。在我国，立法权从根本上说，是属于工人阶级和广大人民群众的。同时，我国人民的立法权又是通过人民选举的权力机关来行使的。

【典型案例】

案例一：我国地方立法权的产生、发展及完善

基本材料：

1979 年 7 月，五届全国人大二次会议通过的《地方各级人民代表大会和地方各级人民政府组织法》（简称《地方组织法》）规定，省级人大及其常委会享有地方性法规制定权，由此揭开了中国地方立法和立法体制改革的序幕。回顾历史可以发现，中国的地方立法走过了一条从有到无再到复归于有并逐步完善的艰辛道路，具体体现为以下几个阶段：

1949 年 12 月，政务院通过的《大行政区政府组织通则》规定，大行政区人民政府委员会有权拟定与地方政府有关之暂行法令条例，报政务院批准或备案。同时，在民族自治地方，根据 1952 年《民族区域自治实施纲要》的规定，从最基层的民族自治乡往上，各级民族组织机关都有权制定单行法规。由此可见，在 1954 年第一部《宪法》公布前，中国是存在着地方立法的。

1954 年 9 月，第一届全国人大第一次会议召开并通过了我国第一部《宪法》。正式确定了我国的政体和国家结构形式，从而也正式形成了我国的立法体制。1954 年《宪法》第 22 条规定，全国人民代表大会是行使国家立法权的唯一机关。这就意味着，国家立法权完全集中在全国人大。除了民族自治地方存有有限的制定自治条例和单行条例的权力外，其他地方根本不存在地方立法权。1975 年 1 月，第四届全国人大第一次会议召开并通过了我国第二部《宪法》。在横向的立法体制方面，依然实行的是全国人大高度集中的立法体制，在纵向立法体制方面，不仅同样规定地方没有立法权，而且还取消了 1954 年《宪法》规定的民族自治地方的制定自治条例和单行条例的权力。1978 年 3 月，第五届全国人大第一次会议召开并通过了我国第三部《宪法》。该部《宪法》基本上是对 1954 年《宪法》的恢复，否定了 1975 年《宪法》关于取消民族自治地方可以制定自治条例和单行条例的规定，以国家根本大法的形式重新确立了民族自治地方立法权的存在。

1979 年，中国地方立法进入了新的历史时期，《地方组织法》规定了省级人大及其常委会的地方性法规制定权。1982 年 12 月 4 日，五届全国人大五次会议通过了我国第四部《宪法》，即现行《宪法》，确认了省、直辖市人大

及其常委会行使地方性法规的制定权，并重新确认民族自治地方行使自治条例和单行条例的制定权。由于1982年《宪法》赋予了地方相应的立法权，所以我国现行立法体制在纵向立法权限方面，正式转变为集权分权模式。1982年《宪法》公布实施后仅6天，五届全国人大五次会议便对1979年《地方组织法》作出补充，规定省级政府所在地的市和经国务院批准的较大的市的人大常委会有拟定地方性法规草案提请省级人大常委会审议制定的职权，并规定省级政府以及省级政府所在地的市和经国务院批准较大的市的政府有制定规章的职权。1986年《地方组织法》再次修正，补充规定省级政府所在地的市和经国务院批准较大的市的人大及其常委会有权制定地方性法规报省级人大常委会批准后施行。在这个阶段中，还进行了多次授权立法，全国人大于1988年、1992年、1994年和1996年先后四次分别授权海南省、深圳市、厦门市、汕头市和珠海市的人大及其常委会根据经济特区的具体情况和实际需要，遵循《宪法》的规定以及法律和行政法规的基本原则，制定法规，在各自的经济特区实施。这样经过不断的发展完善，逐步形成了中国地方立法的新格局。

（资料来源：［1］周旺生：《立法论》，北京大学出版社1994年版；［2］刘莘主编：《立法法》，北京大学出版社2008年版。）

提示与问题：

（1）简述立法体制的内涵和分类。

（2）结合立法学知识，怎样处理中央立法与地方立法的关系？

（3）结合材料，如何评价我国地方立法的发展过程及趋势？

案例二：探讨"水领域"协同立法机制

基本材料：

党的十八大以来，如何重塑人水关系，成为习近平总书记在新发展阶段念兹在兹的大事。习近平总书记多次召开深入推动长江经济带发展座谈会、黄河流域生态保护和高质量发展座谈会，把大江大河治理保护上升为重大国家战略。开展水污染防治法执法检查，出台首部国家流域性立法——《长江保护法》，审议关于长江流域生态环境保护工作情况的报告，制定《黄河保护法》……一系列行动凝聚着从全国人大到地方人大，驰而不息贯彻落实习近平总书记重要指示精神、呵护一江清水的赤诚之心。

其实，早在 2015 年，随着地方人大积极开展地方立法，一些单一行政区划无法解决的问题逐渐凸显出来，进入区域和流域治理的视野。比如河流、大气、山川具有流动性或跨区域性，相关的生态环保等问题也因此具有共性和联动性，各地单枪匹马、独善其身只会顾此失彼，寸步难行。随着 2018 年《关于建立更加有效的区域协调发展新机制的意见》出台，到《"十四五"规划和 2035 年远景目标纲要》要求坚持"系统观念"，专篇部署区域协调发展，我国经济社会生态建设的协调与整合持续高歌猛进。这里面，让单一行政区划无法独自解决的问题回归区域，既谋一域也谋全局——这种具有整体性、系统性的治理思维已经深刻融入国家发展的宏观部署和实践做法，为地域流域共同立法提供了立法蓝本。

2021 年 5 月 27 日，云南、贵州、四川三省人大常委会会议同步审议通过《关于加强赤水河流域共同保护的决定》（以下简称《共同决定》）和三地《赤水河流域保护条例》（以下简称《条例》）。这是我国首个地方流域共同立法实践，三省共同出台"1＋3 立法套餐"，将开启地方共同立法的宏大叙事。

如果说《长江保护法》是赤水河流域保护的"标配"，那么云贵川"1＋3立法套餐"则为赤水河提供了"plus＋"升级保护。《共同决定》主要围绕赤水河流域保护中的共性问题，由三省作出承诺；《条例》侧重细化和落实，体现地方立法特色和可操作性。同时，注重在共识与合作上下功夫，包括共建立法工作专班和共同立法机制，平衡各地利益，深化政策规划、政府合作、司法保障等各层面制度的协调配合等。既有利于精准、科学地回应赤水河流域共同保护的制度问题，又沟通、衔接了上位《法长江保护法》的有关规定，有效破解了"上游保护下游污染""按下葫芦浮起瓢"的问题，以"1＋1＞2"的效果进一步激活高质量发展的源头活水。

（资料来源：[1]"共同立法的经典范本"，载中国人大网 2021 年 6 月 18 日；[2]"云南省赤水河流域保护条例"，载《云南日报》2021 年 5 月 30 日；[3]"贵州省赤水河流域保护条例"，载《贵州日报》2021 年 5 月 30 日；[4]"四川省赤水河流域保护条例"，载《四川日报》2021 年 5 月 30 日。）

提示与问题：

（1）结合立法学知识，如何看待地方"水领域"协同立法的问题？

（2）结合材料，如何看待建立"水"领域立法体制必要性与合理性问题？

　　（3）共同立法和区域协同立法之间有何关联、区别？

///【参考书目】///

周旺生：《立法学》（第 2 版），法律出版社 2009 年版，第七章。

刘莘主编：《立法法》，北京大学出版社 2008 年版，第四章。

///【分析思考】///

　　（1）简述立法体制的概念和分类。

　　（2）如何理解立法制度的内涵。

　　（3）分析思考立法体制与立法制度的关系。

立法主体是依法有权进行或参与法的制定、认可和变动活动的国家机关的总称。在中国，立法主体除了大家所熟知的权力机关与行政机关外，还包括军事机关、监察机关。

一、立法主体的概念

关于立法主体的概念问题，立法学界有几种不同的观点，主要代表性的观点主要是功能说、法治说和折中说这三种观点。

持功能说观点的学者主张："立法是由社会各个组成部分共同努力的结果。社会的各个方面都享有一定的影响立法的手段，也可以说都具有一定的参与立法的权力或权利，这些享有影响立法活动手段的社会主体，即立法主体。"[1]这种界定立法主体概念的方式，之所以称其为功能说，是因为从这种学者的观点来看，任何一个主体若成为立法主体最关键的要素是必须具有足够影响立法活动的手段和功能。这种手段和功能是成为立法主体更为关键的因素，即使一个主体没有法律赋予的立法权限，比如社会的普通公民或者政党团体，但是如果其能够参与到立法活动中来，并且对立法活动产生了重要的影响，那么其也可以成为功能说下的立法主体。在这种语境下，可以成为

---

[1] 参见李步云、汪永清主编：《中国立法的基本理论和制度》，中国法制出版社1998年版，第91页。

立法主体的机构不仅仅包括立法机关，其他各种有权参与立法活动的机构、组织和个人都可以成为立法主体。

持法治说观点的学者认为："立法主体是依法有权进行或参与法的制定、认可和变动活动的国家机关的总称。"[1]这种界定立法主体概念的方式，之所以称其为法治说，是因为从这种学者的观点来看，任何一个立法主体所必须具备的核心要素是有立法权或者有法定的参与立法的资格，也就是说，没有立法权或者法定参与资格的组织或机构，即使能够参与立法活动和影响立法过程，也不能够称其为立法主体。

而第三种观点折中说，顾名思义，就是综合功能说与法治说两种学者的观点，认为成为立法主体的要素不仅仅要具备立法权或者法定的参与立法活动的资格，而且还应该能够具备对立法活动产生足够影响的手段和功能，只有将两者结合才能成为严格意义上的立法主体。从这种观点来看，折中说的立法主体的范围应该是最狭窄的。

综合以上三种观点并结合我国的立法理论与实践，本书认为，用法治说的观点来界定立法主体的概念最为恰切。因为法治说强调，作为立法主体必须有法律赋予的权力，即主体的存在必须有法律的依据，立法活动不是任何组织和个人随心所欲就能参与其中的，作为事关国家发展与长治久安的一项系统工程，国家的立法活动必须由法律规定的主体来参与，只有这样才能保证立法的严肃性与正规性，才能顺利推进国家的法治进程。

二、立法主体的特征

既然我们认可了法治说界定立法主体的概念，那么我们就从法治说的角度来把握一下立法主体的特征。由于法治说观点下的立法主体强调具有立法权或有权参与立法活动的资格这一必备条件，并且认为立法主体是依法有权进行或参与法的制定、认可和变动活动的国家机关的总称，因而不具备这一条件的任何主体都不能成为立法主体，从这个意义上看，立法主体具备的特征要素主要体现在以下几个方面：

（一）立法主体必须是国家机关

这也就是说，除了国家机关外，其他任何机关、组织和个人都不能成为

[1] 参见邓世豹主编：《立法学：原理与技术》，中山大学出版社2016年版，第114页。

立法主体。之所以将立法主体的范围限制得这么严格，是与立法活动的性质分不开的。梁启超在其著作《梁启超法学文集》中曾对立法活动作过这样的描述："国家者，人格也，凡人必有意志，然后有行为，无意志而有行为者，必疯疾之人也，否则，其梦呓时也。国家之行为何？行政而已。国家之意志何？立法是已。"由此可见，立法是一种国家意志的体现，是国家实现其政治职能的重要形式和途径，是维护国家利益和社会公众利益的最好手段，只有国家机关才能更准确地反映国家意志，而其他的任何机关、组织和个人即使能够反映一定的意志，但意志的范围往往是片面而且有倾向的，因而其无法准确和公正地把握整个国家的利益和意志，由于立法活动整体的兴衰成败，不仅事关社会管理秩序的稳定，更事关国家和社会的长治久安，因而必须由能够体现国家整体意志的机关从全局把握、统筹进行，只有这样才能实现立法活动的真正价值。

（二）立法主体必须是享有立法权或有权参与立法活动的国家机关

前面我们将立法主体的概念限定在了国家机关的范畴之内，然而立法主体概念的真实外延还不应仅仅是国家机关这一宽泛的层面，也就是说，不是所有的国家机关都可以成为立法主体。国家机关成为立法主体的最重要的条件就是必须具有宪法和法律授予的立法权，或者根据宪法和法律的规定能够有权参与国家的立法活动，通过宪法和法律的规定取得旨在制定、认可、修改、补充和废止法律的权力。因而只有符合这样条件的国家机关才能被归入立法主体的范畴。有立法权或有权参与立法就是强调该国家机关有权立法，有权在自己的立法权限内参与进行法律的制定、认可、修改、补充和废止等活动，有权参与提出法案、审议法案、表决通过法案和公布法等活动，如果一个国家机关不能参与上述的任何一项活动，就说明其没有相应的立法权力，即使其具备了成立国家机关的条件，那么其也无法成为立法主体。与此同时，这些国家机关具备了立法的权力也就相应的可以履行立法的职能，在国家机关的权力体系中，权力和职能是分不开的，一个机关要想履行一定的国家职能，必须获得宪法和法律授予的国家权力，因此，这些国家机关在享有立法权力的同时，必须积极履行相应的制定、认可、修改、补充和废止法律的立法职能，必须积极履行提出法案、审议法案、表决通过法案和公布法案的立法职能，只有依法称职地履行立法职能，才能符合宪法和法律赋予的立法权力的要求。

（三）立法主体必须是依法行使立法权或参与立法的国家机关

"依法"一词在整个立法主体的概念中虽然只有两个字，但是这两个字应该是整个立法主体概念的精髓。它指出了立法主体行使立法权或者参与立法活动的权力来源和程序要求。这也就是说，立法主体行使的立法权力不是凭空产生的，也不是可以拿来为所欲为的，并且立法权力的行使必须按照法律要求的程序进行，必须克服的错误思想是，立法主体享有了立法的权力就可以随意的根据自己的需要制定、修改和废止法律，就不按照法律规定的程序来审议、表决和公布法律。因而，立法主体必须严格做到"依法"二字，这里的"依法"，主要是指依照《宪法》和《立法法》等相关法律对立法问题的规定，以及其他立法主体的授权。也就是说有了宪法和法律规定的立法权力的国家机关以及享有其他立法主体授权的立法权力的国家机关，就可以成为立法主体，并不要求该国家机关是否从实质上对立法起到了关键作用和影响，如果某个国家机关依法参与了立法活动过程中的某一个环节，虽然无法对整个立法过程产生决定性的影响，但其也可以成为立法主体。从这个意义上说，这不仅是区别有关立法主体概念观点争议的重要标准，而且也是正确理解我国国家元首为何能够成为立法主体的关键点。

三、立法主体的分类

（一）权力机关立法与行政机关立法

根据国家机关的性质和地位的不同，将立法主体划分为权力机关立法和行政机关立法。

1. 权力机关立法

根据我国《宪法》的规定，我国的国家权力机关是人民代表大会，全国人民代表大会是最高国家权力机关，地方各级人民代表大会是地方各级国家权力机关。人民代表大会代表国家和人民的意志，集中统一掌握和行使国家权力，国家的行政、监察、审判和检察机关是国家权力机关的执行机关。权力机关是行使国家权力的机关。按照资本主义国家的三权分立原则，立法权、行政权和司法权三权分立。立法权属于人民选举产生的议会，就是最高的权力机关。而在社会主义国家实行议行合一原则，人民代表大会是至高无上的权力机关，然而权力机关和立法机关并不是一回事。伴随社会的发展，立法机关的立法越来越不能满足社会的需要，因而行政权开始大幅扩张，行政机关享有的立法权逐步增多。因而，权力机关和立法机关就不能等同，例如我国的人民代表大会是权力机关，是合法的立法机关，然而国务院及其各部门、省、自治区、直辖市和设区的市、自治州的地方政府以及经授权的机关都享有制定各自权限范围内法律文件的权力，这就产生了所谓的行政立法权，因此，从这个角度讲，这些政府机关也是合法的立法机关。所以这里谈到的权力机关立法，当然就仅仅是指中央权力机关以及地方权力机关的立法，具体到我国，就是指全国人大及其常委会的立法以及地方各级人大及其常委会的立法。

2. 行政机关立法

在行政法学领域，对行政立法通常的含义的理解，就是指有权的行政机关依照法定的权限和程序制定行政法规和规章的活动。由此可见，通说将行政机关立法对象的界定为制定行政法规与规章，并不包括制定的所有行政规范性法律文件。比如，国务院各部委在本部门权限范围内发布的命令、指示就不属于行政立法范畴。

根据我国《立法法》的规定，在我国，有行政立法权的行政机关只包括国务院、国务院各部委、中国人民银行、审计署、国务院具有行政管理职能的直属机构、省级人民政府以及设区的市、自治州的人民政府这几类行政机关，而其他行政机关一律没有行政立法权。同时，《立法法》还对这些行政立法主体的权限范围作出了规定：国务院可以就执行法律的规定的事项制定行政法规，可以就《宪法》第 89 条规定的行政管理事项制定行政法规，也可以根据全国人大及其常委会的授权制定行政法规；国务院的各部门可以根据法律和行政法规的规定制定部门规章；省、自治区、直辖市和设区的市、自治州的人民政府可以根据法律、行政法规和地方性法规就执行法律、行政法规和地方性法规规定的事项制定规章，也可以就属于本行政区域的具体事项制定规章。

行政机关立法从性质上看，既具有行政的性质又具有立法的性质。行政方面的性质体现在，它的主体是行政机关，行政立法规范和调整的对象是行政管理方面的事务，并且行政立法的主要目的是为了执行宪法和法律，使得宪法和法律的目标具体化。立法方面的性质体现在，行政立法所产生的法规和规章具有法的一般特征，即普遍性、规范性、强制性以及可诉性，而且行政立法的制定也必须严格遵守行政立法的相关程序。[1]比如我国国务院发布

---

[1]　参见曾祥华：《行政立法的正当性研究》，中国人民公安大学出版社 2007 年版，第 22~23 页。

了《行政法规制定程序条例》以及《规章制定程序条例》来专门规定行政法规和规章的制定程序。

（二）中央立法与地方立法

按照主体的权力高低和大小，可以将立法主体分为中央立法和地方立法。

1. 中央立法

谈到中央立法主体，不得不先解决有关中央立法的概念问题。关于中央立法的概念问题，立法学界有不同的界定方式。

第一种观点认为："中央立法是指有立法权的中央国家机关依法制定、修改和废止在全国范围内有效的法的活动。"[1]第二种观点认为："中央立法，指特定的中央国家政权机关，依法制定和变动效力可以及于全国的规范性法律文件活动的总称。"[2]这两种观点对中央立法概念的界定方式的区别在于，如何对中央立法的效力范围进行认识，第一种观点的表述认为中央立法的效力是在全国范围内有效，而第二种观点的界定略有不同，其主张中央立法的效力是可以及于全国范围的。关于效力可以及于全国的理解，就是说这些中央国家机关制定的法律一般可以在全国范围内有效，也可以不在全国范围内有效。有些法律规范的事项未必都与全国有关，因而就没必要在全国范围内都有效，比如，全国人民代表大会关于我国特别行政区问题制定的特别行政区的基本法，从制定主体上看，其属于中央立法。然而，从效力上看，由于特别行政区基本法规定了"一国两制"的制度，就是在特别行政区实行与我国其他地区不同的制度，因而，在这种情况下，特别行政区基本法就不可能适用到全国范围内，如果其效力适用到全国范围内，将会出现严重的错误和问题。另外，全国人民代表大会常务委员会制定的《长江保护法》第 2 条规定："在长江流域开展生态环境保护和修复以及长江流域各类生产生活、开发建设活动，应当遵守本法。本法所称长江流域，是指由长江干流、支流和湖泊形成的集水区域所涉及的青海省、四川省、西藏自治区、云南省、重庆市、湖北省、湖南省、江西省、安徽省、江苏省、上海市，以及甘肃省、陕西省、河南省、贵州省、广西壮族自治区、广东省、浙江省、福建省的相关县级行政区域。"显然，该法的调整领域仅限于长江流域，不及于其他地方。由此可

---

[1] 参见黄文艺、杨亚非主编：《立法学》，吉林大学出版社 2002 年版，第 143 页。

[2] 参见周旺生：《立法学》（第 2 版），法律出版社 2009 年版，第 250 页。

见，将中央立法的效力问题表述为"在全国范围内有效"是不妥的，而表述成"效力可以及于全国"才是恰当的。

中央立法的地位和作用不容小视，中央立法承担了国家最重要的立法任务，它形成了确立国家基本制度的最重要的规范性法律文件。中央立法确立了一个国家的法律体系的基本框架，其规定的都是国家生活中最根本、最全局的基本问题，而地方立法一般是对中央立法的具体化，更多的是解决实际生活中的具体问题，因而地方立法应当在中央立法的框架内制定，一般不得与中央立法的基本原则和精神相抵触。

解决了中央立法的概念问题，再来解决中央立法主体的问题就方便多了。中央立法的主体，从中央立法的主体要素上看，就是指享有立法权的中央国家机关。中央立法主体的范围并不是所有的中央国家机关，而必须是享有立法权的中央国家机关。主要包括如议会和人民代表大会在内的民意代表机关以及行使部分立法权的行政机关。具体到我国，中央立法主体主要包括作为国家立法机关的全国人民代表大会及其常务委员会，以及作为国家立法机关辅助立法主体的国务院及其所属部门，下面将结合我国立法学理论与实践分别论述。

（1）全国人民代表大会为立法主体的立法。全国人民代表大会是最高国家权力机关，在我国国家权力体系内处于最高的地位。根据我国《宪法》和《立法法》的规定，全国人大行使国家最高的立法权，具体包括制定和修改宪法的立宪权、制定和修改基本法律的权力、对法律体系进行监督的权力以及授权其他机关进行立法的权力。

第一，制定和修改宪法的权力。宪法是国家的根本大法，规定了国家政治生活中最根本、最核心的内容和问题，因而宪法的制定和修改必须由最高的国家权力机关进行。有学者对宪法的特征的阐述足以显示宪法的根本法的地位："一是就性质而言，宪法是根本法。宪法的内容主要是公民的基本权利和国家的根本组织，是民权和政权。二是就其范围而言，宪法是社会的总章程。宪法对社会的政治、经济、文化等各个方面都作出了原则性规定。三是就其效力而言，宪法是最高法。其他法律都要依据宪法制定，并且不得与宪法相抵触。四是就其作用而言，宪法是国家法或政治法。宪法的作用在于保障人民的权利，调整公民与国家的关系，使公民既有权利又有义务，国家机关及其工作人员既有职权又有职责。"〔1〕龚教授对宪法特征的界定可以说是全面深刻地反映了宪法作为国家根本法当之无愧又无可替代的地位。因而，对宪法的制定和修改必须由全国人大来进行。从 1954 年开始，第一届全国人民代表大会第一次全体会议制订了新中国的第一部宪法，即《宪法》，进而 1975 年、1978 年和 1982 年，全国人民代表大会先后三次对我国《宪法》进行了全面重大的修改和补充，1982 年以来，全国人民代表大会又对 1982 年《宪法》进行了局部的修改和补充，形成了 1988 年、1993 年、1999 年、2004 年和 2018 年的《宪法修正案》，以保证宪法更加地适应改革开放现代化进程，更好地发挥国家根本法的作用。从整个宪法的制定和修改过程来看，全国人大在整个过程中发挥了决定性的作用，全国人大对我国宪法的发展作出了不可磨灭的贡献。

第二，制定和修改基本法律。根据我国《宪法》和《立法法》的规定，全国人民代表大会制定和修改刑事、民事、国家机构的和其他的基本法律。也就是说，涉及国家社会生活中的根本全局性的问题的法律必须由全国人大来制定和修改，而其他的国家机关无权进行。但这不意味着全国人大就不能制定和修改其他法律，只不过这里强调的是基本法律必须由全国人大来制定和修改，而如果全国人大认为其他法律有必要由其制定和修改，其完全可以行使这种权力。

第三，对法律体系进行监督。根据我国《宪法》的规定，全国人民代表大会行使监督宪法实施的职权，以及改变或者撤销全国人民代表大会常务委员会不适当的决定的职权。同时，我国《立法法》也对全国人大的法律监督职责作出了规定，全国人民代表大会有权改变或者撤销它的常务委员会制定的不适当的法律，有权撤销全国人民代表大会常务委员会批准的违背《宪法》和《立法法》规定的自治条例和单行条例。与此相对应，《立法法》还规定了有关全国人大常委会的职权，全国人民代表大会常务委员会制定和修改除应当由全国人民代表大会制定的法律以外的其他法律，在全国人民代表大会闭会期间，对全国人民代表大会制定的法律进行部分补充和修改，但是不得同该法律的基本原则相抵触。规定常委会职权的意义在于清晰界定全国人大常委会的职权范围和限制，进而突出全国人大在立法主体系统中的至高无上

---

〔1〕 参见龚祥瑞：《比较宪法与行政法》，法律出版社 1985 年版，第 26~27 页。

的地位。

第四，对全国人大常委会及其他国家机关进行授权立法的权力。《立法法》第 10 条第 4 款规定："全国人民代表大会可以授权全国人民代表大会常务委员会制定相关法律。"这是《立法法》首次明确规定全国人大可以授权全国人大常委会制定相关法律，从法律的层面厘清了全国人大与全国人大常委会就制定相关法律之间的授权关系。第 12 条规定："本法第十一条规定的事项尚未制定法律的，全国人民代表大会及其常务委员会有权作出决定，授权国务院可以根据实际需要，对其中的部分事项先制定行政法规，但是有关犯罪和刑罚、对公民政治权利的剥夺和限制人身自由的强制措施和处罚、司法制度等事项除外。"由于全国人大作为国家最高权力机关，因而其可以授权全国人大常委会及其他国家机关行使某些立法的权力。被授权的机关必须严格遵循授权的规定，在授予权力的限度和范围内行使职权。

（2）全国人大常委会作为立法主体的立法。全国人大常委会是最高国家权力机关的常设机关，与全国人大共同构成了国家最高权力机关的整体。全国人大常委会制定和修改除应当由全国人大制定的法律以外的其他法律，因而其立法地位高于除全国人大以外的其他立法主体。而且相比全国人大制定的法律而言，全国人大常委会制定的法律范围更广，制定的数量更多，而且由于其是全国人大的常设机关，因而，全国人大在闭会期间的许多职能也交由全国人大常委会在法定的权限范围内行使。结合我国《宪法》和《立法法》的规定，全国人大常委会的立法权内容主要体现在解释宪法和法律的权力、制定和修改非基本法律以及对基本法律进行补充和修改的权力和对法律体系监督的权力三个方面。

第一，解释宪法和法律的权力。根据我国《宪法》的规定，全国人大常委会行使解释宪法、监督宪法的实施和解释法律的职权。由此可见，《宪法》将宪法的解释权力专门赋予了全国人大常委会行使，这足以显见全国人大常委会在宪法解释工作中的重要意义。《宪法》之所以将宪法解释的权力授予全国人大常委会而非全国人大，是因为全国人大每年的会期只维持半月之久，而且在此期间要完成的任务艰巨而繁重，而宪法的解释是需要与时俱进的，不能在会议闭会期间搁置等待，因而，将这项权力授予全国人大常委会行使，可以保证宪法解释的经常性与及时性。也就是说，如果在任何时间在宪法的实施过程中，遇到了需要对宪法进行解释的紧急性问题，全国人大常委会就可以立即对宪法作出解释。同样，对法律解释的权力赋予全国人大常委会的原因也是为了适应法律调整社会生活及时性的需要。否则，法律解释的滞后将会使得法律跟不上时代的步伐而成为一纸空文。

第二，制定和修改非基本法律以及对基本法律进行补充和修改的权力。根据我国《宪法》的规定，全国人民代表大会常务委员会行使制定和修改除应当由全国人民代表大会制定的法律以外的其他法律的职权，并且在全国人民代表大会闭会期间，对全国人民代表大会制定的法律进行部分补充和修改，但是不得同该法律的基本原则相抵触。同时根据我国《立法法》规定，全国人民代表大会制定和修改刑事、民事、国家机构的和其他的基本法律。全国人民代表大会常务委员会制定和修改除应当由全国人民代表大会制定的法律以外的其他法律。在全国人民代表大会闭会期间，对全国人民代表大会制定的法律进行部分补充和修改，但是不得同该法律的基本原则相抵触。《宪法》与《立法法》清楚地规定了全国人大常委会的立法范围和立法权限，使得全国人大常委会与全国人大共同形成并完善了我国的中央权力机关的立法体系。

第三，对法律体系进行监督的权力。这是全国人大常委会除了立法权外最重要的权力，根据我国《宪法》和《立法法》的规定，全国人大常委会的立法监督权主要体现在：

其一，对不同效力级别的法律进行审查撤销的权力。全国人民代表大会常务委员会有权撤销同宪法和法律相抵触的行政法规，有权撤销同宪法、法律和行政法规相抵触的地方性法规，有权撤销省、自治区、直辖市的人民代表大会常务委员会批准的违背《宪法》和《立法法》规定的自治条例和单行条例。

其二，关于对法律之间冲突进行裁决的权力。法律之间对同一事项的新的一般规定与旧的特别规定不一致，不能确定如何适用时，由全国人民代表大会常务委员会裁决。地方性法规与部门规章之间对同一事项的规定不一致，不能确定如何适用时，由国务院提出意见，国务院认为应当适用地方性法规的，应当决定在该地方适用地方性法规；认为应当适用部门规章的，应当提请全国人民代表大会常务委员会裁决。

其三，关于接受立法主体备案和批准有关规范性法律文件的权力。行政法规报全国人民代表大会常务委员会备案；省、自治区、直辖市的人民代表大会及其常务委员会制定的地方性法规，报全国人民代表大会常务委员会和国务院备案；设区的市、自治州的人民代表大会及其常务委员会制定的地方性法规，由省、自治区的人民代表大会常务委员会报全国人民代表大会常务委员会和国务院备案；自治州、自治县制定的自治条例和单行条例，由省、自治区、直辖市的人民代表大会常务委员会报全国人民代表大会常务委员会和国务院备案；部门规章和地方政府规章报国务院备案；地方政府规章应当同时报本级人民代表大会常务委员会备案；设区的市、自治州的人民政府制定的规章应当同时报省、自治区的人民代表大会常务委员会和人民政府备案。

（3）国务院作为立法主体的立法。国务院，即中央人民政府，是最高国家权力机关的执行机关，是最高国家行政机关。依法可以制定行政法规，并可以参与国家的立法活动。国务院作为立法主体，其所制定的行政法规是对宪法和法律的具体贯彻和落实，是地方立法的重要依据。同时，国务院还肩负着向全国人大及其常委会提出法律案的重要使命。根据《宪法》和《立法法》的规定，国务院的立法权主要体现为制定行政法规的权力、根据授权进行立法的权力、对法律体系进行监督的权力以及作为提案主体向全国人大及其常委会提出法案的权力四个方面。

第一，制定、修改和废止行政法规的权力。根据《立法法》的规定，国务院根据宪法和法律，制定行政法规。行政法规可以就下列事项作出规定：为执行法律的规定需要制定行政法规的事项，以及《宪法》第 89 条规定的国务院行政管理职权的事项。也就是说，国务院的行政法规的内容可以包括为了执行法律而作的规定，也包括根据《宪法》第 89 条中关于行政管理的有关事项而作的规定。《宪法》第 89 条规定中体现国务院有关行政管理职权的事项有：一是根据宪法和法律，规定行政措施，制定行政法规，发布决定和命令；二是规定各部和各委员会的任务和职责，统一领导各部和各委员会的工作，并且领导不属于各部和各委员会的全国性的行政工作；三是统一领导全国地方各级国家行政机关的工作，规定中央和省、自治区、直辖市的国家行政机关的职权的具体划分；四是领导和管理经济工作和城乡建设、生态文明建设；五是领导和管理教育、科学、文化、卫生、体育和计划生育工作；六是领导和管理民政、公安、司法行政等工作；七是管理对外事务，同外国缔结条约和协定；八是领导和管理国防建设事业；九是领导和管理民族事务，保障少数民族的平等权利和民族自治地方的自治权利；十是保护华侨的正当的权利和利益，保护归侨和侨眷的合法的权利和利益。以上这几项内容大致体现了国务院的行政管理的职权范围，在这些行政管理的范围内，国务院可以制定行政法规进行行政管理。同时，《立法法》又对行政法规的制定程序进行了规定。《立法法》第74条规定："行政法规由国务院有关部门或者国务院法制机构具体负责起草，重要行政管理的法律、行政法规草案由国务院法制机构组织起草。行政法规在起草过程中，应当广泛听取有关机关、组织、人民代表大会代表和社会公众的意见。听取意见可以采取座谈会、论证会、听证会等多种形式。行政法规草案应当向社会公布，征求意见，但是经国务院决定不公布的除外。"第75条规定："行政法规起草工作完成后，起草单位应当将草案及其说明、各方面对草案主要问题的不同意见和其他有关资料送国务院法制机构进行审查。国务院法制机构应当向国务院提出审查报告和草案修改稿，审查报告应当对草案主要问题作出说明。"第76条规定："行政法规的决定程序依照中华人民共和国国务院组织法的有关规定办理。"第77条规定："行政法规由总理签署国务院令公布。有关国防建设的行政法规，可以由国务院总理、中央军事委员会主席共同签署国务院、中央军事委员会令公布。"由此可见，行政法规的制定程序必须严格遵循法律的规定进行。

第二，根据授权进行立法的权力。我国《立法法》第12条对授权国务院立法的问题作出的规定（关于授权立法的详细介绍，详见本书第三单元立法体制）："本法第十一条规定的事项尚未制定法律的，全国人民代表大会及其常务委员会有权作出决定，授权国务院可以根据实际需要，对其中的部分事项先制定行政法规，但是有关犯罪和刑罚、对公民政治权利的剥夺和限制人身自由的强制措施和处罚、司法制度等事项除外。"国务院根据授权的立法权与其本身具备的制定行政法规的权力不同，制定行政法规的权力是来自于宪法的直接规定，是根据宪法产生的，而根据授权的立法权是来源于国家立法机关的授权，其权力的效力要高于国务院对行政法规制定权的效力，而且授权的立法权在时间和具体事项上会有严格的要求，在条件成熟的时候，授权机关会终止授权，进而制定法律，而国务院制定行政法规的权力一般是跟随宪法的存在而存在的。除此之外，《立法法》第79条规定："国务院可以根据改革发展的需要，决定就行政管理等领域的特定事项，在规定期限和范围内暂时调整或者暂时停止适用行政法规的部分规定。"

第三，对法律体系进行监督的权力。与全国人民代表大会以及全国人大常委会一样，国务院也有一定范围的立法监督权力，根据我国《宪法》和

《立法法》的规定，国务院有权改变或者撤销各部、各委员会发布的不适当的命令、指示和规章，有权改变或者撤销地方各级国家行政机关的不适当的决定和命令，而且当行政法规之间对同一事项的新的一般规定与旧的特别规定不一致，不能确定如何适用时，由国务院裁决。除此之外，国务院还享有一定的接受备案的权力，国务院可以成为地方性法规、自治条例和单行条例、部门规章和地方政府规章的备案接受机关，进而对这些规范性法律文件进行监督。

第四，向全国人大及其常委会提出法案的权力。根据《宪法》对国务院职权的规定，国务院有行使向全国人民代表大会或者全国人民代表大会常务委员会提出议案的职权。法律提案权是国务院享有的参与国家立法活动的重要职权，在我国的立法实践中，在向全国人大及其常委会的立法提案中，国务院的提案占据了大部分的比例，国务院往往都是就制定新的法律或者将行政法规上升为法律等方面的事项向全国人大及其常委会提出法案。由于国务院肩负着国家的行政管理职能，因而其与社会生活的接触面比其他提案主体都要广泛，遇到的问题也比其他提案主体要多要全面，因此，国务院的提案相对能够全面准确地反映社会对法律的需要。

（4）国务院部门作为立法主体的立法。根据《宪法》和《国务院组织法》的规定，国务院各部门是指国务院各部、委员会、中国人民银行、审计署和具有行政管理职能的直属机构，国务院各部门享有制定部门规章的立法权。根据《宪法》和《立法法》的规定，国务院部门享有的制定规章的权力主要体现在：国务院各部、委员会、中国人民银行、审计署和具有行政管理职能的直属机构，可以根据法律和国务院的行政法规、决定、命令，在本部门的权限范围内，制定规章。部门规章规定的事项应当属于执行法律或者国务院的行政法规、决定、命令的事项。这就是说国务院各部门可以根据其所管理的具体领域的具体情况，将法律和行政法规的规定具体化。涉及两个以上国务院部门职权范围的事项，应当提请国务院制定行政法规或者由国务院有关部门联合制定规章。为了规范规章制定程序，保证规章质量，根据《立法法》的有关规定，国务院制定了《规章制定程序条例》，对规章的立项、起草、审查、决定、公布和解释等问题作出了详细的规定。

2. 地方立法主体

与中央立法主体一样，在解决地方立法主体的概念问题前，我们也应该先把握地方立法的概念问题。关于地方立法的概念，立法学界有两种不同的界定表述。第一种观点认为："所谓地方立法是指有立法权的地方国家机关按照法定的职权和程序，根据本行政区域的实际情况和需要，制定、修改和废止在本行政区域内具有法律效力的规范性文件的活动。"[1]第二种观点认为："地方立法，指特定的地方国家政权机关，依法制定和变动效力不超出本行政区域范围的规范性法律文件活动的总称。"[2]这两种关于地方立法概念的界定的区别在于，对于地方立法的效力范围的表述不同。前一种观点认为地方立法的效力是"在本行政区域范围内"有法律效力，而后一种观点认为地方立法的效力"不超出本行政区域范围"。"不超出本行政区域范围"的意思是，地方立法既可以在本行政区域的整个范围内都有效，也可以在本行政区域范围内的部分区域有效。而"在本行政区域范围内"这种表述可以理解为，地方立法在本行政区域的全部范围内都是有效的。而事实上，并不是地方立法中的每一部法律都在本行政区域内有效，地方行政区域中存在着民族自治地方和特别行政区等特殊区域，因而将地方立法表述为"在本行政区域范围内"有法律效力难免有不妥之处。鉴于此，本书认为，第二种观点对于地方立法概念的界定比较恰当。

地方立法与中央立法相比，其地位相对较低，具有从属性。一般要以中央的法律、法规为依据，并且不能与其相抵触以保证法律的统一；而且，地方立法在作用上肩负着贯彻实施中央法律、法规的责任，并且起到了为中央立法积累地方经验的基础性作用；同时，地方立法可以根据本地区的实际情况有效地解决地方的实际问题，弥补了中央立法在地方具体问题上适用的不足。然而，地方立法必须保持与中央立法的协调与统一，保证国家法律体系整体的权威与尊严，要防止地方立法与中央立法在原则和制度上的抵触，要严格禁止地方立法的地方保护主义倾向，各个地方在促使地方立法在中央立法的指导下发挥促进地方经济发展和社会生活稳定的作用的同时，必须保证地方立法紧紧围绕国家法制统一的整个大局。

而地方立法的主体应当就是指享有立法权的地方国家机关。与中央立法一样，地方立法主体的范围也并不是所有的地方国家机关，必须享有立法权

---

[1] 参见黄文艺、杨亚非主编：《立法学》，吉林大学出版社2002年版，第165页。
[2] 参见周旺生：《立法学》（第2版），法律出版社2009年版，第277页。

的地方国家机关才能成为地方立法主体。具体到我国，地方立法主体主要包括制定地方性法规的地方人民代表大会及其常委会、制定自治条例和单行条例的民族自治地方的人民代表大会以及制定地方政府规章的地方人民政府，以下将结合我国立法学理论与实践分别论述。

（1）地方性法规的立法主体。根据我国《立法法》的规定："省、自治区、直辖市的人民代表大会及其常务委员会根据本行政区域的具体情况和实际需要，在不同宪法、法律、行政法规相抵触的前提下，可以制定地方性法规。""设区的市的人民代表大会及其常务委员会根据本市的具体情况和实际需要，在不同宪法、法律、行政法规和本省、自治区的地方性法规相抵触的前提下，可以对城乡建设与管理、生态文明建设、历史文化保护、基层治理等方面的事项制定地方性法规，……""自治州的人民代表大会及其常务委员会可以依照本条第一款规定行使设区的市制定地方性法规的职权。"由此可见，地方性法规的立法主体是地方国家权力机关，也就是地方的人大及其常委会。然而，并不是所有的地方人大及其常委会都能制定地方性法规，根据我国宪法和法律的规定，只有省级人大及其常委会和设区的市以及自治州的人大及其常委会才享有地方性法规的制定权。因而，也只有省级和设区的市以及自治州的人大及其常委会才是地方性法规的立法主体。

因此，只有法律规定的这些市和自治州的地方人大及其常委会才能成为地方立法主体。关于立法权限，《立法法》第 82 条规定："地方性法规可以就下列事项作出规定：（一）为执行法律、行政法规的规定，需要根据本行政区域的实际情况作具体规定的事项；（二）属于地方性事务需要制定地方性法规的事项。除本法第十一条规定的事项外，其他事项国家尚未制定法律或者行政法规的，省、自治区、直辖市和设区的市、自治州根据本地方的具体情况和实际需要，可以先制定地方性法规。在国家制定的法律或者行政法规生效后，地方性法规同法律或者行政法规相抵触的规定无效，制定机关应当及时予以修改或者废止。设区的市、自治州根据本条第一款、第二款制定地方性法规，限于本法第八十一条第一款规定的事项。制定地方性法规，对上位法已经明确规定的内容，一般不作重复性规定。"随着区域经济协调发展的需要，《立法法》对区域协调立法工作机制也作出明确规定。具体而言，《立法法》第 83 条规定："省、自治区、直辖市和设区的市、自治州的人民代表大会及其常务委员会根据区域协调发展的需要，可以协同制定地方性法规，在本行政区域或者有关区域内实施。省、自治区、直辖市和设区的市、自治州可以建立区域协同立法工作机制。"

关于地方性法规的制定问题，与法律和行政法规不同的是，地方性法规的制定程序中多了一道报请批准的程序。根据《立法法》第81条规定："……省、自治区的人民代表大会常务委员会对报请批准的地方性法规，应当对其合法性进行审查，认为同宪法、法律、行政法规和本省、自治区的地方性法规不抵触的，应当在四个月内予以批准。省、自治区的人民代表大会常务委员会在对报请批准的设区的市的地方性法规进行审查时，发现其同本省、自治区的人民政府的规章相抵触的，应当作出处理决定。……"由此可见，设区的市制定的地方性法规须报省、自治区人大常委会批准后才能公布实施。关于地方性法规的公布问题，我国《立法法》第88条规定："省、自治区、直辖市的人民代表大会制定的地方性法规由大会主席团发布公告予以公布。省、自治区、直辖市的人民代表大会常务委员会制定的地方性法规由常务委员会发布公告予以公布。设区的市、自治州的人民代表大会及其常务委员会制定的地方性法规报经批准后，由设区的市、自治州的人民代表大会常务委员会发布公告予以公布。自治条例和单行条例报经批准后，分别由自治区、自治州、自治县的人民代表大会常务委员会发布公告予以公布。"由此可见，省、自治区、直辖市的人大及其常委会制定的地方性法规无须报其他机关进行批准，直接由公布机关就可进行公布实施，而设区的市和自治州的地方性法规必须在报经批准后，才能公布实施。

（2）自治条例和单行条例的立法主体。根据《宪法》和《民族区域自治法》的规定，自治条例和单行条例是我国在民族自治地方施行的两种特别的地方立法，是我国民族自治地方行使民族自治权的重要途径。自治条例和单行条例的立法主体是民族自治地方的人民代表大会，民族自治地方包括自治区、自治州和自治县。这三类民族自治地方的人民代表大会都有立法权。需要注意的是，只有民族自治地方的人民代表大会才有权制定自治条例和单行条例，而不包括民族自治地方的人大常委会。而与民族自治地方类似的概念是民族自治机关，民族自治机关是指自治区、自治州和自治县的人民代表大会和政府。而能成为民族自治地方立法主体的只能是民族自治地方的人民代表大会，也不包括民族自治地方的政府。自治条例和单行条例的区别在于，"自治条例是民族自治地方的人民代表大会依照当地民族的具体情况而制定的全面调整自治地方事务的综合性法律规范性文件。单行条例是民族自治地方的人民代表大会依照当地民族的情况而制定的调整自治地方某方面事务的单项法律规范性文件。单行条例是民族自治地方行使某一方面自治权的具体性法律规定。因此，一个民族自治地方只能制定一部自治条例，但可以制定多部单行条例"。[1] 根据我国《宪法》《立法法》和《民族区域自治法》的规定，民族自治地方的自治机关可以行使的自治权主要体现在：

第一，《立法法》第 85 条规定："民族自治地方的人民代表大会有权依照当地民族的政治、经济和文化的特点，制定自治条例和单行条例。自治区的自治条例和单行条例，报全国人民代表大会常务委员会批准后生效。自治州、自治县的自治条例和单行条例，报省、自治区、直辖市的人民代表大会常务委员会批准后生效。自治条例和单行条例可以依照当地民族的特点，对法律和行政法规的规定作出变通规定，但不得违背法律或者行政法规的基本原则，不得对宪法和民族区域自治法的规定以及其他有关法律、行政法规专门就民族自治地方所作的规定作出变通规定。"本条规定首先肯定了民族自治地方人大有权制定自治条例和单行条例的权力，同时还规定了自治地方的人大可以对法律和行政法规的规定作变通的权力。这里所说的变通规定，意思就是在坚持一般的法律规定的基本原则和精神的前提下，根据各个民族具体的地区情况和实际需要，对各民族自治地方的社会生活事务作出与法律和行政法规不同的规定，这种规定是适应当地风俗习惯和民族特色而作的规定，这种规定并不会破坏法制的统一，相反是对立法一般方法中原则性与灵活性相结合方式的最好运用，是立法符合具体国情的最好体现。然而，这种变通的例外情形体现在：一是自治条例和单行条例不得对法律和行政法规的基本原则作出变通规定；二是不得对宪法和民族区域自治法作出变通规定；三是不得对其他有关法律、行政法规专门就民族自治地方所作出的规定作变通规定。

第二，除了上述的民族自治地方的人大有权制定自治条例和单行条例并且可以对法律和行政法规作出变通的立法权限外，根据《宪法》《立法法》和《民族区域自治法》的规定，民族自治机关享有的其他自治立法权体现在：

其一，民族自治地方的人大有权制定有关财政自治权和税收自治权的自治条例和单行条例。民族自治地方的自治机关有管理地方财政的自治权。凡

---

[1]　参见黄文艺、杨亚非主编：《立法学》，吉林大学出版社 2002 年版，第 165 页。

是依照国家财政体制属于民族自治地方的财政收入，都应当由民族自治地方的自治机关自主地安排使用。民族自治地方的自治机关在执行国家税法的时候，除应由国家统一审批的减免税收项目以外，对属于地方财政收入的某些需要从税收上加以照顾和鼓励的，可以实行减税或者免税。自治州、自治县决定减税或者免税的，须报省、自治区、直辖市人民政府批准。

其二，民族自治地方的人大有权制定有关经济建设和对外贸易方面自治权的自治条例和单行条例。民族自治地方的自治机关自主地安排和管理地方性的经济建设事业。在坚持社会主义原则的前提下，根据法律规定和本地方经济发展的特点，合理调整生产关系和经济结构，努力发展社会主义市场经济，根据本地方的财力、物力和其他具体条件，自主地安排地方基本建设项目，自主地管理隶属于本地方的企业、事业，国家在民族自治地方开发资源、建设企业的时候，应当照顾民族自治地方的利益。民族自治地方依照国家规定，可以开展对外经济贸易活动，经国务院批准，可以开辟对外贸易口岸。与外国接壤的民族自治地方经国务院批准，开展边境贸易。民族自治地方在对外经济贸易活动中，享受国家的优惠政策。

其三，民族自治地方的人大有权制定培养干部和各种人才的自治条例和单行条例。国家从财政、物资、技术等方面帮助各少数民族加速发展经济建设和文化建设事业。国家帮助民族自治地方从当地民族中大量培养各级干部、各种专业人才和技术工人。民族自治地方的自治机关根据社会主义建设的需要，采取各种措施从当地民族中大量培养各级干部、各种科学技术、经营管理等专业人才和技术工人，充分发挥他们的作用，并且注意在少数民族妇女中培养各级干部和各种专业技术人才。民族自治地方的自治机关录用工作人员的时候，对实行区域自治的民族和其他少数民族的人员应当给予适当的照顾。民族自治地方的自治机关可以采取特殊措施，优待、鼓励各种专业人员参加自治地方各项建设工作。

其四，民族自治地方的人大有权制定有关组织地方公安部队方面自治权的自治条例和单行条例。民族自治地方的自治机关依照国家的军事制度和当地的实际需要，经国务院批准，可以组织本地方维护社会治安的公安部队。

其五，民族自治地方的人大有权制定有关使用语言文字方面自治权的自治条例和单行条例。民族自治地方的自治机关在执行职务的时候，依照本民族自治地方自治条例的规定，使用当地通用的一种或者几种语言文字。民族自治地方的自治机关在执行职务的时候，依照本民族自治地方自治条例的规定，使用当地通用的一种或者几种语言文字；同时使用几种通用的语言文字执行职务的，可以以实行区域自治的民族的语言文字为主。

其六，民族自治地方的人大有权制定有关教育、科学、文化、卫生、体育、保护环境和人口生育方面自治权的自治条例和单行条例。民族自治地方的自治机关自主地决定本地方的科学技术发展规划，普及科学技术知识，自主地决定本地方的医疗卫生事业的发展规划，发展现代医药和民族传统医药。加强对传染病、地方病的预防控制工作和妇幼卫生保健，改善医疗卫生条件。自主地发展体育事业，开展民族传统体育活动，增强各族人民的体质。民族自治地方的自治机关根据法律规定，结合本地方的实际情况，制定实行计划生育的办法。民族自治地方的自治机关保护和改善生活环境和生态环境，防治污染和其他公害，实现人口、资源和环境的协调发展。

在了解民族自治地方制定自治条例和单行条例的主体时，必须注意到，2015年修改《立法法》时赋予自治州的人民代表大会及其常务委员会地方性法规的制定权，即《立法法》第72条第5款的规定："自治州的人民代表大会及其常务委员会可以依照本条第二款规定行使设区的市制定地方性法规的职权。自治州开始制定地方性法规的具体步骤和时间，依照前款规定确定。"为此，自治州的人民代表大会既是自治条例和单行条例的制定主体，又是地方性法规的制定主体。按照2023年修改的《立法法》，虽然自治州制定地方性法规仅限于"行使设区的市制定地方性法规的职权"，即"可以对城乡建设与管理、生态文明建设、历史文化保护、基层治理等方面的事项制定地方性法规"，但是这一范围也与自治条例和单行条例的立法范围有重合的地方。两者之间如何准确区分，需要制度上进一步明确。

（3）地方政府规章的立法主体。根据《宪法》和《立法法》的规定，地方政府规章的立法主体是省、自治区、直辖市和设区的市、自治州的人民政府。地方政府规章就是有立法权的地方人民政府依照法定的职权和程序制定的规范性法律文件。地方政府规章从效力上看，是我国法律体系中效力最低的一种法的形式，效力等级低于法律、行政法规，而且数量大，调整范围广，规范内容具体可操作，是贯彻执行宪法、法律和行政法规的重要法律形式。

我国《立法法》第93条规定："省、自治区、直辖市和设区的市、自治州的人民政府，可以根据法律、行政法规和本省、自治区、直辖市的地方性法规，制定规章。地方政府规章可以就下列事项作出规定：（一）为执行法律、行政法规、地方性法规的规定需要制定规章的事项；（二）属于本行政区域的具体行政管理事项。设区的市、自治州的人民政府根据本条第一款、第二款制定地方政府规章，限于城乡建设与管理、生态文明建设、历史文化保护、基层治理等方面的事项。已经制定的地方政府规章，涉及上述事项范围以外的，继续有效。除省、自治区的人民政府所在地的市，经济特区所在地的市和国务院已经批准的较大的市以外，其他设区的市、自治州的人民政府开始制定规章的时间，与本省、自治区人民代表大会常务委员会确定的本市、自治州开始制定地方性法规的时间同步。应当制定地方性法规但条件尚不成熟的，因行政管理迫切需要，可以先制定地方政府规章。规章实施满两年需要继续实施规章所规定的行政措施的，应当提请本级人民代表大会或者其常务委员会制定地方性法规。没有法律、行政法规、地方性法规的依据，地方政府规章不得设定减损公民、法人和其他组织权利或者增加其义务的规范。"

由此可见，省、自治区、直辖市和设区的市、自治州的人民政府制定地方政府规章的权限范围体现在：第一，为执行法律、行政法规和地方性法规的规定需要制定规章的事项。地方人民政府有职责执行法律、行政法规和地方性法规的规定，因而法律赋予了地方人民政府制定规章的权限，一方面，地方人民政府可以根据法律、行政法规和地方性法规的授权来就某些事项制定地方政府规章；另一方面，地方人民政府也可以在没有上位法授权的情况下，就某些事项制定具体的配套规定以便有效的执行法律、行政法规和地方性法规的规定。第二，规定属于本行政区域的具体行政管理的事项。对于涉及本行政区域范围内具体的经济、教育、科学、文化、卫生、体育事业、城乡建设事业和财政、民政、公安、民族事务、司法行政、计划生育等工作，省、自治区、直辖市和设区的市、自治州的地方人民政府，可以根据宪法和法律的规定制定地方政府规章加以调整，以便更好地推进地方的行政管理工作。但是，没有法律、行政法规、地方性法规的依据，地方政府规章不得设定减损公民、法人和其他组织权利或者增加其义务的规范。

最后，关于地方政府规章的审查与备案问题，《立法法》在第五章适用与备案中作出了详细的规定，概括来看，国务院有权改变或者撤销不适当的地方政府规章，地方人民代表大会常务委员会有权撤销本级人民政府制定的不适当的规章，省、自治区的人民政府有权改变或者撤销下一级人民政府制定的不适当的规章。地方政府规章应当同时报国务院备案和本级人民代表大会常务委员会备案，设区的市、自治州的人民政府制定的规章应当同时报省、自治区的人民代表大会常务委员会和人民政府备案。

3. 军事立法主体

除了传统的权力机关立法和行政机关立法之外，有中国特色的立法主体还有军事机关。根据《立法法》第 117 条规定："中央军事委员会根据宪法和法律，制定军事法规。中国人民解放军各战区、军兵种和中国人民武装警察部队，可以根据法律和中央军事委员会的军事法规、决定、命令，在其权限范围内，制定军事规章。军事法规、军事规章在武装力量内部实施。军事法规、军事规章的制定、修改和废止办法，由中央军事委员会依照本法规定的原则规定。"可见，中央军事委员会及各总部、军兵种、军区分别是军事法规和军事规章的立法主体。

4. 监察立法主体

为了贯彻实施《宪法》和《监察法》，保障国家监察委员会依法履行最高监察机关职责，根据监察工作实际需要，第十三届全国人民代表大会常务委员会第十四次会议通过了《关于国家监察委员会制定监察法规的决定》，其规定："一、国家监察委员会根据宪法和法律，制定监察法规。监察法规可以就下列事项作出规定：（一）为执行法律的规定需要制定监察法规的事项；（二）为履行领导地方各级监察委员会工作的职责需要制定监察法规的事项。监察法规不得与宪法、法律相抵触。……"由此可见，中国特色社会主义法律体系中，目前还包括监察法规，制定监察法规的主体是国家监察委员会。根据《立法法》第 118 条的规定："国家监察委员会根据宪法和法律、全国人民代表大会常务委员会的有关决定，制定监察法规，报全国人民代表大会常务委员会备案。"

【法律规范】

《宪法》

第 58 条　全国人民代表大会和全国人民代表大会常务委员会行使国家立法权。

第 67 条第 1、2、3、4 项　全国人民代表大会常务委员会行使下列职权：

（一）解释宪法，监督宪法的实施；

（二）制定和修改除应当由全国人民代表大会制定的法律以外的其他法律；

（三）在全国人民代表大会闭会期间，对全国人民代表大会制定的法律进行部分补充和修改，但是不得同该法律的基本原则相抵触；

（四）解释法律。

《立法法》

第 72 条　国务院根据宪法和法律，制定行政法规。

行政法规可以就下列事项作出规定：

（一）为执行法律的规定需要制定行政法规的事项；

（二）宪法第八十九条规定的国务院行政管理职权的事项。应当由全国人民代表大会及其常务委员会制定法律的事项，国务院根据全国人民代表大会及其常务委员会的授权决定先制定的行政法规，经过实践检验，制定法律的条件成熟时，国务院应当及时提请全国人民代表大会及其常务委员会制定法律。

《民族区域自治法》

第 19 条　民族自治地方的人民代表大会有权依照当地民族的政治、经济和文化的特点，制定自治条例和单行条例。自治区的自治条例和单行条例，报全国人民代表大会常务委员会批准后生效。自治州、自治县的自治条例和单行条例报省、自治区、直辖市的人民代表大会常务委员会批准后生效，并报全国人民代表大会常务委员会和国务院备案。

《立法法》

第 117 条　中央军事委员会根据宪法和法律，制定军事法规。

中国人民解放军各战区、军兵种和中国人民武装警察部队，可以根据法律和中央军事委员会的军事法规、决定、命令，在其权限范围内，制定军事规章。

军事法规、军事规章在武装力量内部实施。

军事法规、军事规章的制定、修改和废止办法，由中央军事委员会依照本法规定的原则规定。

【论点要览】

《法律、立法与自由》（第 2、3 卷）（［英］弗里德利希·冯·哈耶克著，邓正来等译，中国大百科全书出版社 2000 年版）：尽管法治（或法律的主治、法律的至上或法律的至高）的观念预设了这样一种观点，即人们应当根据规则的特性而非渊源来界定法律，但是当今的情势恰恰相反，即立法机关不再因其制定法律而被称为立法机关，反而是法律因其源出于立法机关而被称为法律，也不论立法机关决议的形式或内容为何。

《法律智慧警句集》（［德］古斯塔夫·拉德布鲁赫著，舒国滢译，中国法制出版社 2001 年版）：只有立法者自身服从法治的条件下，立法才能托付给立法者。伟大的立法机关习惯于使法的发展有短暂的停顿。不信任是每个立法者的首要义务。法律自然不是用来反对善的，而是用来对付恶的，所以，某个法律对它的接受者预设的恶行内容越多，其本身而显得越好。

《中国立法的基本理论和制度》（李步云、汪永清主编，中国法制出版社 1998 年版）：立法是由社会各个组成部分共同努力的结果。社会的各个方面都享有一定的影响立法的手段，也可以说都具有一定的参与立法的权力或权利，这些享有影响立法活动手段的社会主体，即立法主体。

《法律篇》（［古希腊］柏拉图著，张智仁、何勤华译，上海人民出版社 2001 年版）：每个立法者制定每项法律的目的是获得最大的善。

【典型案例】

案例一：南京市江宁区"立法不作为"第一案

基本案情：

2003 年 3 月，南京美亭化工厂厂长杨某庭向南京市中院递交了一份行政起诉书，以"行政立法不作为"为由，状告南京市江宁区政府不按上位法规及时修改房屋拆迁管理办法，致使自己损失惨重。杨某庭因此成为全国第一个状告政府"行政立法不作为"的人。

2002 年 5 月，杨某庭接到江宁区科学园发展公司的拆迁通知，要拆迁其位于该区的美亭化工厂。但在拆迁安置补偿金额上，双方分歧很大。拆迁方依据的是 1996 年江宁县（今江宁区，下同）政府制定的《城镇房屋拆迁管理暂行办法》，根据这一办法，需补偿杨某庭安置费用 135 万余元。而杨某庭委托南京华盛兴伟评估公司对自己被拆迁资产进行评估，并参照现行的《南京市城市房屋拆迁管理办法》测算，认为应补偿安置费用 447 万元。杨某庭发现，江宁区房屋拆迁依据的这个暂行办法，是 1996 年由原江宁县政府制定的，早已不适应撤县建区后江宁土地价格的巨大变化。而且，当初授权制定这个拆迁管理办法的上位法——1996年3月施行的《南京市房屋拆迁管理办法》，已于2000年3月7日被废止。2001年11月，国务院颁布了《城市房屋拆迁管理条例》，一个月后，南京市据此再一次制定了新的拆迁办法并颁布实施，而江宁区政府却一直坚持沿用7年前的暂行办法。

这个已被废止的《南京市房屋拆迁管理办法》第53条是这样规定的："本市所辖各县人民政府可参照本办法，结合本县实际情况制定拆迁办法。"江宁区现仍在施行的《江宁县城镇房屋拆迁管理暂行办法》第1条也规定："根据有关法律、法规和《南京市房屋管理拆迁办法》第53条的规定，结合江宁县实际情况，制定本拆迁办法。"因而，杨某庭决定状告江宁区政府。其主张，拆迁方依据的是7年前的老规定，制定这个规定的上位法早已废止，江宁区政府不根据新的上位法制定新规定，是一种"立法不作为"，由此导致公民拆迁受损，政府应当承担责任。

2003年6月12日，江苏省南京市江宁区人民法院发出行政裁定书，驳回南京美亭化工厂对江宁区政府"立法不作为"的起诉。法院认为，原江宁县政府江宁政发〔1996〕64号文件是该政府针对不特定对象发布的能反复适用的行政规范性文件，它的制定、发布、废止以及重新制定、发布，都不属于具体行政行为，而属于抽象行政行为，依法不能对其提起诉讼，因而驳回了原告的起诉。

媒体习惯将上述江宁区《城镇房屋拆迁管理暂行办法》定位为行政规章，习惯将本案称为"立法不作为"第一案，那么该办法究竟性质如何？江宁区人民政府是否属于立法主体呢？

（资料来源：〔1〕薛子进："公民状告政府行政'立法不作为'"，载《法制日报》2003年3月25日；〔2〕"全国首例诉'立法不作为'案被驳回"，载《南方日报》2003年6月14日；〔3〕叶必丰、周佑勇：《行政规范研究》，法律出版社2002年版。）

提示与问题：

（1）如何认识《城镇房屋拆迁管理暂行办法》的性质和效力？

（2）从立法主体角度，江宁区人民政府是否属于立法主体？如何评价"立法不作为"一案？

（3）现行法律制度下，解决本案争议问题有哪些救济途径？

案例二：陕西榆林"芹菜案"

基本案情：

个体户罗某和妻子贺某在陕西省榆林市榆阳区经营一家蔬菜粮油店。2021 年 10 月，罗某在某农贸市场从一农户手中购进 7 斤芹菜，其中 2 斤被榆阳区市场监管局提取检验，剩余 5 斤以每斤 4 元的价格售出，共收入 20 元，纯利润不足 10 元。约 1 个月后，夫妇俩接到市场监管部门反馈，称该批芹菜有一项指标超标。因售出的芹菜已无法追回，且夫妇俩无法提供供货方许可证明及票据，不能如实说明进货来源，未履行查验义务，榆阳区市场监管局决定对其处以罚款 6.6 万元。对此国家督导组进行了调查走访。

走访发现，在这次监督抽检中，该店销售的芹菜"毒死蜱"项目不符合 GB2763-2021《食品安全国家标准 食品中农药最大残留限量》规定的要求（标准值：≤0.05mg/kg，实测值 0.11mg/kg），检验结论为不合格。经市场监管部门调查，涉案芹菜共 7 斤，抽样 2 斤，其余 5 斤均售出，违法所得 20 元（含抽样 2 斤）。按照《食品安全法》第 124 条规定，生产经营致病性微生物、农药残留、兽药残留、生物毒素、重金属等污染物质以及其他危害人体健康的物质含量超过食品安全标准限量的食品、食品添加剂，货值金额不足 1 万元的，并处 5 万元以上 10 万元以下罚款；货值金额 1 万元以上的，并处货值金额 10 倍以上 20 倍以下罚款。另外，《行政处罚法》第 33 条规定，违法行为轻微并及时改正，没有造成危害后果的，可以不予行政处罚。当事人有证据足以证明没有主观过错的，不予行政处罚。但是按照《食品安全法》第 136 条规定，食品经营者履行了本法规定的进货查验等义务，有充分证据证明其不知道所采购的食品不符合食品安全标准，并能如实说明其进货来源的，可以免予处罚，但由于该店不能提供供货方许可证明和票据，不能如实说明进货来源，未履行进货查验义务，不符合相关免罚规定。据此，市场监管部门认定当事人违反《食品安全法》相关规定，给予当事人罚款 6.6 万元的行政处罚。

引发的分歧：

上述内容报道后，引起社会（主流媒体）和市场监管系统内较大的反响。社会层面主要抱同情态度，认为即便芹菜不合格，也应该去追查源头，不应该让小菜店背锅。而且该粮油蔬菜店系小微主体，小小的货值和违法所得，且没有已知的危害后果，却被处"天价"的罚款，明显过罚不当。市场监管系统内则普遍对督查组之定性持怀疑态度，并有两种不同的声音：一种认为立法不健全，起罚点为 5 万元，即使从轻、减轻处罚，也不可能降太低，因为有纪委等监督着呢，且有追责的先例，这种声音占多数。另一种声音占少数，认为过罚不当，执法存在问题。

国务院督查组的观点：

"芹菜案"之所以出现过罚不当的问题，其主要原因在于：一是相关法律法规规定不细，执法人员自由裁量权过大。督查组介绍，一些行政处罚的法律法规制定的时间较早，未经及时修正，存在处罚内容宽泛、表述抽象、缺乏客观标准等问题。一些地方执法人员利用自由裁量权，执法随意、处罚严苛、过罚不相当的现象十分普遍。二是处罚力度与业绩考核挂钩，倒逼从严办案。督查组发现，在食品安全领域，有关部门存在以办案数量和罚款规模进行考核的现象。三是对行政处罚执行权缺少有效制衡。督查组介绍，行政处罚案件由本机关立案、本机关调查取证、本机关负责人做出处罚决定，上级机关对下级机关进行监督检查，权力过于集中。小微市场主体虽可提出行政复议，但很难获得改正。同时，行政诉讼程序复杂且耗时长，小微市场主体难以承担相关成本。这一切造成对小微市场主体权益保护不够。最后，督查组建议，各级市场监管部门应按照稳市场主体的基本要求制定行政处罚裁量基准，根据违法行为的事实、性质、情节和社会危害程度细化量化处罚标准，切实解决"过罚不当""类案不同罚"和"任性执法"等问题。

（资料来源：[1]"'20 元芹菜被罚 6 万 6'引关注，陕西要求整改'过罚不当'"，载《澎湃新闻》2022 年 8 月 30 日；[2]宁俊："榆林'芹菜案'是立法问题？还是执法问题？"，载《中国食品工业》2022 年第 19 期；[3]邓小兵："榆林芹菜案争议：既定事实下，如何运用'过罚相当'原则"，载《红星新闻》2022 年 9 月 3 日。）

提示与问题：

（1）结合《立法法》，本案中是否存在立法缺位或者立法冲突的问题？

（2）如何界定本案中的"过罚不当"问题？

（3）如何评价本案中行政机关的自由裁量权问题？

（4）结合本案，如何认识《行政处罚法》与《食品安全法》之间的关系？

【参考书目】

周旺生：《立法学》（第 2 版），法律出版社 2009 年版，第八章、第十一章、第十二章、第十三章。

黄文艺、杨亚非主编：《立法学》，吉林大学出版社 2002 年版，第九章、第十章、第十一章。

【分析思考】

（一）简述立法主体的特征和类型。

（二）简述权力机关立法与行政机关立法的特征。

（三）分析思考地方立法主体的立法权限。

【内容概要】

　　立法权是指由主权者所拥有的，由特定的国家机关行使的，制定、认可和变动法的综合权力体系。

【基本原理】

一、立法权的概念

　　有关立法权的问题，一直以来都是一个十分重要的法律问题，西方的许多思想家都在自己的著作中对立法权问题进行过经典的阐述。比如柏拉图的《法律篇》、亚里士多德的《政治学》、洛克的《政府论》、卢梭的《社会契约论》、孟德斯鸠的《论法的精神》、黑格尔的《法哲学原理》、康德的《法律哲学》、拉德布鲁赫的《法学导论》、边沁的《政府片论》、卡贝的《伊加利亚旅行记》等等。

　　洛克在《政府论》中认为："立法权，不论属于一个人或较多的人，不论经常或定期存在，都是每一个国家中的最高权力。立法权是享有权利来指导如何运用国家的力量以保障这个社会及其成员的权力。只有人民才能通过组成立法机关和指定由谁来行使立法权，选定国家的形式。他们除了只受他们所选出的并授以权力来为他们制定法律的人们所制定的法律的约束外，不受任何其他法律的约束。立法权既然只是为了某种目的而行使的一种受委托的权力，当人民发现立法行为与他们的委托相抵触时，人民仍然享有最高的权力来罢免或更换立法机关。"〔1〕洛克将立法权的地位定位为国家的最高权力，而且是用来指导国家运行和社会稳定的最高权力，由此可见其对于一个国家立法权的重视程度。同时，洛克主张立法权来源于人民手中，人民是立法权的最终享有者和行使者。人民有权选择自己满意的立法机关来为人民服务，并且人民可以对自己选定的立法机关进行监督，如果立法机关制定的法律符合人民利益的需要，那么人民就会遵守这些法律的约束，但是如果人民委托的立法机关制定的法律违背人民的初衷，则人民完全可以收回立法权并且委托其他可以体现自己的意志的机关来行使立法权。洛克的这些思想完全体现了民主制度的精神内涵，对于当代世界各国的立法体制的构建，尤其对我国立法理念的升华，有着重要的指导意义。

孟德斯鸠在《论法的精神》中对立法权阐释为："每一个国家有三种权力：一是立法权力；二是有关国际法事项的行政权力；三是有关民政法规事项的行政权。依据第一种权力，国王或执政官制定临时的或永久的法律，并修正或废止已制定的法律。法律应该是对一切人制定的。在一个自由的国家里，每个人都被认为具有自由的精神，都应该自己统治自己，所以立法权应该由人民集体享有。"〔2〕孟德斯鸠将国家权力分为了三种，其中有关制定、修正与废止法律的权力就是国家的立法权，而且其主张立法权的归属应当属于人民，人民有权利和自由来自己治理自己的国家，任何人都不能加以干涉。而且法律是针对一切人的，没有一个人应当在法律面前享有特权，也就是说在法律面前人人平等，不论国王也好，平民也罢，都要严格地服从法律，根据法律来行为，人民是自由的，这种自由是不应该受到国王等国家机关限制的，而且在国王与人民之间，在法律的适用上是不分你我的，享有的立法权人民有权决定立法权的归属，人民完全可以对违背自己意志的立法说不，并且与洛克的思想不谋而合。这些思想对于后世民主、自由等法治思想的发扬毫无疑问地起到了源头活水的作用。

卢梭在《社会契约论》中，将立法权形象地比喻为心脏，足以显示出立法权在国家权力体系中的地位。其主张："立法权是国家的心脏，行政权则是国家的大脑，大脑指使各个部分运动起来。大脑可能陷于麻痹，而人依然活

---

〔1〕　[英] 洛克：《政府论》（下篇），叶启芳、瞿菊农译，商务印书馆1986年版，第83~91页。
〔2〕　[法] 孟德斯鸠：《论法的精神》（上册），张雁深译，商务印书馆1963年版，第155~158页。

着。一个人可以麻木不仁地活动；但是一旦心脏停止了它的机能，则任何动物马上就会死掉。"〔1〕心脏对于人体的意义不言而喻，国家立法权就好比心脏一样，一旦停止，整个体系就会陷于崩溃，由此立法权的重要性可见一斑。

德国思想家康德对立法权作了这样的阐述："立法权，从它的理性原则来看，只能属于人民的联合意志。因为一切权利都从这个权力产生，它的法律必须对任何人不能有不公正的做法。如果任何一个人按照他与别人不同的意志去决定国家的事情，那么，他就可能经常对人做坏事；但是，如果由大家决定并颁布他们自己的法律，就绝不会发生这种事情。自己不会伤害自己。可见，只有全为人民联合并集中起来的意志（这就是每一个人为全体决定同一件事，以及全体为每一个人决定同一件事），应该在国家中拥有制定法律的权力。"〔2〕从康德的思想中我们不难发现，其也主张立法权是人民全体意志的体现，其他权力必须经过法律的授权才能产生，立法权是其他一切权力的来源，而且当人民将意志联合起来共同做事的时候，这种意志将会是公平而且合理的。当人民将意志联合起来，就可以形成在国家中制定法律的权力。这种权力是为整体人民利益服务的，而不会偏私与某一个个人的利益。

法国思想家卡贝对立法权也有自己的看法，其主张："关于立法权，这种制度的原则是什么？立法权构成国家的主权，通过法律来组织和调整一切。立法权是否由人民来行使？是的，法律一律由人民选出的代表来讨论和拟定，然后提交人民批准。"〔3〕从卡贝的思想中可以看出，其认为立法权是国家主权中十分重要的一项内容，国家要通过立法权来组织和调整国家的一切运行，并且其谈到了立法权的最终归宿，那就是来源于人民，而且必须通过人民来行使，一切有关制定法律的问题，必须最终由人民批准。由此可见，人民是立法权的享有者，离开了人民的委托与授权，任何其他人不能触及立法权，更不能违背人民的意志来滥用立法权，一旦发生这样的情况，人民便可以收回立法权，终止委托与授权。

上述西方思想家对于立法权的看法的一些阐述，对于我们把握立法权的历史脉络，更好地理解立法权的概念，具有十分重要的意义。

---

〔1〕 ［法］卢梭：《社会契约论》，何兆武译，商务印书馆 1980 年版，第 177 页。
〔2〕 ［德］康德：《法律哲学》，张学仁等编译，北京大学出版社 1983 年版，第 419 页。
〔3〕 ［法］埃蒂耶纳·卡贝：《伊加利亚旅行记》（第 3 卷），李雄飞译，商务印书馆 1978 年版，第 383 页。

关于立法权的概念问题，立法学界有着这样的几种观点。

第一种观点认为，立法权是由特定国家机关行使的，在国家权力体系中占据特殊地位的，用来制定、认可和变动法的综合性权力体系。[1]持这种观点的学者将立法权界定为一种综合性的权力体系而非单一性的权力。这就说明立法权是类别多样、级别众多、层次分明、内容复杂、结构多层的一种权力。而且这种权力在国家权力体系中的地位特别重要，并非简简单单的一般意义上的权力，这种权力的行使主体也是特定的，通过上面对西方思想家有关立法权的论述的理解，我们可以发现，立法权的来源与行使不是一个问题，立法权应当来源于政权的主权者，也就是说在当代社会，立法权只能来源于人民，由人民享有；而对于立法权的行使问题，则是人民委托什么样的机关来代为行使立法权的问题，立法权必须委托给特定的国家机关来行使，而非一般的国家机关，这些行使立法权的机关必须由宪法来加以规定。从立法权的内容来看，是特定国家机关用来制定、认可和变动法律的一种权力，也这是行使立法权的目的所在，只有通过对法律的制定、认可与变动，才能实现对社会关系的有效调整，从而实现维护立法权享有者的根本利益的作用。

第二种观点认为，将立法权解释为由立法机关行使的，相对于行政权与司法权的权力。国家的立法权、行政权、司法权分别由立法机关、行政机关、司法机关行使。从这个意义上讲，立法机关享有的一切权力都是立法权，不仅仅包含制定法律的权力，而且包括立法机关享有的其他权力，比如开设国家信用贷款、监督国家财政、要求向议会提交内阁议事记录以及一切政府报告和文件、要求向议会通报由国王代表国家与外国政府签订的条约和协定、有权召集任何人赴议会商讨国事、审查国家会计账目和分开发表的国家财务报表以及授予外国人国籍等。[2]这些权力都是这个意义上的立法权的范畴。

从这两种观点可以看出，立法学通常研究的立法权的概念是第一种观点意义上的立法权。也就是说，这种立法权是指由主权者所拥有的，由特定的国家机关行使的，制定、认可和变动法的综合权力体系。值得强调的是，行使立法权的特定国家机关不仅仅指立法机关，而应当指前一个单元论述的立法主体，就是指宪法和法律明确规定的能够行使立法权的那些机关。它们既

---

〔1〕　参见周旺生：《立法学》（第 2 版），法律出版社 2009 年版，第 198 页。

〔2〕　参见吴大英、任允正、李林：《比较立法制度》，群众出版社 1992 年版，第 264 页。

可以是立法机关，也可以是行政机关，既可以是中央的国家机关，也可以是地方的国家机关，既可以是宪法和法律明确规定的享有立法权的国家机关，也可以是立法机关授权的其他国家机关。

二、立法权与立宪权

关于立法权与立宪权的关系，在西方国家与我国并不相同。在我国，研究立法活动，当然包括了立宪活动在内，宪法的制定和修改的相关问题当然是立法活动的重要内容，在我国立法权的范畴当然包含了立宪权在内。而在西方国家，"法"的涵义与我国是不同的，西方法学家一般认为，先有宪法而后有国家，正如1787年产生美国宪法而1789年美国才建立那样。因此，西方国家的法一般不包括宪法在内，立法、司法当然也不包含立宪、司宪的涵义。[1]因而在西方国家，立法权与立宪权是分别独立研究的。而在我国，是先有国家后有宪法，因而我国在探讨广义的法的内涵的时候，当然包含了宪法在内。

有关立宪权的概念问题，不同的学者有不同的观点。第一种观点认为，立宪权是指以国度名义制定法律的权利，是全国人大及其常委会的专有权利。[2]第二种观点认为，立宪权是国度权力体系中的重要组成部分，是相对于行政权、公安权分别的权力，是最高国度权利和整体权利。中央并不享有独立完整的立宪权，它们在立宪上的权利宜称为立宪规权，而不宜含糊称为立宪权。[3]第三种观点认为，我国现行《宪法》第58条规定的就是国度立宪权，不能将国度立宪权等同于立宪权。立宪权容纳国度立宪权、中央立宪权和委托立宪权等，是各种立宪权的总数。[4]我国《宪法》第58条规定："全国人民代表大会和全国人民代表大会常务委员会行使国家立法权。"综合这三种观点来看，我国的学者们在定义立宪权的时候，通常是将其理解为制定法律的权力，并不是单纯指制定宪法的权力。

---

〔1〕 参见刘和海、李玉福：《立法学》，中国检察出版社2001年版，第171~172页。

〔2〕 参见蔡定剑："立法权与立法权限"，载《法学研究》1993年第5期。

〔3〕 参见郭道晖："论国家立宪权"，载《中外法学》1998年第4期。

〔4〕 参见李林："立宪权限综述剖析"，载李步云主编：《立法法研究》，湖南人民出版社1997年版，第303页。

三、立法权与行政权、司法权的关系

（一）立法权与行政权

立法权与行政权的关系问题，在不同的历史时期会表现出不同的形态。在封建社会里，皇帝或国王集立法权与行政权与一身，皇帝一言可以立法，也可以一言废法，而且皇帝更习惯使用行政权，因为其效率高，效果快。封建社会的法律是诸法合体的形态，在君主专制政体的统治下，立法权与行政权并没有过于清晰的划分，都是由皇帝一个人决定的。而到了资本主义社会，在洛克和孟德斯鸠的分权理论的指引下，国家权力被划分开来。洛克认为，国家权力应当分为立法权、行政权和对外权，以便更好地防止专制的出现，尤其强调立法权与行政权的分立。由于洛克生活的时代正是英国资产阶级革命后的时代，新兴资产阶级为了能够参与政治生活，主张立法权由议会控制，掌握在资产阶级手中，而行政权由君主和贵族掌握，而且洛克强调立法权要高于行政权，因而就形成了立法权与行政权相互牵制的格局。到了法国孟德斯鸠那里，其在洛克思想的基础上正式地提出为立法权、行政权与司法权的分立，而且三种权力分别由不同的机关行使，互相牵制，互相独立。在分权理论的指引下，立法权与行政权和司法权独立开来，资本主义各国纷纷结合实际建立了符合国情的政权组织形式。

在我国，行政机关由权力机关产生，对权力机关负责，受权力机关监督。这是因为我国实行的是议行合一制与民主集中制的政治体制。在我国，一切权力属于人民，人民行使权力的机关是全国人民代表大会和地方各级人民代表大会，立法权最能体现人民主权的思想，当然会由我国的权力机关来行使。权力机关在整个权力体系中处于最高的位置，行政机关是权力机关的执行机关，立法机关对行政机关实施监督。

行政权与立法权的关系问题，在授权立法方面二者的关系体现得更为明显，授权立法就是有关的国家机关由于立法机关的授权而获得一定的立法权，这里的接受权力的机关一般多为行政机关。这样就使得行政机关具有了一定范围内的立法权限，在授权范围内，行政机关可以充分行使自己的立法权，比如我国《立法法》第12条规定，在立法保留事项中，除了有关犯罪和刑罚、对公民政治权利的剥夺和限制人身自由的强制措施和处罚、司法制度等事项外，全国人大及其常委会可以授权国务院根据实际需要就其他事项先行

制定行政法规。这就充分体现了行政权对于立法权的影响。而且除了授权立法外，宪法和宪法性法律还规定了行政机关可以享有一定的行政立法权。比如，在我国，国务院就根据《宪法》和《立法法》的规定，享有制定行政法规的立法权。这种立法权并不是通过立法机关的授权获得的，而是国务院根据宪法的直接规定独立享有的行政立法权。

（二）立法权与司法权

立法权与司法权的关系，也经历了从封建社会到资本主义社会的演变。在封建社会里，皇帝或君主集立法权与司法审判权于一身，君主一言立法、一言废法的同时，也对法在社会生活中的适用起到了最终裁决者的作用。到了资本主义时期，才有了立法权与司法权的分立，然而，在洛克的思想中，还没有提及司法权与立法权的分立问题，直到孟德斯鸠那里，才正式地将立法权与司法权和行政权分立。在此后的发展过程中，司法权在三权体系当中也往往是最弱的一项权力。直到美国的马伯里诉麦迪逊案发生后，美国最高法院自此有权宣布国会通过的法律违宪，才使得法院通过行使司法审查权作用于立法领域，从而促进了司法权地位的逐步提升。

在立法权与司法权的关系问题中，最典型的关系体现在英美法系之中，因为英美法系国家的法院判决可以成为判例法，进而成为英美法系国家中法律体系的重要组成部分。虽然大陆法系国家采用的是成文法主义学说，但是司法机关的判例也不是绝对的无法影响立法。比如在法国，法国的行政法就是在行政法院判例的基础上发展起来的。因而纵观两大法系，立法权与司法权的相互渗透已经可见一斑。

在我国，司法机关与行政机关一样，都是由权力机关产生，对权力机关负责，受权力机关监督。司法权是从属于立法权的，两者是监督与被监督的关系。而且在我国司法体系中，司法解释的作用不容小觑。我国司法解释主要有四种类型：一是对适用新制定的重要法律的系统解释；二是对当前一些重要案件如何具体适用现行法律的解释；三是对某类案件在中国现行法律中并无直接规定而需要最高人民法院作出规定的解释；四是对适用法律中的疑问，特别是界限不明确等问题的解释。[1]根据1981年全国人大常委会《关于加强法律解释工作的决议》，最高人民法院和最高人民检察院通过了一系列的

---

[1] 参见周旺生主编：《立法学教程》，法律出版社1995年版，第215页。

司法解释，其中以最高人民法院居多。这些司法解释弥补了当今法治建设条件下的立法的不足，在条件成熟、经验积累到一定程度时，立法机关会将司法解释中的合理因素吸收为法律条文，实现了司法权对立法权的促进作用，而且使得许多新法律出台后面临的法律适用问题得到了有效的解决，维护了国家的司法统一与权威，同时促进了疑难案件的有效结案，对提高司法效率、实现司法公正起到了积极的作用。然而，值得探讨的是，司法解释在弥补立法不足的同时，也难免出现司法解释立法化的倾向，有的司法解释规定了立法根本没有规定的新问题，这就难免有司法造法的嫌疑，因而，在这个问题上，司法机关在进行司法解释时，必须时刻摆正司法解释的位置，必须与宪法、法律的精神保持一致，发挥其应该发挥的作用，在其合理合法的范围内活动，不能有越俎代庖的趋势。

四、立法保留与授权立法

（一）立法保留

关于立法保留的问题，我国《立法法》第 11 条规定："下列事项只能制定法律：（一）国家主权的事项；（二）各级人民代表大会、人民政府、监察委员会、人民法院和人民检察院的产生、组织和职权；（三）民族区域自治制度、特别行政区制度、基层群众自治制度；（四）犯罪和刑罚；（五）对公民政治权利的剥夺、限制人身自由的强制措施和处罚；（六）税种的设立、税率的确定和税收征收管理等税收基本制度；（七）对非国有财产的征收、征用；（八）民事基本制度；（九）基本经济制度以及财政、海关、金融和外贸的基本制度；（十）诉讼制度和仲裁基本制度；（十一）必须由全国人民代表大会及其常务委员会制定法律的其他事项。"进而第 12 条又作了补充规定："本法第十一条规定的事项尚未制定法律的，全国人民代表大会及其常务委员会有权作出决定，授权国务院可以根据实际需要，对其中的部分事项先制定行政法规，但是有关犯罪和刑罚、对公民政治权利的剥夺和限制人身自由的强制措施和处罚、司法制度等事项除外。"

由此可见，《立法法》在将第 11 条规定的事项的立法权力保留给了全国人大及其常委会以外，并不禁止其授权国务院进行某些事项的立法，这种授权与立法保留并不矛盾，立法保留强调的是法律已经明确规定了全国人大及其常委会对某些事项的立法垄断，强调这些事项的立法权已经在全国人大及其常委会手中掌握，其他机关没有法律的规定因而就没有这些事项的立法权，但这并不妨碍全国人大及其常委会将这些事项中的某些事项的立法权授予国务院由其先行制定行政法规，而国务院只能在授权的范围进行立法，待条件成熟后，再将这些授权立法上升为法律。

这里所说的立法保留是指这些事项只能由全国人大及其常委会制定法律，其他国家机关非经授权不得对上述事项予以规范。但这并不意味着全国人大及其常委会就只能针对这些事项制定法律，现在由全国人大及其常委会制定的法律中有许多都是立法保留以外的事项，如科学、教育、文化、体育和环境保护等方面的法律。而两者区别的关键在于，立法保留所列只能制定法律的事项，在尚未制定法律以前，行政法规只有根据全国人大及其常委会的授权才能规定，否则不能加以规定；而不属于立法保留的事项，在没有制定法律之前，原则上行政法规可以先予规定，并且不需要授权，行政法规在先作了规定的并不妨碍制定法律，而且法律制定后，应当以法律为准，行政法规如果与法律相抵触则无效。以下我们具体阐述这十一类全国人大及其常委会立法保留的事项：

1. 国家主权的事项

主权是指国家具有的处理自己事务的对内最高对外独立的权力。其主要内容包括政治主权、经济主权、领土主权、对外主权以及属人主权。比如在国家领土方面，全国人大常委会已制定了《领海及毗连区法》《专属经济区和大陆架法》等法律；在国防方面，全国人大常委会已制定了《国防法》《人民防空法》《兵役法》《预备役军官法》《中国人民解放军现役军官服役条例》《中国人民解放军军官军衔条例》《军事设施保护法》《退役军人保障法》《军人地位和权益保障法》等法律；在外交方面，全国人大常委会已制定了《缔结条约程序法》《领事特权与豁免条例》；在国籍方面，全国人大常委会已制定了《国籍法》；在公民出入境和外国公民入出境方面，全国人大常委会已制定了《出境入境管理法》；在国旗、国徽、国歌方面，全国人大常委会已制定了《国旗法》《国徽法》《国歌法》。

2. 各级人民代表大会、人民政府、监察委员会、人民法院和人民检察院的产生、组织和职权

各级人民代表大会、人民政府、监察委员会、人民法院和人民检察院的产生、组织和职权等问题，体现了国家政权的性质，有关这些问题的法律只

能由全国人大及其常委会制定。目前，全国人大及其常委会已根据宪法，制定了《全国人民代表大会和地方各级人民代表大会选举法》《全国人民代表大会和地方各级人民代表大会代表法》《全国人民代表大会组织法》《国务院组织法》《监察法》《人民法院组织法》《人民检察院组织法》《地方各级人民代表大会和地方各级人民政府组织法》《全国人民代表大会议事规则》《全国人大常委会议事规则》《各级人民代表大会常务委员会监督法》等法律，对各级人民代表大会、人民政府、监察委员会、人民法院和人民检察院的产生、组织和职权作出较全面的规定。

3. 民族区域自治制度、特别行政区制度、基层群众自治制度

民族区域自治制度是党和政府解决民族问题的重要政治制度，是中国共产党运用马克思主义民族理论解决我国民族问题的基本政策，各民族自治地方都是中华人民共和国不可分离的部分。民族区域自治制度涉及保护少数民族的权利和国家的统一，必须由法律规定。现行有关民族区域自治的基本法是《民族区域自治法》，对民族自治地方的建立和自治机关的组成、民族自治地方的自治权、民族自治地方的人民法院和人民检察院、民族自治地方的民族关系等内容作出了全面规定。特别行政区制度是体现我国"一国两制"基本方针的重要政治制度，在特别行政区内实行不同于大陆的政治、社会和经济制度，而这些特殊的制度必须由全国人民代表大会制定法律予以规定。根据宪法的规定，全国人大通过了《香港特别行政区基本法》和《澳门特别行政区基本法》，对有关香港、澳门特别行政区的基本制度作出了规定。居民委员会、村民委员会是城乡居民进行自我管理、自我教育和自我服务的基层群众性自治组织。目前，全国人大及其常委会已制定了《城市居民委员会组织法》，制定和修订了《村民委员会组织法》，对城乡居民自治制度作了较详细的规定。

4. 犯罪和刑罚

犯罪是具有社会危害性、刑事违法性和应受处罚性的行为。判断社会成员的行为是否为犯罪，涉及社会的稳定以及社会成员行为自由限度的尺度，直接关系到国家和社会的安危，关系全体社会成员的权利的保障。因而，规定行为是否为犯罪的权力必须应当由法律加以规定，而且应当由作为国家基本法律体系中的刑法来规定，并且在刑法中规定罪刑法定原则，即法无明文规定不为罪。刑罚是国家惩罚犯罪的方法，它直接指向公民的基本权利，涉及对公民财产权、自由权甚至生命权的限制和剥夺，是以国家强制力为后盾

的最严厉的处罚措施。用刑罚惩罚犯罪是一项严肃的国家行为，其必须由国家法律予以规定。我国现行《刑法》对犯罪和刑罚问题作出了详细的规定，确立了罪刑法定的原则，以及包括主刑和附加刑在内的刑罚种类。

5. 对公民政治权利的剥夺、限制人身自由的强制措施和处罚

公民的政治权利和人身自由是宪法规定的公民基本权利和自由，是公民享有其他一切自由的基础，对公民的政治权利的剥夺和对人身自由的限制，对公民的切身利益有着至关重要的影响。因此，对公民政治权利的剥夺、人身自由的限制必须以法律的形式予以规定。宪法在规定公民选举权和被选举权的同时规定了依照法律被剥夺政治权利的人除外，由此可见，对公民政治权利的剥夺只能由全国人大及其常委会制定的法律予以规定。根据《刑法》的规定，对于危害国家安全的犯罪分子应当附加剥夺政治权利，对于故意杀人、强奸、放火、爆炸、投毒、抢劫等严重破坏社会秩序的犯罪分子，可以附加剥夺政治权利。这一规定体现了我国《刑法》对附加剥夺政治权利的适用对象，即仅仅适用于那些犯罪性质严重、危害性极大的刑事犯罪分子。在限制公民人身自由方面，根据我国法律的规定，限制公民人身自由的刑事强制措施以及民事诉讼和行政诉讼的强制措施必须由法律予以专门规定，因为这些强制措施对保证公民的人身自由与社会正义具有重要意义。这些强制措施只能由全国人大及其常委会制定法律予以规定，现行的《刑事诉讼法》《民事诉讼法》和《行政诉讼法》也已对这些强制措施作出了规定，其他任何机关无权以法规和规章形式予以规定。

6. 税种的设立、税率的确定和税收征收管理等税收基本制度

税收法定原则又称税收法定主义，是指国家征税必须要有法律依据，没有法律依据不得要求公民纳税，这是规范税收征纳行为，保护纳税人权益，实现税收公平正义的制度保障。1984 年 9 月人大常委会作出决定，授权国务院在实施国营企业利改税和改革工商税制的过程中，拟定有关税收条例，以草案形式发布试行，再根据试行的经验加以修订，提请全国人民代表大会常务委员会审议。1985 年，全国人大常委会又授权国务院对于有关经济体制改革和对外开放方面的问题，必要时可以根据宪法，在同有关法律和全国人民代表大会及其常务委员会的有关决定的基本原则不相抵触的前提下，制定暂行的规定或者条例，颁布实施，并报全国人民代表大会常务委员会备案。经过实践检验，条件成熟时由全国人民代表大会或者全国人民代表大会常务委

员会制定法律。为此，国务院先后制定了大量的税收暂行条例，最典型的就是《增值税暂行条例》《消费税暂行条例》《营业税暂行条例》等。2015 年《立法法》修正后，税收法定原则明确为税种的设立、税率的确定和税收征收管理等税收基本制度属于法律保留的范畴，国务院继续通过行政法规规定上述内容已经不现实了。目前，有关税收的基本制度方面，全国人大及其常委会已制定了《税收征收管理法》《个人所得税法》《企业所得税法》《环境保护税法》《烟叶税法》《船舶吨税法》《耕地占用税法》《车辆购置税法》《车船税法》《资源税法》《城市维护建设税法》等法律，对有关税收制度作出规定。

7. 对非国有财产的征收、征用

根据我国《宪法》规定，公民的合法的私有财产不受侵犯。国家依照法律规定保护公民的私有财产权和继承权。国家为了公共利益的需要，可以依照法律规定对公民的私有财产实行征收或者征用并给予补偿。公民的财产权是公民生存与发展的一项重要权利，保护公民的私有财产，也是法律的一项重要使命。对非国有财产的征收就是国家在战争、戒严、自然灾害以及其他特殊情况下，为了保护公共利益，对非国有财产进行的征收活动。由于这项权力的行使涉及了对公民宪法保护的权利的剥夺，因而，应该由法律加以明确规定。比如，我国《外资企业法》规定，国家对外资企业不实行国有化和征收，在特殊情况下，根据社会公共利益的需要，对外资企业可以依照法律程序实行征收，并给予相应的补偿。

8. 民事基本制度

在现代经济和社会生活中，民事活动是最普遍、最灵活的活动方式，因而有关规范各类民事活动的规则对于保障人们的基本民事权利、建立稳定的民事活动秩序有着十分重要的意义。由此，民事基本制度方面的问题应当由全国人大及其常委会制定法律加以规制。其中有关民事主体方面的制度，比如，有关自然人、法人以及合伙的制度方面，全国人大及其常委会已制定了《民法通则》《合伙企业法》等法律，有效地规范了对各类民事主体资格制度；有关物权方面的制度，比如，有关财产所有权、使用权、共有权、相邻权、建设用地使用权、土地承包经营权、担保权、抵押权、留置权等方面的制度，全国人大通过了《物权法》专门予以规范，除了《物权法》以外，法律体系中还有《民法通则》以及《担保法》《土地管理法》《城市房地产管理法》等法律对各类物权制度予以补充规范；有关知识产权方面的制度，比如有关著作权、专利权、商标权等方面的制度，全国人大常委会已制定了《著作权法》《专利法》《商标法》等法律对各类知识产权制度进行规范；有关债权方面的制度，全国人大已制定了《合同法》，对各类合同制度作出规定；有关侵权法律关系方面的制度，全国人大常委会制定了侵权责任法对侵权责任方面的制度加以规定；有关婚姻家庭、收养、继承等方面的制度，全国人大及其常委会已制定了《婚姻法》《收养法》《继承法》等法律，对相关制度内容进行了规范。不过，全国人民代表大会 2020 年 5 月 28 日制定了《民法典》，自 2021 年 1 月 1 日生效后，直接取代了《婚姻法》《继承法》《民法通则》《收养法》《担保法》《合同法》《物权法》《侵权责任法》《民法总则》等法律。

9. 基本经济制度以及财政、海关、金融和外贸的基本制度

我国《宪法》规定了社会主义初级阶段的基本经济制度，即坚持公有制为主体、多种所有制经济共同发展，规定了社会主义初级阶段的基本分配制度，即坚持按劳分配为主体、多种分配方式并存。同时还规定了，国有经济是国民经济的主导力量，在法律规定范围内的个体经济、私营经济等非公有制经济，是社会主义市场经济的重要组成部分。基本经济制度直接影响着国家的政治制度等上层建筑，决定着国家的性质。目前，除上述《宪法》的有关规定外，全国人大及其常委会还制定了《中外合资企业法》《中外合作企业法》《个人独资企业法》《合伙企业法》《公司法》等法律，对基本经济制度作出详细的具体规定。除了基本经济制度以外，为了保障国民经济的又好又快发展，不断完善社会主义市场经济制度，不断改善人民生活水平，国家需要对国民经济进行宏观调控，在这些事关国家经济持续、稳定、健康发展的宏观调控方面，只能由全国人大及其常委会制定法律加以统一规定。有关财政的基本制度方面，全国人大及其常委会已制定了《预算法》和《关于加强中央预算审查监督的决定》等法律，对国家的预算分配、管理和监督作出规定。有关海关的基本制度方面，海关对于促进对外经济贸易交往，保障社会主义现代化建设顺利进行起到了至关重要的作用。因此，有关海关制度的问题必须由全国人大及其常委会统一立法，全国人大常委会已制定了《海关法》，对国家海关制度作出规定。有关金融的基本制度方面，全国人大及其常委会立法的态度十分积极，已制定了《中国人民银行法》《商业银行法》《银

行业监督管理法》《审计法》《票据法》《保险法》《证券法》等法律。有关外贸的基本制度方面，全国人大常委会已制定了对外贸易法，对相关外贸的基本制度作出规定。

10. 诉讼制度和仲裁基本制度

诉讼和仲裁事关当事人权利的维护与丧失，是社会正义的最后保障。诉讼和仲裁直接涉及对当事人人身权利、财产权利等基本权利的保护与剥夺问题，特别是在刑事诉讼中，法院可以剥夺或者限制公民的人身自由权、政治权利，甚至剥夺公民的生命权。仲裁与诉讼一样，都体现了国家的最后正义，国家有关诉讼制度与仲裁基本制度的事项必须是统一的，应当由最高立法机关制定统一的规范。因此，有关诉讼制度和仲裁基本制度的法律应当由全国人大及其常委会制定。目前，全国人大及其常委会制定并修改了《民事诉讼法》《刑事诉讼法》《行政诉讼法》《仲裁法》《劳动争议调解仲裁法》等法律。

11. 必须由全国人民代表大会及其常务委员会制定法律的其他事项

该项是对全国人大及其常委会立法保留事项的兜底性规定。"由于我国是单一制国家，保证中央对国家的统一领导，维护国家法制的统一，是国家的一项基本任务，也是制定立法法的宗旨；由于我国的市场经济正处于建立和发展阶段，体制改革需要一个长期的过程，有些事项马上由全国人大及其常委会制定法律条件还不成熟；又由于我国历史上长期实行中央集权，对如何清楚地进行权限划分，并且使这种权限划分既有利于维护国家的统一，又能充分调动地方的积极性，还没有足够的经验，因此，对全国人大及其常委会的专属立法权限完全作出清楚和排他性的列举还有困难。比较符合实际的做法是，根据宪法，将已被实践证明必须由全国人大及其常委会制定法律的重大事项，明确列举出来。同时，为保证中央对国家的统一领导和国家法制的统一，保证全国人大及其常委会能够始终有效地行使最高国家权力，对其立法权限保留一项兜底性的规定，又是十分必要的。"[1]这样规定有利于全国人大及其常委会根据社会发展情况的变化以及立法的实际需要，对本来不属于立法保留事项的问题行使自己的立法权，以保证社会各项生活都有法可依。

（二）授权立法

关于授权立法的概念问题，学者们有不同的观点，典型的看法有以下

---

〔1〕　参见张春生主编：《中华人民共和国立法法释义》，法律出版社 2000 年版，第 42~43 页。

几种：

第一种观点认为，通常所说的授权立法，就是指行使立法权的法定主体将其立法权限内的某立法事项通过特别或法条等形式授予其他主体，令该主体在授予时限内对授予的立法事项进行规范性法律文件的制定活动。[1]根据这种观点，授权立法的方式通常有特别授权和法条授权。

第二种观点认为，授权立法又称次级立法，是指行政机关根据议会授权制定的各种行政管理法规。[2]由此可见，持这种观点的学者认为，授权立法的授权机关是立法机关，而接受权力的机关仅仅为行政机关。

第三种观点认为，授权立法，又称委托立法或委任立法，发端于西方，通常是指一个立法主体依法将其一部分法定立法权限授予另一个无立法权的团体或个人，被授权主体根据所授予的立法权限进行的立法活动。[3]

第四种观点是从我国《立法法》出发，该法第12条规定："本法第十一条规定的事项尚未制定法律的，全国人民代表大会及其常务委员会有权作出决定，授权国务院可以根据实际需要，对其中的部分事项先制定行政法规，但是有关犯罪和刑罚、对公民政治权利的剥夺和限制人身自由的强制措施和处罚、司法制度等事项除外。"认为授权立法专指全国人大及其常委会授权国务院就专属于法律规定的事项在尚未制定法律时制定行政法规的活动。[4]

第五种观点认为，授权立法是指享有立法权的国家机关，依据宪法和法律，通过特定形式，授予其他国家机关行使属于自己权限的立法活动。[5]

综合以上观点，并结合我国《立法法》的规定，下面对授权立法加以详细的介绍。

《立法法》第12条规定了我国的授权立法制度，从本条规定的授权立法来看，意图是指全国人大及其常委会授权国务院根据授权决定行使立法权的活动。

1. 授权主体与被授权主体

不同学者对于授权主体具有不同的界定，概括来看，有的意见认为，凡是有权制定法律、法规、规章的机关，都可以成为授权立法的主体；有的意

---

〔1〕 参见徐向华主编：《立法学教程》，上海交通大学出版社2011年版，第153页。

〔2〕 参见王名扬：《英国行政法》，中国政法大学出版社1987年版，第108页。

〔3〕 参见黄文艺、杨亚非主编：《立法学》，吉林大学出版社2002年版，第192页。

〔4〕 参见张树义：《行政法与行政诉讼法学》，高等教育出版社2002年版，第85页。

〔5〕 参见刘莘主编：《立法法》，北京大学出版社2008年版，第170页。

见认为，只有全国人大及其常委会才能授权其他机关行使部分立法权，其他机关的立法权，比如国务院制定行政法规的权力、地方人大及其常委会制定地方性法规的权力、国务院部门和地方人民政府制定规章的权力，虽然也是立法权，但这些立法权不是本身固有的，是国家通过宪法和法律授予的，因此，不能转授权给其他机关行使。

根据我国《立法法》规定，全国人大及其常委会可以作出授权决定，将全国人大及其常委会的部分专属立法权授予其他有关机关行使。由此规定可见，在我国，只有全国人大及其常委会才能成为授权主体。这是因为："根据宪法规定，全国人大及其常委会行使国家立法权。国家立法权具有最高性、主权性、独立性的特点，因此，它可以派生其他立法权。虽然国务院可以制定行政法规，省、自治区、直辖市人大及其常委会可以制定和批准地方性法规，民族自治地方人民代表大会可以制定自治条例和单行条例，国务院各部门和有关地方政府可以制定规章，但行政法规、地方性法规、自治条例和单行条例、规章的制定权不是国家立法权，其本身是国家授予的，不具有派生其他立法权的功能，不能授权其他机关行使立法权。因此，国务院和省、自治区、直辖市人大及其常委会、民族自治地方的人民代表大会、国务院各部门和有关地方政府，不能成为授权主体。"[1]这是对我国《立法法》中有关授权立法主体的理解。即我国的授权立法仅仅是全国人大及其常委会的授权。

而有关我国授权立法的被授权主体的问题，《立法法》第12条规定："本法第十一条规定的事项尚未制定法律的，全国人民代表大会及其常务委员会有权作出决定，授权国务院可以根据实际需要，对其中的部分事项先制定行政法规，但是有关犯罪和刑罚、对公民政治权利的剥夺和限制人身自由的强制措施和处罚、司法制度等事项除外。"第84条规定："经济特区所在地的省、市的人民代表大会及其常务委员会根据全国人民代表大会的授权决定，制定法规，在经济特区范围内实施。上海市人民代表大会及其常务委员会根据全国人民代表大会常务委员会的授权决定，制定浦东新区法规，在浦东新区实施。海南省人民代表大会及其常务委员会根据法律规定，制定海南自由贸易港法规，在海南自由贸易港范围内实施。"由这些条文我们可以概括出，我国授权立法的被授权主体主要是指国务院，其次是指经济特区所在地的省、

---

〔1〕　参见张春生主编：《中华人民共和国立法法释义》，法律出版社2000年版，第46页。

市的人民代表大会及其常务委员会，以及特指的上海市人民代表大会及其常务委员会和海南省人民代表大会及其常务委员会，而且被授权主体必须依据法律的规定，严格按照授权目的和范围行使被授予的权力，并且被授权机关不得将该项权力转授给其他机关。

2. 授权立法的范围

根据《立法法》第 12 条的规定："本法第十一条规定的事项尚未制定法律的，全国人民代表大会及其常务委员会有权作出决定，授权国务院可以根据实际需要，对其中的部分事项先制定行政法规，但是有关犯罪和刑罚、对公民政治权利的剥夺和限制人身自由的强制措施和处罚、司法制度等事项除外。"由此可见，全国人大及其常委会根据实际需要，可以授权国务院将应当由《立法法》第 11 条规定的立法保留中的部分事项先制定行政法规。需要注意的是，《立法法》并没有规定全国人大及其常委会可以授权地方人大及其常委会就某些事项先制定地方性法规，而仅仅是授权国务院制定行政法规。

另外，在第 12 条的规定中，法律还强调了不能授权国务院制定行政法规的事项，包括有关犯罪和刑罚的事项、对公民政治权利的剥夺和限制公民人身自由的强制措施和处罚的事项以及有关司法制度的事项。之所以不能授权这些事项是因为："全国人大集中了全体人民的意志和利益，是全体人民的代表机关。因此，有关全体公民基本权利和人身自由的事项，应当由最高国家权力机关决定。而犯罪与刑罚，涉及公民的基本权利和自由，其立法权只能属于全国人大及其常委会。对公民政治权利的剥夺、限制公民人身自由的强制措施和处罚，也是涉及公民基本权利和自由的事项，其立法权也只能专属于全国人大及其常委会。虽然刑法已将剥夺政治权利作为刑罚的一种予以规定，但是，由于言论、出版、集会、结社、游行示威等政治权利和自由，是公民的十分重要的权利，对公民违法行为剥夺政治权利的处罚只能由全国人大及其常委会设定，任何机关都不得擅自设定剥夺政治权利的处罚。对有关司法制度事项的立法，全国人大及其常委会不得进行授权，根据我国《宪法》，由于人民法院、人民检察院都由人大产生，对人大负责，受人大监督，在行使职权方面，人民政府与人民法院和人民检察院之间没有领导和被领导、管理和被管理的关系，而且国家的侦查、审判和检察工作直接体现了社会的正义和公道，与全体公民的基本权利和自由密切相关，因此，有关人民法院、人民检察院的产生、组织和职权制度，有关公安机关、国家安全机关与诉讼程序相关的职权制度，以及诉讼程序中各项制度的事项，只能由全国人大及其常委会制定法律予以规范，而不得进行授权。"[1]

《立法法》第 14 条规定："授权立法事项，经过实践检验，制定法律的条件成熟时，由全国人民代表大会及其常务委员会及时制定法律。法律制定后，相应立法事项的授权终止。"由此我们可以看出，《立法法》除了在第 12 条规定了授权的事项范围外，还在此规定了授权的时间条件。也就是说，授权的时间不是永久的，在当制定法律的条件成熟的时候，全国人大及其常委会可以终止授权。虽然在这里《立法法》没有像有些国家一样，明确将授权的时间规定了具体的 1 年或者 5 年，但如此规定是符合中国国情的，而且也可以传达出授权立法是有时间限度的这样的立法意图。这里有关条件成熟的判断标准问题，一般可以从两个方面进行把握：一方面是看授权立法在实践过程中，是否已经积累了足够的立法经验；另一方面是看授权立法调整的社会关系是否已经稳定。由于我国正处于社会转型时期，因而诸多社会关系处于不断地变化动荡之中，贸然武断地制定法律进行调整，很容易随着社会的发展而使得法律在短时间内就无法适应社会，成为过时的一纸空文。而且，在我国立法技术还不是很发达的当代，对某些新情况、新问题如果不全面的观察审视，制定出来的法律也只能是片面的跟不上时代潮流的法，因而在这些诸多因素的干扰下，十分有必要先对某些有待调整的社会关系授权国务院先行制定行政法规，通过国务院灵活的行政管理职能对这些社会关系加以考察研究，不断积累多方面的经验，不断修正对新情况、新问题的判断，在一段时间后，当这些社会关系稳定了，足够的立法经验也积累成型时，再由全国人大及其常委会制定法律则会达到事半功倍的效果。这种途径也是能够适应复杂多变社会的具有中国特色社会主义的授权立法模式。

3. 授权立法应注意的其他问题

有关授权立法的程序问题，《立法法》规定，根据授权制定的法规应当报授权决定规定的机关备案。关于授权立法与法律发生冲突时的问题解决，《立法法》规定，根据授权制定的法规与法律规定不一致，不能确定如何适用时，由全国人民代表大会常务委员会裁决。有关授权立法的监督问题，《立法法》规定，授权机关有权撤销被授权机关制定的超越授权范围或者违背授权目的

---

[1]　参见张春生：《中华人民共和国立法法释义》，法律出版社 2000 年版，第 51~52 页。

的法规，必要时可以撤销授权。有关经济特区法规的授权立法问题，《立法法》规定经济特区所在地的省、市的人民代表大会及其常务委员会根据全国人民代表大会的授权决定，制定法规，在经济特区范围内实施。上海市人民代表大会及其常务委员会根据全国人民代表大会常务委员会的授权决定，制定浦东新区法规，在浦东新区实施。海南省人民代表大会及其常务委员会根据法律规定，制定海南自由贸易港法规，在海南自由贸易港范围内实施。经济特区法规根据授权对法律、行政法规、地方性法规作变通规定的，在本经济特区适用经济特区法规的规定。

五、委托立法

关于委托立法的概念，有这样几种观点值得关注：

第一种观点认为，委托立法亦称授权立法或委任立法，它是指有关政权机关由于立法机关的委托而获得一定的立法权。[1]

第二种观点认为，委任立法一般是指立法机关通过法定形式将某些立法权授予行政机关，行政机关得依据授权法（含宪法）创制法规的行为。[2]

第三种观点认为，委任立法，通常指立法机关（议会）委托行政机关制定法律规范的活动。[3]

第四种观点认为，授权立法又叫委托立法，最常见的是立法机关委托行政机关的立法。授权立法是指一个立法主体依法将其一部分法定立法权限授予另一个国家机关或组织行使，另一个国家机关或组织根据所授予的立法权限进行的立法活动。[4]

第五种观点认为，委任立法是基于法律授权的立法，是法律委托行政当局制定具有法律内容和法律同等效力的法规，其权限由授权法规定。[5]

第六种观点认为，所谓委托立法，是指有关政权机关由于国家权力机关或立法机关的委托而获得一定的立法权。[6]

---

〔1〕 参见张善恭主编：《立法学原理》，上海社会科学院出版社1991年版，第111页。

〔2〕 参见吴大英、任允正、李林：《比较立法制度》，群众出版社1992年版，第311页。

〔3〕 参见《法学词典》编辑委员会编：《法学词典》，上海辞书出版社1989年版，第622页。

〔4〕 参见张根大等：《立法学总论》，法律出版社1991年版，第212页。

〔5〕 参见龚祥瑞：《比较宪法与行政法》，法律出版社1985年版，第437页。

〔6〕 参见李培传主编：《中国社会主义立法的理论与实践》，中国法制出版社1991年版，第67页。

由此可见，有的学者将委托立法等同于授权立法，而有的学者在界定委托立法的概念时，还是将其与授权立法进行了区分。但是区别不大，主要的差别在于，授权立法的被授权主体可以是行政机关，也可以是下位阶或者下级的立法机关，也可以是其他机关。而委托立法的受委托机关一般将其界定为行政机关。而且在我国《立法法》中，并没有明确的关于委托立法的规定。

在资本主义发展初期，西方国家立法活动只能由议会进行，行政机关无权立法。19 世纪后期，由于社会的发展，国家事务日益复杂，很多国家和社会问题需要迅速处理解决，并且需要有专门业务知识，议会难以针对各方面的具体问题制定有关法律。而且议会立法旷日费时，不足以应付多变的社会事态。行政机关则相对比较容易根据需要及时制定一些专业性、技术性较强的法规、法令。以英国政府 1834 年制定《济贫法（修正案）》为标志，委托立法开始出现。到 20 世纪初，委托立法已成为西方国家的普遍现象，并通过宪法加以确认。在现代西方国家，委托立法适用范围比议会立法更广，运用次数也比议会立法多。以英国为例，19 世纪末到 20 世纪 50 年代，委托立法比议会立法多 30 倍。委托立法的特点是，所制定的行政法规、法令、规章等与国家立法机关制定的法律同样具有法律效力，但其效力等级低于立法机关制定的宪法和法律。有些国家还规定，中央政府制定的法规的效力高于地方政府和部门制定的法规、规章。委托立法一般要通过专门的授权法案，并受授权法案、立法程序和条件、司法审查等的制约。委托立法的主要原则有：一是立法机关本身有委托行政机关立法的权力；二是被授予的立法权限，必须与该国家机关职权相称；三是委托立法的内容必须在法律授权的范围之内，并不得与立法机关制定的宪法和法律相抵触；四是必须依据法律规定的程序、手续、形式等；五是授权制定行政法规的行政机关，除授权法案上有明文规定者外，原则上此权不可转让。[1]

【法律规范】

《立法法》

第 11 条　下列事项只能制定法律：

（一）国家主权的事项；

---

〔1〕　参见曾尔恕主编：《外国法制史》，北京大学出版社 2009 年版。

（二）各级人民代表大会、人民政府、监察委员会、人民法院和人民检察院的产生、组织和职权；

（三）民族区域自治制度、特别行政区制度、基层群众自治制度；

（四）犯罪和刑罚；

（五）对公民政治权利的剥夺、限制人身自由的强制措施和处罚；

（六）税种的设立、税率的确定和税收征收管理等税收基本制度；

（七）对非国有财产的征收、征用；

（八）民事基本制度；

（九）基本经济制度以及财政、海关、金融和外贸的基本制度；

（十）诉讼制度和仲裁基本制度；

（十一）必须由全国人民代表大会及其常务委员会制定法律的其他事项。

第12条　本法第十一条规定的事项尚未制定法律的，全国人民代表大会及其常务委员会有权作出决定，授权国务院可以根据实际需要，对其中的部分事项先制定行政法规，但是有关犯罪和刑罚、对公民政治权利的剥夺和限制人身自由的强制措施和处罚、司法制度等事项除外。

第13条　授权决定应当明确授权的目的、事项、范围、期限以及被授权机关实施授权决定应当遵循的原则等。

授权的期限不得超过五年，但是授权决定另有规定的除外。

被授权机关应当在授权期限届满的六个月以前，向授权机关报告授权决定实施的情况，并提出是否需要制定有关法律的意见；需要继续授权的，可以提出相关意见，由全国人民代表大会及其常务委员会决定。

第14条　授权立法事项，经过实践检验，制定法律的条件成熟时，由全国人民代表大会及其常务委员会及时制定法律。法律制定后，相应立法事项的授权终止。

【论点要览】

《立法法讲话》（乔晓阳主编，中国民主法制出版社2000年版）：专属立法权，是指一定范围内规范社会关系的事项，只能由特定的国家机关制定法律的权力，对属于特定国家机关专属立法权限的事项，其他任何机关非经授权，不得进行立法，如果其他机关未经授权又认为必须立法，也只能向专属立法机关提出立法的动议，而不得自行立法。

《立法学教程》（孙敢、侯淑雯主编，中国政法大学出版社 2000 年版）：随着社会的进步与发展，现代世界各国在其国家权力体系中，立法权占据着极其重要的地位。从某种意义上说，国家的其他权力，如行政权、司法权、人事任免权、重大问题决定权，都是由立法权派生出来的，其他各种国家权力都需要通过立法才得以确立和享有。

《政府论》（下篇）（［英］洛克著，叶启芳、瞿菊农译，商务印书馆 1983 年版）：立法权是指享有权利来指导如何运用国家的力量以保障这个社会及其成员的权力。

《法哲学原理》（［德］黑格尔著，范扬、张企泰译，商务印书馆 1982 年版）：立法权所涉及的是法律本身，以及那些按其内容来说完全具有普遍性的国内事务。

【典型案例】

案例一：孙志刚案

基本案情：

孙志刚是广州达奇服装公司的一名平面设计师，毕业于武汉科技学院，从深圳跳槽到广州工作不到二十天，仍处于试用期。2003 年 3 月 17 日晚 10 点，准备去网吧上网的孙志刚走到天河区黄村大街上时，因无暂住证被带至广州天河区黄村街派出所，之后又被黄村街派出所送往广州收容遣送中转站。3 月 18 日，孙志刚被作为"三无"人员送往收容遣送站。当晚，因"身体不适"被转往广州市收容人员救护站。20 日凌晨 1 时多，孙志刚遭同病房的 8 名被收治人员两度轮番殴打，于当日上午 10 时 20 分死亡。救护站死亡证明书上称其死因是"心脏病"。4 月 18 日，中山大学中山医学院法医鉴定中心出具尸检检验鉴定书，结果表明，孙志刚曾在死前 72 小时遭连续毒打。广州市公安局［2003］穗公刑法字 4 号刑事科学技术法医学鉴定书证明被害人孙志刚死因系背部遭受钝性暴力反复打击，造成背部大面积软组织损伤致创伤性休克死亡。2003 年 5 月 12 日，逃往 6 个省的全部 18 名嫌疑人被抓获归案。5 月 20 日，检察机关提起公诉。2003 年 6 月 9 日，广州市中级人民法院公开审理孙志刚案，并当庭作出一审判决。以故意伤害罪，判处被告人乔燕琴死刑，李海婴死刑缓期二年执行，钟辽国无期徒刑。其他 9 名被告人也分别被判处 3 年至 15 年有期徒刑。

孙志刚案引起了广泛社会的关注。2003 年 5 月 14 日，三名法学博士以"中国公民"的名义，对收容制度提起违宪审查。一份题目为《关于审查〈城市流浪乞讨人员收容遣送办法〉的建议书》传真至全国人大常委会法制工作委员会。他们认为根据《立法法》（2000 年）第 88 条第 2 款规定，全国人大常委会有权撤销同宪法和法律相抵触的行政法规；第 90 条第 2 款规定，公民认为行政法规同宪法或法律相抵触的，可以向全国人大常委会书面提出进行审查的建议。国务院 1982 年 5 月 12 日颁布的，当时仍在适用的《城市流浪乞讨人员收容遣送办法》，与我国宪法和有关法律相抵触，特向全国人大常委会提出审查《城市流浪乞讨人员收容遣送办法》的建议。

同年 5 月 23 日，贺卫方、盛洪、沈岿、萧瀚、何海波 5 位法学家，同样以"中国公民"的名义，联名致信全国人大常委会，建议就孙志刚案成立特别调查组，同时对收容遣送制度实施状况提请启动特别调查程序，要求对收容遣送制度的违宪审查进入实质性法律操作层面。

同年 6 月 20 日，国务院时任总理温家宝签署国务院令，正式公布经国务院第 12 次常务会议通过的《城市生活无着的流浪乞讨人员救助管理办法》，并于 2003 年 8 月 1 日起施行。1982 年 5 月 12 日国务院发布的《城市流浪乞讨人员收容遣送办法》同时废止。

（资料来源：[1] 唐建光："2003 年 6 月 23 日：孙志刚死亡真相"，载《新闻周刊》2003 年第 21 期；[2] 陈峰、王雷："南方都市报陈峰：国内第一个采访报道孙志刚"，载《南方都市报》2007 年 1 月 19 日；[3]"关于审查《城市流浪乞讨人员收容遣送办法》的建议书"，载《南方周末》2003 年 5 月 22 日。）

提示与问题：

（1）结合本案，如何准确把握立法保留的内容？

（2）结合立法学知识，怎样评价《城市流浪乞讨人员收容遣送办法》？

（3）如何评价国务院制定的《城市生活无着的流浪乞讨人员救助管理办法》？

案例二：探讨全国人大常委会是否有权通过《侵权责任法》

基本案情：

在《民法典》颁布实施前，调整侵权法律关系的法律是《侵权责任法》。2009 年 12 月 26 日，备受关注的《侵权责任法》经第十一届全国人大常委会第十二次会议审议通过，于 2010 年 7 月 1 日起实施。这部与《物权法》（系《民法典》生效实施前调整物权关系的法律，下同）一样核心在于保障私权、在社会主义法律体系中起支架作用的法律，跨两届人大、历经 4 次审议后终于面世。《侵权责任法》的最终通过，标志着民事侵权专门法的诞生，标志着我国民商事法律体系得到了最终完善，并向最终制定完整《民法典》的目标进一步迈进，也标志着中国法治建设步伐的加快，建设社会主义法治国家的目标得到进一步贯彻实施。但是需要探讨的是，在当时的立法背景下，全国人大常委会是否有权通过《侵权责任法》呢？

在《民法典》出台前，从我国的民事立法制定机关来看，作为民事基本法律的《民法通则》是在 1986 年 4 月 12 日由第六届全国人民代表大会第四次会议通过的。《合同法》是在 1999 年 3 月 15 日由第九届全国人民代表大会第二次会议通过的。《物权法》是在 2007 年 3 月 16 日由第十届全国人民代表大会第五次会议通过的。早在 2002 年年底，全国人大常委会审议《中华人民共和国民法典（草案）》时，考虑到《民法典》涉及范围广泛，集中一次审议失之偏颇这样的情况，因而采用制定单行法的方法，逐编审议通过，并由全国人大分别在通过了《合同法》和《物权法》。不可否认的是，侵权责任制度与合同制度、物权制度一样都属于基本民事制度范畴，而且，2009 年制定的《侵权责任法》与《合同法》《物权法》一样都应是将来《民法典》的基本篇章，既然《合同法》《物权法》由全国人大通过，那么《侵权责任法》呢？

根据我国《宪法》第 62 条的规定，全国人民代表大会行使制定和修改刑事、民事、国家机构的和其他的基本法律的职权。全国人民代表大会有权改变或者撤销全国人民代表大会常务委员会不适当的决定。根据《宪法》第 67 条的规定，全国人民代表大会常务委员会行使制定和修改除应当由全国人民代表大会制定的法律以外的其他法律的职权。根据《立法法》（2000 年）第 10 条规定，全国人民代表大会和全国人民代表大会常务委员会根据宪法规定行使国家立法权。在全国人民代表大会闭会期间，对全国人民代表大会制定的法律进行部分补充和修改，但是不得同该法律的基本原则相抵触。全国人民代表大会可以授权全国人民代表大会常务委员会制定相关法律。由此可见，在民事立法方面，民事基本法律的制定和修改只能由全国人大完成，全国人大常委会仅有制定和修改民事基本法律以外的非基本法律，以及在授权范围内制定相关法律的权限。那么《侵权责任法》呢？

根据《宪法》《立法法》的规定，法学理论上将法律分为基本法律与非基本法律。基本法律调整和解决国家、社会和公民生活中具有重大意义的社会关系和问题，刑法、民法、诉讼法等即属于基本法律；非基本法律调整和解决应当由基本法律调整和解决以外的，国家和社会、公民生活中的某一方面的社会关系和问题，如商标法、环境保护法、文物保护法等。那么《侵权责任法》呢？

（资料来源：侯国跃："全国人大常委会无权通过《侵权责任法》"，2009年12月23日中国法学网首发。）

提示与问题：

（1）如何把握全国人大与全国人大常委会的关系？

（2）如何把握基本法律与非基本法律的关系？

（3）根据以上法律规定，全国人大常委会是否有权通过《侵权责任法》？

【参考书目】

周旺生：《立法学》（第2版），法律出版社2009年版，第九章。

黄文艺、杨亚非主编：《立法学》，吉林大学出版社2002年版，第四章。

刘莘主编：《立法法》，北京大学出版社2008年版，第六章。

【分析思考】

（1）简述立法权的内涵

（2）如何理解立法权与行政权、司法权的关系？

（3）思考立法保留的主要内容。

立法过程是指立一个法需要经历的一个发展过程。这个过程一般可以分为三个阶段：第一阶段，是立法的准备阶段；第二阶段，是由法案到法的阶段；第三阶段，是立法的完善阶段。这三个阶段紧密联系，循环往复，不断推动着立法朝前发展。

////【基本原理】////

一、立法过程的概念

（一）立法过程的内涵

立法活动本身就是一个动态的过程，要想准确把握立法过程的内涵，必须首先理解立法概念本身的内涵。朱力宇教授认为："从现代立法的意义讲，广义的立法主要是指法的制定，即指有关国家机关在其法定的职权范围内，依照法定程序，制定、修改、补充和废止法律规范的活动。狭义的立法，专指国家最高权力机关（国会、国家立法机关等）制定、修改、补充、废止基本法律（或称法典）和基本法律意外的法律（或称普通法律）的活动。所以，'立法'一词有多种含义，在使用时应明确其含义。"[1]杨临宏教授认为："立法是由享有立法权的主体，依据一定职权和程序，运用一定技术，制定、认可和变动法这种特定社会规范的活动。"[2]黄文艺教授认为："立法就

---

〔1〕 参见朱力宇、张曙光主编：《立法学》（第3版），中国人民大学出版社2009年版，第18页。
〔2〕 参见杨临宏：《立法法：原理与制度》，云南大学出版社2011年版，第4页。

是立法主体遵循一定的制度创造法律文本的活动。"[1]张永和教授认为："立法时享有立法权的国家机关，依据法定的职权和程序，制定、认可、补充和废止法律的活动。"[2]从上述立法概念我们可以看出，主要是采用"活动说"的观点来界定立法概念的，当然在一定程度上也有"过程说"的影子，"活动说"从本质上讲，就是将立法当作一种活动来研究，将立法看成一种动态的事物，整个立法就是一个动态的活动过程。因而在了解了立法概念的基础上，我们转眼再来把握立法过程的内涵就容易得多了。

　　立法活动的过程，可以有多角度的理解方式。一种理解可以将立法过程与法产生发展的过程联系起来，从当初没有法律逐步到习惯演变为法律，再逐步从奴隶社会的法律演变成封建社会的法律，再到资本主义和社会主义社会的法律，这个过程中立法也经历了从专制到民主，简单的诸法合体到复杂的多部门法分立的过程，从这个意义上来理解立法过程的内涵，主要是从历史的角度、立法的发展过程角度出发，将立法放到人类整个法律发展历史的长河中去考察得出的结论。还有一种理解是从微观出发，将法律制定的整个过程划分为各个微小的单位，针对每一单位，都是一个立法的活动过程，比如从立法的合理性论证开始，这种必要性的论证分析就可以理解为立法的一个活动过程，再比如立法的规划过程，也是一个单元的立法过程，以及立法的前期准备过程，更可以理解为一个立法过程，等等。这样从微观的角度出发可以将整个立法划分为各个单元的具体的立法活动，那么每个单元就是一个立法过程。以上两种理解方式各有各的道理，只是看待立法过程的角度不同得出的不同结论。然而通常所说的立法过程应该是从立法的概念本身出发，与立法概念紧密相连的"活动说"的角度来理解立法过程的内涵。

　　通常所说的立法过程是指立一个法需要经历的一个发展过程。这个过程我们可以分为三个阶段："第一阶段，是立法的准备阶段，我们亦可以称其为前立法阶段；第二阶段，是由法案到法的阶段，我们亦可以称其为中立法阶段；第三阶段，是立法的完善阶段，我们亦可以称其为后立法阶段。这三个阶段紧密联系，这种界定立法过程内涵的方式更加强调立法是一个具备阶段

---

〔1〕　参见黄文艺主编：《立法学》，高等教育出版社2008年版，第15页。
〔2〕　参见张永和主编：《立法学》，法律出版社2009年版，第5~6页。

性、关联性和完整性的活动过程。"〔1〕这样来理解立法过程就是将一种法律的产生从三个阶段来进行把握，首先必然有立法的各种准备工作，比如召开立法必要性的论证会议，邀请各行业专家学者集会进行立法听证，以及向社会公开发布征求意见稿来听取各方面的意见，或者进行立法的长远规划和短期规划，以及预测立一个法将会给社会带来哪些效果和影响的立法预测活动等，这些都是立法准备工作要做的内容。进而在产生法律了之后，随着社会经济、政治等方面客观情况的不断变化，有的法律或许跟不上时代的步伐，有的法律需要与其他法律整合，这就有需要对法再进行完善的必要，以使其与时俱进，不至于成为社会的阻碍。

这种立法过程的内涵要求我们将立法看成一个完整的活动过程，将每个具体的立法现象放到整个立法活动过程中去把握，只有这样才能更好地理解立法活动的阶段性特征，理解在每个具体阶段中的关键工作要求，而且用整体过程活动的眼光来看待每个立法阶段，就不至于孤立片面地对待每个立法阶段，顾此失彼。当进行前一个阶段的立法工作时，必须为后面阶段的立法工作铺好路，从系统联系的角度出发，在立一部法律的过程中不断地瞻前顾后，往复穿梭，只有这样才能将整个立法的工程做到一张网上，从全局整体的角度来驾驭整个立法大厦。

（二）立法过程的第一阶段：立法的准备

关于立法准备的内涵，一般是指在提出法案前所进行的有关立法工作。〔2〕从"准备"一词我们就可以看出，这个阶段是在为后面的阶段所作的一些创造条件的基础性的工作，正如我们所做的其他一切工作一样，充分的准备是良好的开端，也是后续工作成功的源泉。立法机关及立法机关委托的其他机关抑或是其他的任何组织和个人，都可以将自己完善立法的建议或者意向提交到立法机关中去。

立法准备活动的主要内容可以从三个方面来理解："宏观上通常包括：进行立法预测，编制立法规划，形成立法创议，作出立法决策。法的整理、法的汇编和立法信息反馈工作中包含的旨在为法的制定和变动服务的工作，也是立法准备活动的内容。中观上通常包括：确定立法目标、目的和指导思想，

---

〔1〕　参见周旺生：《立法学》（第2版），法律出版社2009年版，第157页。
〔2〕　参见周旺生：《立法论》，北京大学出版社1994年版，第135页。

通过调查研究弄清立法的客观依据和主观条件是否具备，收集和研究各种相关材料，确定法案起草机关或机构，组织法案起草班子，挑选法案起草者，协调有关方面的关系，为立法的正式进行做好物质准备。微观上通常包括：起草者明确立法意图，拟出法案提纲，起草法案草稿，征求有关方面对法案草稿的意见，就法案中的有关问题进行协调论证，反复修改法案草稿，审查法案草稿，形成法案正式稿即草案。法案正式稿形成后，在提出法案前向有关方面做疏通工作以争取法案的顺利通过，也属于立法准备的范围。"〔1〕周旺生教授在这里所建立的立法准备活动的内容并不是绝对的，也不是说所有法律的制定都必须要经过这么多的立法准备活动，只不过是其在长期的立法学理论研究中总结成的大多数立法一般采用的内容，具体到各种法律的制定实践中，必须结合当时当地的立法实践情况，从实际出发，综合考虑立法规模、立法效力、立法等级和需要调整的事项的重要程度等诸多方面的因素来全面考量某项立法所需要的立法准备活动，只有这样才能做到立法准备充分，立法论证完善。

对于立法准备阶段的价值，周旺生教授在其著作《立法论》中作了如下经典论述而被众多研究立法准备制度的学者所引用："在有的国家，法案提交立法机关或立法主体审议、表决，往往只是或主要是履行法定程序，并不能真正决定该法案能否正式成为法，因为能否成为法，在立法准备阶段就已有定夺或至少大体上已有定夺了。一般说，越是立法准备在立法活动过程中有非常重要地位的国家，立法理论和实践上对立法准备的重视程度反而不及其他国家。就法治发达国家和法治不发达国家相比，后者的立法准备比前者的立法准备活动过程中的地位更显重要。在法治不发达的国家立法在正式进入由法案到法的阶段之前，亦即在立法准备阶段，通常就已确定了命运，但立法理论和实践上却没有给予立法准备以应有的地位。在法治不发达的国家，立法机关的实际地位通常不及法律地位重要，这些国家立法的命运，通常是在立法机关之外决定的，或是在其他立法主体的立法活动尚未进入由法案到法的阶段便已经由有关方面决定了。法治不发达国家之所以是法治不发达国家，一个原因也正在这里，连立法机关的地位都不受重视，连由法案到法的

---

〔1〕 参见周旺生：《立法学》（第 2 版），法律出版社 2009 年版，第 159 页。

阶段这种正式的立法过程都重视不够，立法准备阶段又岂能获得应有的重视。"[1]

周旺生教授指出当前中国无论在立法理论和实践上都应进一步完善。《立法法》第 39 条规定："列入常务委员会会议议程的法律案，宪法和法律委员会、有关的专门委员会和常务委员会工作机构应当听取各方面的意见。听取意见可以采取座谈会、论证会、听证会等多种形式。法律案有关问题专业性较强，需要进行可行性评价的，应当召开论证会，听取有关专家、部门和全国人民代表大会代表等方面的意见。法律案有关问题存在重大意见分歧或者涉及利益关系重大调整，需要进行听证的，应当召开听证会，听取有关基层和群体代表、部门，人民团体、专家、全国人民代表大会代表和社会有关方面的意见。听证情况应当向常务委员会报告。常务委员会工作机构应当将法律草案发送相关领域的全国人民代表大会代表、地方人民代表大会常务委员会以及有关部门、组织和专家征求意见。"第 74 条第 1 款规定了："……行政法规在起草过程中，应当广泛听取有关机关、组织、人民代表大会代表和社会公众的意见。听取意见可以采取座谈会、论证会、听证会等多种形式。"只有这两个条文提到了全国人大常委会和国务院立法时采用的立法论证的形式，但这两个条文并不是专门对于立法准备制度的专门性规定。除此之外，关于立法准备的其他制度，比如立法规划和立法计划，立法预测等问题都没有在法条中提及。因而，为了中国法治建设进路的加快，应当将立法准备问题更加的制度化规则化，并且在学术理论研究领域也应该有更多的学者来著书立说。

（三）立法过程的第二阶段：由法案到法

由法案到法阶段的内涵，通常的理解就是由法案提出直到法的公布这一系列正式的立法活动所构成的立法阶段。参与这一阶段立法活动的主体，一般必须是能够行使立法权的主体。这一阶段与立法准备阶段相比，其存在更加具有法定性，世界各国一般都会在法律中明文规定有关法案到法的程序制度。而且这一阶段对于整个立法过程来说是至关重要的，它是决定法律的存在或者不存在的关键阶段，不论是法治发达的国家还是法治不发达的国家，要想完成法治建设，都得在这个阶段花费大量精力。而其他的两个阶段，重

---

〔1〕　参见周旺生：《立法论》，北京大学出版社 1994 年版，第 137~138 页。

视程度就因人而异了。这一阶段立法活动主要内容通常包括："提出法案、审议法案、表决法案和公布法四个方面。其中，提出法案，就是由有立法提案权的机关、组织和人员，按照法定的程序和方式向立法机关提出的关于制定、修改、废止或者解释某项法规的议事原案；[1]审议法案，是立法机关就已经列入会议议程的法律案进行审查讨论。审议过程就是对提案人所提出的法案是否符合社会发展的需要，立法条件是否具备，法案本身是否科学、合理、可行，与其他法律是否协调等一系列的政策性、合法性、技术性问题，有立法机关的组成人员直接发表意见，进行最后阶段的可行性论证、修改、补充和完善的过程；[2]表决法案，是立法机关通过表决来决定法律草案能否成为正式法律的活动，作为立法的第三道程序，是多数决民主政治原则的最直接体现，是决定法律草案能否获得立法机关的通过而最终成为法的最重要阶段，也是立法阶段会议的"出口"；[3]公布法，就是将立法机关通过的法律用一定方式和形式公之于众，亦称法的颁布。公布法律的目的，是为了使全体公民都知道将要在他们生活中发生实际效力的法律规范，明确自己将要享有的权利和将要承担的义务，以按照法律的规定选择与此有关的行为，自觉地遵守法律。同时，公布法律也是为了使国家机关、社会团体和组织明晰法律将要赋予其的职责和权限范围，以把自己的活动纳入符合法律地范畴内，或者按照权限适用该项法律。"[4]在我国的立法学著述和立法实践中，立法程序是个常用的概念。因而我们在研究立法过程的阶段的时候，一定要注意区分其与立法程序的关系。至于立法过程与立法程序的关系问题会在第七单元专门论述。

有关从法案到法阶段的研究，在我国立法学界开展的还是比较广泛的，而且在具体的制度领域，以《立法法》为统领，涵盖了包括《全国人民代表议事规则》《全国人民代表大会常务委员会议事规则》《行政法规制定程序条例》和《规章制定程序条例》等在内的诸多有关法案到法阶段环节和步骤的制度性规定。其中《立法法》专门章节规定了全国人民代表大会和全国人大常委会有关法案到法应当遵循的各种程序性的制度问题，对于我国的立法实

---

[1] 参见苗连营：《立法程序论》，中国检察出版社 2001 年版，第 181 页。

[2] 参见赵谦主编：《立法学》，西南师范大学出版社 2021 年版，第 288 页。

[3] 参见徐向华主编：《立法学教程》，上海交通大学出版社 2011 年版，第 195 页。

[4] 参见黎建飞：《立法学》，重庆出版社 1992 年版，第 142~143 页。

践起到了良好的制度性导向作用，然而这方面的研究还需进一步完善，因而需要学者更加深入的研究，以不断完善从法案到法阶段的理论架构，进而更有力地推进中国的法治进程。

（四）立法过程的第三阶段：立法完善

通常所说的立法完善阶段，一般指法案变为法之后，为使该法进一步臻于科学化、更宜于体现立法目的、能够适合不断变化的新情况的需要，所进行的立法活动和立法辅助工作构成的立法阶段。现代立法中，立法完善阶段的主要内容通常包括："第一，进行立法解释。其目的和任务主要在于：进一步明确法中有关内容的含义，或是重新确定或赋予法中有关内容的含义，以弥补原有立法之不足或使原有的立法适应新情况。第二，进行法的修改和补充。法的修改，是对法的一种变动，它通过改变法的某些规定，使法呈现新的面貌，适应新的需要。法的补充，是在现行法的规定不变的情况下，对法加进新的内容，使其完善以解决更多更复杂的问题。第三，进行法的废止。当一个法失去效力时，这个法即应当废止，只有实行法的废止，才能使已失效的法和已失去功用的法从现行法中消失，从而使被废止的法完成其发展过程，使现行法得以完善。第四，法的整理。第五，法的汇编。第六，法典编纂。"[1]最后应当指出，立法的完善是相对的，不是绝对的。至于有关具体的立法完善各部分的内容，我们将在以后的单元中详细论述，在此仅仅是框架性的提及。立法完善的意义不言而喻，一部法律的出台绝不是一劳永逸的，而是应当随着社会变化的发展不断地调整与完善，在社会客观情况变化的时候，必须及时地对法律进行必要的解释和修改补充，对于过时的法律必须及时的清理与废止，对于重复立法的问题必须进行清理与有效的汇编。尤其对我国来说，在吴邦国同志宣布中国特色社会主义法律体系已经基本形成后的今天，在国家各项活动领域有法可依的同时，必须要更加重视立法的完善工作，立法工作不仅仅要追求数量，更要注重质量和效果，立法机关要及时地采集有关立法完善方面的重要信息，及时填补立法在社会生活方面的漏洞，只有这样才能有效地发挥法律在调整社会生活中的重要作用。

---

〔1〕　参见周旺生：《立法论》，北京大学出版社 1994 年版，第 146~152 页。

二、立法规划与立法计划

（一）立法规划

1. 立法规划的概念

关于立法规划的概念，立法学界有以下几种观点：

第一种观点认为："立法规划是指立法主体根据党和国家的方针、政策以及国民经济和社会发展计划，在立法预测的基础上，所拟定的一定时期内立法目标、措施和步骤的部署和安排。"〔1〕持这种观点的学者认为，有关立法规划的这种部署和安排通常是以具体的、成批的立法项目的计划形式表现出来的，因而，其主张的立法规划也可以称作立法计划。

第二种观点认为："立法规划是立法机关对经过预测的立法项目进行通盘考虑和总体设计后所确定的立法部署和安排。"〔2〕由此可见，这种观点的学者与第一种观点的学者一样都将立法规划界定为一种部署和安排，而且他们都认为有关立法规划的这种部署和安排通常是以具体的、成批的立法项目的计划形式表现出来的，所以会将立法规划等同于立法计划。

第三种观点认为："立法规划，又称立法计划，是指享有立法权的机关根据国家的方针和政策、国民经济和社会发展计划，在科学立法预测的基础上，作出的立法目标、措施、步骤等的设想和安排。"〔3〕这种观点学者也认为立法规划就是立法计划，而且是立法机关作出的一种关于立法的设想和安排。

第四种观点认为："立法规划就是有立法权的主体，在自己的职权范围内，为达到一定的目的，按照一定的原则和程序所编制的准备用以实施的关于立法工作的设想和部署。"〔4〕

综合以上观点可以看出，学者们基本上一致地认为立法规划就是一种立法机关作出的关于立法的部署和安排，并且将立法规划也统称为立法计划。

然而有的学者却认为立法规划和立法计划不能等同，因为二者是有区别的，其主张："立法规划为一纲领性文件，立法计划就是一个法案，是立法机关某一会期内通过的内部决议，对本会期的日程具有拘束力。立法规划仅仅

---

〔1〕 参见刘明利编著：《立法学》，山东大学出版社 2002 年版，第 189 页。

〔2〕 参见刘和海、李玉福：《立法学》，中国检察出版社 2001 年版，第 91 页。

〔3〕 参见朱力宇、张曙光主编：《立法学》，中国人民大学出版社 2001 年版，第 159 页。

〔4〕 参见郭道晖总主编：《当代中国立法》（下），中国民主法制出版社 1998 年版，第 1195 页。

是指导较为具体的立法计划而制定的纲领性文件而已，原则上讲，对于立法规划中业已规定的内容，制定该规划的机关有义务通过自己的立法行为予以切实地兑现或者达到与其所设定的目标相同的效果；与此相对应的立法计划，作为立法机关的一个法案，一经通过则成为拘束立法机关立法职责的规范性文件。并且认为，与立法规划相比较而言，立法计划则是在时间跨度上略短于立法规划，但效力程度上较立法规划更具体、更具有可实践性的一种立法纲领性文件。"[1]由此可见，马怀德教授主张立法规划与立法计划是有区别的。一般而言，立法规划的时间跨度要长于立法计划，但立法计划在效力上要比立法规划具体、可操作性强。事实上，对立法规划和立法计划加以区分是有必要的，不应在界定立法规划的内涵时将立法规划与立法计划等同起来，立法规划更侧重宏观与长期，而立法计划则比较侧重微观与眼前。学者们之所以会将立法规划与立法计划等同起来，是受到了长期以来的计划经济观念的影响，并没用严格斟酌规划与计划一字之差的细微差别，因而才将二者混为一谈。

2. 立法规划的意义

立法规划作为立法主体在一定的日期之内的工作安排，其目的在于促使立法工作有组织、有计划、有步骤地有序进行，从而使立法工作科学化、系统化和秩序化。立法规划的制定，可以使我国的立法工作突出重点，使立法更好地为社会经济发展服务，更可以清除立法工作中的重复、分散或遗漏的问题，避免不必要的立法活动，避免立法的盲目与片面性，有助于各有关部门之间的协调和有准备地参加立法活动，避免因职责权限不清引发的立法工作的混乱，克服立法工作中的草率现象，提高我国法治国家建设过程中的立法质量，有助于立法理论研究与立法实践相结合，立法机关拟定立法规划的过程正是立法专家将立法理论与立法实践相结合的过程，这不仅有助于立法工作的科学性，还可以使立法理论研究从实践中汲取更多的研究素材，以使得中国特色社会主义法律体系更加科学更加完善。

3. 立法规划的分类

根据我国的立法理论与实践，立法规划根据不同的分类标准会有不同的类别区分：

---

[1]　参见马怀德主编：《中国立法体制、程序与监督》，中国法制出版社1999年版，第231页。

（1）按照立法规划的时间长短，立法规划可以分为长期规划、中期规划和年度规划。[1]长期立法规划一般为五至七年，有些国家的立法规划期限同国民经济和社会发展计划中的中、长期计划相同。我国通常采用的长期立法规划期限为五年。有些国家按照国民经济和社会发展长期计划或者远景规划，编制相应的立法远景规划。长期立法规划确定立法的战略目标、战略重点和实施步骤。中期立法规划一般为二至三年。中期立法规划的时限通常与国民经济和社会发展中期规划的时限大体一致。通常情况下，中期立法规划是长期立法规划分步实施的具体化，又是安排年度立法规划的依据。年度的立法规划通常又称为年度的立法计划，是有关主体经常采用的一类立法规划，通常是实施立法活动的具体计划。

（2）按照立法规划的层次来分，立法规划可以分为全国综合立法规划、地方综合立法规划和部门立法规划。[2]全国综合立法规划包括国家立法机关编制的立法规划和国务院立法规划。国家立法机关编制的立法规划就是指全国人大及其常委会的立法规划，其主要根据《宪法》和国家社会生活需要进行编制。国务院立法规划主要包括行政法规的立法项目规划，主要体现在《行政法规制定程序条例》中。地方综合立法规划主要包括省级人大及其常委会的立法规划，省级地方人民政府的立法工作规划，设区的市、自治州的人大及其常委会、地方政府立法工作规划，以及民族自治地方的自治机关的立法规划。部门立法规划包括国务院各部门根据国务院的总体立法规划结合本部门工作实际制定的部门规章的立法规划。

（二）立法计划

立法计划与立法规划相对比而言，时间跨度相对更短一些，虽然有较多的学者主张立法计划就是立法规划，但是本书认为，有必要将两者进行区别掌握。随着我国改革开放进程的加快，不适应时代潮流的计划经济体制已经退出历史舞台，因而在立法领域我们也必须做到与时俱进，应当革除那些不合时宜的传统的概念表述，应当从客观的角度更加严谨仔细地界定当前有关立法学的概念和问题，在立法规划的分类中，立法年度规划实质上就是立法计划，因为在现在的立法实践中，每年立法机关都会通过当年的立法年度计

---

〔1〕　参见刘和海、李玉福：《立法学》，中国检察出版社2001年版，第92~93页。
〔2〕　参见刘和海、李玉福：《立法学》，中国检察出版社2001年版，第93页。

划，比如在我国，无论是全国人大及其常委会还是地方人大及其常委会，在年初都会公布出当年的立法年度计划，而立法规划往往是由每届人大在刚刚接班时与国民经济和社会发展规划相适应编制的五年的立法构想，立法计划往往是对整体立法规划的每年的具体化。从我国立法实践的角度来看，立法规划与立法计划不是可以等同的，因而对立法计划研究是十分有必要的。

在现行法律法规中，也有立法计划制度的相应体现。2018 年 5 月 1 日，国务院公布施行的《行政法规制定程序条例》第二章专门规定了国务院年度立法工作计划的内容：

国务院于每年年初编制本年度的立法工作计划；国务院有关部门认为需要制定行政法规的，应当于每年年初编制国务院年度立法工作计划前，向国务院报请立项；

国务院有关部门报送的行政法规立项申请，应当说明立法项目所要解决的主要问题、依据的方针政策和拟确立的主要制度；

国务院法制机构应当根据国家总体工作部署，对行政法规立项申请和公开征集的行政法规制定项目建议进行评估论证，突出重点，统筹兼顾，拟定国务院年度立法工作计划，报党中央、国务院批准后向社会公布；

列入国务院年度立法工作计划的行政法规项目应当符合下列要求：一是贯彻落实党的路线方针政策，适应改革、发展、稳定的需要；二是有关的改革实践经验基本成熟；三是所要解决的问题属于国务院职权范围并需要国务院制定行政法规的事项；

对列入国务院年度立法工作计划的行政法规项目，承担起草任务的部门应当抓紧工作，按照要求上报国务院；上报国务院前，应当与国务院法制机构沟通。国务院年度立法工作计划在执行中可以根据实际情况予以调整。

这里涉及的就是有关国务院行政法规立法计划的编制程序，体现了国务院对于行政立法的重视，针对行政立法计划的规定有助于国务院更科学有效地开展行政立法工作。

三、立法前期准备工作

（一）起草法案

1. 起草法案的内涵

在理解起草法案的内涵之前，必须弄清法案本身的内涵。因为在不同的语境下，法案一词的含义是不同的，比如提出法案与起草法案中的法案，如果不加以概念上的准确理解，就会在以后的研究中陷入困惑，概念上的张冠李戴不免导致对整个起草法案问题研究方向的偏差。

关于法案的概念通常的理解，是指："有提案权的主体，就有关事项，以一定形式，依一定程序，提交有关主体审议的，关于制定、认可、修改、补充或废止规范性法律文件的提议和议事原型。"而法的草案通常是指："法律草案、法规草案以及其他规范性法律文件的总称，是指提交有权立法的主体审议和表决的规范性法律文件的原型。"〔1〕从以上法案和法的草案的概念来看，法案的特征必须由有提案权的主体向有权的立法主体提出，而法的草案并没有要求提出主体是否具有提案权，那么也就可以这样来区分法案和法的草案，通常提交的法案是由两部分组成的，一部分是立法的动议问题，而另一部分就是有关立法建议的具体化而成的法的草案部分，立法的动议部分可以紧紧围绕就需要立法的必要性等问题进行，而关于法的草案部分就涉及需要形成一个具体的规范性文件原型的问题，文件原型等待有权立法机关进行审议和表决通过。因此，可以说法的草案通常是法案的一个组成部分，一个法案的提出，可以仅仅提出一项立法的动议，不附带法的草案的提出，也可以同时向有权的立法机关提出法的草案。法案必须要由有提案权的主体提出，而作为法案一部分的法的草案，不一定非要由有提案权的主体起草。法的草案的起草主体可以是享有立法提案权的机关，也可以是享有立法提案权的机关委托的其他机关，以我国的中央立法机关为例，根据我国《立法法》的规定，全国人大常委会的法律工作委员会不具有立法提案权，也就是说全国人大常委会的法律工作委员会并不能向全国人大或者全国人大常委会提出法案，但是，诸多的法律草案却是由全国人大常委会法工委起草的，这就说明了，提出法案的主体必须具有立法提案权，而起草法案的主体并不要求一定要具备立法提案权。因而，我们所说的起草法案，通常是从起草法的草案这个角度来理解的。从这个意义上看，起草法案的含义是指："有立法提案权的机关、组织和人员或受其委托的机关、组织和人员，将应当以书面形式提（动）议的法案形诸文字的活动。"〔2〕

---

〔1〕 参见周旺生：《立法学》（第2版），法律出版社2009年版，第440~442页。
〔2〕 参见周旺生：《立法论》，北京大学出版社1994年版，第527页。

起草法案的过程就是对权利义务进行分配的过程，因而一旦草案表决通过为法律，那么将会成为调整人们行为的社会规范，将上升为国家法律，并且就会具有强制力，因此，一部法律能否发挥作用应该说在其草案的起草阶段就开始埋下了种子，由此可见起草法案工作的意义之重大。

2. 起草法案的主体

从起草法案的概念中我们可以看出，起草法案的主体包括有提案权的机关、组织和人员以及受其委托的机关、组织和人员。他们可以是立法机关内部专门从事法案起草工作的人员，也可以是立法机关委托的从事法案起草的立法学者与法学专家，还可以是精通某方面专业知识参与到法案起草工作中来的专门知识人员。

由于法案的起草关系对一定社会关系的调整的重要问题，这里涉及到的利益关系复杂多变，处理不好就会造成极大的矛盾与动荡，因而对起草法案的主体必须有相当高的要求。他们必须对整个法律体系有全局的掌控，对社会需要与法治进程有深刻的领会，对立法专业知识与立法理念和精神有高屋建瓴的悟性，对法治建设与法治事业有无比的信心与责任。只有这样才能将法案起草工作当成为法治进步贡献力量的事业来做，才能起草出符合社会发展需要、促进法治发展前进的法案。

3. 起草法案的程序

鉴于起草法案的意义重大，因而必须遵循严格的程序进行，从我国的法案起草的实践来看，起草法案的程序主要有以下十个方面："一是作出法案起草的决策；二是确定起草机关；三是组织起草班子；四是明确立法意图；五是进行调查研究；六是搭架子和拟出法案提纲；七是正式起草法案；八是征求有关方面意见和协调论证；九是反复审查和修改；十是形成法案正式稿。"[1]以下将分别介绍每个方面应当注意的相关问题。

（1）作出起草法案的决策。关于作出起草法案的决策问题，首先要考虑决策的主体问题，由于法案的起草工作是由有立法提案权的机关进行的，因而在起草法案决策主体的问题上，也应当由具有立法提案权的机关决定，至于其是否委托给不具有提案权的主体来完成法案的起草工作都在所不问。比如根据我国《立法法》第 17 条、第 18 条的规定，全国人民代表大会主席团

---

[1]　参见周旺生：《立法学》（第 2 版），法律出版社 2009 年版，第 449 页。

可以向全国人民代表大会提出法律案；全国人民代表大会常务委员会、国务院、中央军事委员会、国家监察委员会、最高人民法院、最高人民检察院、全国人民代表大会各专门委员会，可以向全国人民代表大会提出法律案；一个代表团或者30名以上的代表联名，可以向全国人民代表大会提出法律案。这些能够提出法案的机关都是可以作出起草法案决策的主体。同时，决策者作出的起草法案决策必须是严格依据自身机关的法定权限，结合社会的需要情况，在立法预测和规划的指引下，在参考多方的立法建议的基础上作出的。

（2）确定起草机关。法律草案的起草机关根据需要起草法案重要性的不同，可以是由专门成立的起草机关组织起草，也可以由现有的机关进行起草。比如我国的宪法修正案草案，通常都是由专门成立的起草机构进行起草的，而其他法律又要根据法律效力级别的不同由不同的机关起草，像刑法、诉讼法等基本法律的草案一般是由全国人大专门委员会或全国人大常委会法工委起草，而其他法律可以由全国人大常委会法工委起草，也可以由国务院进行起草。行政法规的草案一般由国务院的具体部门起草，重要的行政法规会由国务院法制机构起草。地方性法规的草案一般由地方政府起草，也可以由地方人大常委会法工委起草。

（3）组织起草班子。在我国，每部法案的起草都必须组建一个起草小组，在起草任务完成以后，起草小组也就宣告解散，也就是说，我国并没有常设的专门负责法案起草的机构。这就带来了一个问题，每次起草的法律草案的任务不同，因而每次起草需要的相关知识的人员组成也不一样，但是在我国每次起草法案的时候，只要对涉及的法案的相关问题有体会和经验的人员就会被吸纳到起草小组中来，这其实与起草法案人员的高要求是不吻合的。既然法案的起草涉及对社会关系的调整，对权利义务的分配，起草人员就应当有较高的法治信仰与立法精神理念。因而，组建法案起草班子必须注意以上的问题，在符合起草人员要求的基础上，从全面、专业、法治、负责的角度来合理地组建。

（4）明确立法意图。起草法案时明确立法意图的要求就是要清楚每次草案的起草有着怎样的立法目的或立法主旨，或者是要解决当时社会遇到的某些方面的问题，抑或是要制定一部法律达到希望达到的目的，在一般情况下，在每部法律的开端立法者都会用一条来阐述立法的目的，这就是所要呈现的立法意图。但在起草草案时要明确立法意图，还应该由立法决策者告知起草法案的人立法目的何在，而且如何去实现立法目的，并且提出本次立法在实现立法意图过程中可能会遇到的阻碍与问题，使得起草者在围绕决策者立法意图的范围内去制定具体的法律条文来具体体现立法意图，并将立法决策者的立法意图在起草过程中加以贯彻。

（5）进行调查研究。调查研究与其说是起草法案的一个程序阶段，不如说是整个起草法案的基本研究方法。纵观整个起草法案的全过程，没有一个阶段是不需要对属于该阶段的问题进行分析判断、综合取舍的，整个法案的起草过程，都必须不断解决草案所要面对的一个个问题，在拟定草案的过程中，必须用整体的眼光审视整个法律体系，判断草案与整个法律体系的关系，更加需要研究如何在草案的起草过程中更好地协调利益各方的权利义务关系，弄清草案可以有多少自由裁量的空间，以及如何在拟定草案的过程中就为草案能够表决通过打好基础等。解决以上所列举的问题，不能不依靠调查研究的方法加以一个一个的解决与理清，因而，重视调查研究不单单是起草法案中具体的一个环节，更是使整个法案起草取得成功的关键方法与途径，只有重视法律草案制定过程中的调查研究，才能使起草的草案更加符合客观规律，更加科学合理，才能使日后的法律成为一部能够化解社会矛盾的良法。

（6）搭架子和拟出法案提纲。这个阶段的主要目的是从整体出发，将起草法案看成一个整体，从整体去把握处理整个法案的起草过程，这样会有助于系统掌控整个法案的起草过程，前后协调，不至于顾此失彼。整体框架和提纲都可以让起草者清楚地看到有关法案的问题哪些方面的信息还比较缺乏，哪几层关系还有待处理，每个部分的次序关系是否恰当，是否需要前后调整，每个章节的前后逻辑关系是否通顺，在整体的提纲范围内是否还有遗漏需要补充的问题，章节之间的内容是否有重复和多余，某几个章节问题是否可以汇总到一个章节加以论述，这些都是通过构建提纲就可以发现的，而且搭架子和拟提纲还可以使以后的调查研究更加有针对性，针对具体章节问题具体分析解决，使得研究思考更加深入，以实现各个击破。

（7）正式起草法案。正式起草法案是整个起草法案程序中最关键的一环，说到底，整个起草法案的程序准备就是为了正式法案得以起草出台设计的，因而，此前各个阶段工作质量的高低直接决定着正式起草法案的条件是否充分，起草出的法案内容是否符合决策者的立法精神和立法意图。在正式起草法案的阶段，所作的工作也都是与法案的具体内容结构相关的事项，比如要首先确定草案的立法目的，进而在立法目的和精神的指引下，拟出草案的名称，接下来要考虑草案的具体结构形式，以及相关的各章、节、条、款、项、目等草案结构类型，从宏观确定各章节所要规定的问题和规范，进而再针对具体的章节进行具体规范内容的起草，整个具体规范内容的起草涉及了权利和义务的具体分配，因而必须加以慎重考虑，并且在整个草案的起草过程中必须注意使用立法语言和法律术语，讲求用语的规范、严谨、贴切和灵活。只有注意到了这些内容，才能使得正式起草法案的阶段符合整个起草法案程序的要求。

（8）征求有关方面的意见和协调论证。在法案正式起草之后，就需要向社会征求有关方面的意见，进而对整个草案进行协调论证。这是一个协调各方面利益关系，弥补草案漏洞与不足的过程，最终的目的是使得草案能够更加的科学与完善。这也是随时吸纳民意、体现立法民主性的一个基本要求。

（9）反复审查和修改法案草稿。这个阶段是对以上阶段起草的法案草稿的进一步审查与完善，这个阶段工作的好坏直接决定了最后法案草稿的质量。由于起草法案的过程是持续不断的一个长期过程，而且在起草过程中耗费了大量的精力，难免在起草过程中出现纰漏与差错，那么这个阶段就是查缺补漏的阶段。审查和修改法案草稿，主要是在正式起草法案和征求各方意见之后，审查草案是否与先前立法决策者所拟定的立法目的相一致，法律草案的具体内容是否与其他法律规范相矛盾以及自身内部是否有相互冲突的地方，以及草案的章节内容结构是否有需要再次修改的地方，这样反反复复仔细斟酌审查后，就基本上会形成一部较完善的法律草案了。

（10）形成法案正式稿。这个阶段就是法案的定稿阶段，也是整个起草法案程序阶段的最后一环。只有先前的九个阶段的工作任务都保质保量地完成，而且达到立法决策者预先要求的程度时，才能够对整个法律草案进行定稿。如果之前有任何的环节没有达到要求，都不应该急于定稿，而是应当回过头去，继续完善相关阶段的内容，只有每个阶段都达到标准，才可以形成法案的正式稿。

（二）征求意见

在正式起草法案之后，就要征求有关方面对草案的意见，这不仅是民主立法原则的体现，更是集思广益，使草案更加科学化与完善化的重要途径。征求有关方面的意见和协调论证作为起草法案的一个重要程序阶段在这里单独加以论证，足以显示这个阶段在整个起草法案程序中的地位。

征求意见的对象范围十分广泛，可以向立法的决策者征求，也可以向与法案有利害关系的组织和人员征求，还可以向有关专家和机构征求。除此之外，向整个社会公开发布法律草案的征求意见稿也是现代法治社会的一个必然的趋势。《立法法》第 6 条规定："立法应当坚持和发展全过程人民民主，尊重和保障人权，保障和促进社会公平正义。立法应当体现人民的意志，发扬社会主义民主，坚持立法公开，保障人民通过多种途径参与立法活动。"第 39 条第 1 款规定："列入常务委员会会议议程的法律案，宪法和法律委员会、有关的专门委员会和常务委员会工作机构应当听取各方面的意见。听取意见可以采取座谈会、论证会、听证会等多种形式。"第 3 款规定："常务委员会工作机构应当将法律草案发送相关领域的全国人民代表大会代表、地方人民代表大会常务委员会以及有关部门、组织和专家征求意见。"将意见整理后送宪法和法律委员会、有关的专门委员会，并根据需要，印发常务委员会会议。列入常务委员会会议议程的重要的法律案，经委员长会议决定，可以将法律草案公布，征求意见。此外，《立法法》第 90 条规定："省、自治区、直辖市和设区的市、自治州的人民代表大会常务委员会根据实际需要设立基层立法联系点，深入听取基层群众和有关方面对地方性法规、自治条例和单行条例草案的意见。"值得注意的是，基层立法联系点补充了传统民主立法的缺憾，它在为人民群众表达诉求、意志和愿望提供广泛参与途径的同时，能够将获取、征集到的人民群众的诉求通过识别、整合、转化等方式，客观、真实地反映到立法结果上。截至目前，全国人大常委会法工委建立了 32 个基层立法联系点，覆盖全国 31 个省、自治区、直辖市，辐射带动全国各地设立 509 个省级基层立法联系点和近 5000 个设区的市级基层立法联系点 。[1]由此可见，国家以法律的形式保障社会成员有序地参与到立法过程中来，通过座谈会、论证会、听证会，以及建立基层立法联系点等多种形式征集社会意见，倾听群众的心声，进一步促进立法的科学与民主。

征集到多方意见之后的处理工作也是决定征集意见活动是否有效的关键。在纷繁复杂、杂乱无章的意见面前，意见征集者应善于选择判断，用去粗取

---

[1] 参见王晨："全过程人民民主是社会主义民主政治的本质属性"，载《人民日报》2022 年 11 月 3 日。

精、去伪存真、由此及彼、由表及里的思维方式斟酌取舍。尤其在利益关系复杂的问题面前，决策者更是必须善于协调与权衡，既不能被既得利益者牵着鼻子走，同时又不能过分顾及利益缺失者而使得草案的起草失去公平正义。

四、法的制定、拟订与修订

谈到立法学，不得不将该领域内相似的一些概念加以区分，以避免这些概念被混用，造成不必要的歧义与误解。

（一）法的制定

法的制定与立法所表示的意思基本上是一致的，既可以指立法的整个活动过程，也可以指立法的诸多活动过程中有关制定法律的特定活动。然而，在通常的情况下，法的制定的意思更侧重于动态过程，而且表达的感觉更为具体细腻，立法的意思则相对抽象与严谨，给我们的感觉更为笼统与整体。周旺生教授对二者的区分是这样的：在立法学研究、著述和教学中，涉及抽象、笼统、整体化之类的问题或事项时，宜使用"立法"；涉及较为具体、局部和富有实体感的问题或事项时，"立法"和"法的制定"都可以使用，后者还可以较前者多用。至于涉及同法的认可、修改、补充和废止等相对应的问题或事项亦即产生新法的问题或事项时，仍宜用"法的制定"。[1]

（二）法的拟订

法的拟订是指一定的主体，依据一定职权或有权主体的授权，按照一定的原则、程序和要求，所进行的草拟、订立法案（议案和草案）的活动. 显然，它属于立法准备阶段"法的制订"的前置程序，不涉及对有关法案的审议、修改、抉择和认可活动。[2]从这个意义上说，法的拟定的主体，一般是与起草法案的主体是一致的，既可以是有立法权的机构，也可以是有权机构委托的机构或人员。法的拟定的目的就是法律草案的形成，而不应该包括之后对草案的审议和修改过程。与拟定相类似的另一个概念是法的制订，这里的制订虽然也是指立法活动中的阶段性的过程，但是制订从外延上看，要大于拟定的范围，制订可以是包括拟定在内的，对法案进行的审议、调查研究和修改取舍等多方面的活动。因此，可以说拟定仅仅是制订法案的一个阶段

---

〔1〕 参见周旺生：《立法学》（第2版），法律出版社2009年版，第57页。

〔2〕 参见邓世豹主编：《立法学：原理与技术》，中山大学出版社2016年版，第5页。

而已。

(三) 法的修订

法的修订一般是指对法律进行整体的全面的修改，如果采用修订方式进行修改法律，由于对法律修改的内容很多，涉及的范围很广，这其实相当于制定了一个新的法律，因此有必要重新规定法律的生效日期，整部修订后的法律都按照新的生效日期施行。与此相比，如果涉及法律少部分内容条款修改的情形，此时应称为法的修正。在修正的情况下，在生效时间上，修改过的条文适用新的生效时间，而未修改的条文仍适用原来的生效时间不变。而在法的修订情况下，修改的条文和未修改的条文均适用一个新生效时间，这就是二者的区别。

【法律规范】

《立法法》

第39条　列入常务委员会会议议程的法律案，宪法和法律委员会、有关的专门委员会和常务委员会工作机构应当听取各方面的意见。听取意见可以采取座谈会、论证会、听证会等多种形式。

法律案有关问题专业性较强，需要进行可行性评价的，应当召开论证会，听取有关专家、部门和全国人民代表大会代表等方面的意见。论证情况应当向常务委员会报告。

法律案有关问题存在重大意见分歧或者涉及利益关系重大调整，需要进行听证的，应当召开听证会，听取有关基层和群体代表、部门、人民团体、专家、全国人民代表大会代表和社会有关方面的意见。听证情况应当向常务委员会报告。

常务委员会工作机构应当将法律草案发送相关领域的全国人民代表大会代表、地方人民代表大会常务委员会以及有关部门、组织和专家征求意见。

第74条第1款　……行政法规在起草过程中，应当广泛听取有关机关、组织、人民代表大会代表和社会公众的意见。听取意见可以采取座谈会、论证会、听证会等多种形式。

《行政法规制定程序条例》

第7条　国务院于每年年初编制本年度的立法工作计划。

第8条　国务院有关部门认为需要制定行政法规的，应当于国务院编制年度立法工作计划前，向国务院报请立项。

国务院有关部门报送的行政法规立项申请，应当说明立法项目所要解决的主要问题、依据的党的路线方针政策和决策部署，以及拟确立的主要制度。

国务院法制机构应当向社会公开征集行政法规制定项目建议。

第22条　行政法规送审稿涉及重大利益调整的，国务院法制机构应当进行论证咨询，广泛听取有关方面的意见。论证咨询可以采取座谈会、论证会、听证会、委托研究等多种形式。

行政法规送审稿涉及重大利益调整或者存在重大意见分歧，对公民、法人或者其他组织的权利义务有较大影响，人民群众普遍关注的，国务院法制机构可以举行听证会，听取有关机关、组织和公民的意见。

第24条　国务院法制机构应当认真研究各方面的意见，与起草部门协商后，对行政法规送审稿进行修改，形成行政法规草案和对草案的说明。

第25条　行政法规草案由国务院法制机构主要负责人提出提请国务院常务会议审议的建议；对调整范围单一、各方面意见一致或者依据法律制定的配套行政法规草案，可以采取传批方式，由国务院法制机构直接提请国务院审批。

【论点要览】

《立法学》（周旺生，法律出版社2009年版）：整个立法活动过程的各个阶段都有重要地位，但立法准备阶段在立法活动过程中更有特别的价值。这不仅在于立法准备是否充分、科学，直接关系所立的法是否成功、科学和是否能行之有效，而且更在于立法准备就其主要倾向看，具有决策性，许多国家的众多立法的命运，实质上是在立法准备阶段就决定了。

《立法：理想与变革》（江国华，山东人民出版社2007年版）：在现代社会里，法律对立法过程的每一个环节都有明确的规定，立法者只有严格遵循这种程序性的规定，其行为及这种行为所带来的结果即法律才能满足合法性要件。

《立法学》（刘明利编著，山东大学出版社2002年版）：国家在管理活动中立足现实，从全面和发展的角度出发，要求通过立法强化和完善管理工作中的宏观调控能力，真正为各项事业发展提供坚实有力的法律保障，这就不是制定某一单项法律、法规所能解决的，而是要通过一系列的立法项目的制定、修改、废止相配套才能逐步达到的。

《立法学》（黄文艺、杨亚非主编，吉林大学出版社 2002 年版）：立法规划的制定，主要是要为在宏观上整体协调立法与社会发展的相互关系，协调法律体系内部各部门法律的关系使法律体系趋于完备，同时也有助于促使立法者做好具体立法工作。

【典型案例】

案例一：我国首部《旅游法》的十年回看

基本材料：

十年前，2013 年 4 月 25 日，十二届全国人大常委会二次会议表决通过了旅游法。这是十二届全国人大常委会通过的第一部法律，也是我国旅游业史上首部旅游法。"旅游法的诞生，取决于客观环境、时代的发展和人们的共识。"作为十年前旅游法起草领导小组副组长，回忆起当年这部法律的立法过程，全国人大财经委原副主任委员尹中卿依然印象深刻。

一、旅游法为何"三十年磨一剑"姗姗来迟？

"我们起个大早，赶个大晚。"十年前，旅游法表决通过后，尹中卿曾在公开场合用这样一句话来形容旅游法的出台过程。作为改革开放初期启动的立法项目之一，早在 1982 年，国务院有关部门就着手起草旅游法。1988 年，《旅游法》曾列入七届全国人大常委会立法规划。但由于我国旅游业发展尚处于起步阶段，各个方面对旅游立法认识不尽一致，旅游立法工作被搁置。1990 年 3 月，原国家旅游局牵头成立了《旅游法》起草小组。《旅游法（草案）》经过反复研究和认真修改，于 1993 年形成送审稿。但由于当时中共中央作出关于建立社会主义市场经济体制若干问题的决定，适应旅游市场新的发展需要，旅游法起草工作再被搁置。八届全国人大以来，社会上要求制定《旅游法》的呼声进一步提高，全国人大代表也多次呼吁加快制定《旅游法》。于是，《旅游法》起草工作再次启动。

前后酝酿了三十年才得以出台，在尹中卿看来，主要是当时的旅游业还没有发展到相应的程度。"可以说，立法必须与经济社会发展阶段相适应，在旅游法的立法工作中体现得最为明显。"尹中卿说，制定旅游法必须经济发展到一定阶段，居民收入达到一定水平。老百姓收入提高了，闲暇时间也多了起来，国民经济发展到一定的水平，吃（餐饮）、住（住宿）、行（交通）、游（观光）、购（购物）、娱（娱乐）等都发展到一定程度。同时，《旅行社条例》《导游人员管理条例》《中国公民出国旅游管理办法》等行政法规先后出台，有关部门还制定了三十多件旅游行政规章，全国31个省（区、市）人大常委会都制定了旅游条例或旅游管理条例，这些都为制定旅游法奠定了基础。尹中卿将这些视为旅游法出台的"天时"和"地利"。

二、旅游法为何要由人大主导起草？

2009年12月18日，十届全国人大财经委牵头组织国家发改委、原国务院法制办、原国家旅游局等23个部门和有关专家成立旅游法起草组，由时任主任委员石秀诗担任领导小组组长，尹中卿担任副组长。组成这一立法起草组背后的现实因素是：旅游产业链条长，关联110多个行业，涉及国务院20多个部委。因此，仅靠原国家旅游局一个副部级单位协调旅游立法工作，几乎是不可能完成的任务。考虑到这一客观情况，全国人大财经委就把旅游法的起草工作担了起来，起草工作由财经委主导。

"当时争论较多的实际上就是部门利益问题。人大比较宏观、超脱、中立、公允，容易摆脱部门利益和短期考虑羁绊。在保障与管理方面，人大也往往更强调保障公民和企业的合法权利。因此由专委会主导立法，有利于推进立法，也有利于协调各部门之间的关系。"尹中卿说。

经过两年多的努力，起草组先后到十多个省（区、市）开展调研，数易其稿，形成了比较成熟、比较完善的法律草案。2012年8月27日，《旅游法（草案）》提请十一届全国人大常委会二十八次会议初次审议。此后，常委会会议对草案进行了二次和三次审议。2013年4月25日，十二届全国人大常委会二次会议表决通过了旅游法。

三、《旅游法》有没有留下遗憾？

制定旅游法的时候，我国旅游市场不正当竞争问题比较严重，特别是愈演愈烈的零负团费经营模式，严重损害旅游者和经营者合法权益，迫切需要制定法律，为实现旅游业持续健康发展创造良好的法治环境。因此，旅游法当时的一大亮点就是专门针对零负团费作出规定。《旅游法》第35条规定："旅行社不得以不合理的低价组织旅游活动，诱骗旅游者，并通过安排购物或者另行付费旅游项目获取回扣等不正当利益。旅行社组织、接待旅游者，不得指定具体购物场所，不得安排另行付费旅游项目。但是，经双方协商一致或者旅游者要求，且不影响其他旅游者行程安排的除外。发生违反前两款规定情形的，旅游者有权在旅游行程结束后三十日内，要求旅行社为其办理退货并先行垫付退货货款，或者退还另行付费旅游项目的费用。"最初财经委起草的草案对于零负团费问题规定得较为严苛，草案明确禁止旅游活动中出现任何购物行为。只要游客向有关部门投诉，导游、领队、旅行社就要无条件退赔，同时还规定了 1 倍至 10 倍的罚款。"但后来，有关方面反映，完全禁止旅游购物行为不太现实。因为有些游客就是想在外面玩的时候顺带购买一些当地土特产等，甚至有的人到巴黎、东京、香港旅游的主要目的就是购物。"尹中卿说。

有鉴于此，经过反复征求意见并与有关方面沟通，草案最终修改为现在第35条的模样，增加了"但书"例外条款规定。从实践效果看，这样规定就难以杜绝零负团费。在尹中卿看来，零负团费问题不能单单靠立法来解决。"因为这更多的是消费习惯和道德层面的问题。如果双方都本着诚信原则，特别是旅游者不参加那些明显低于成本的组团旅游，就不会出现零负团费带来的纠纷。"尹中卿指出，一方面，要加强对旅游者的教育，全面提高旅游者的素质。要让旅游者知道，只有付出合理的费用，才能获得相应的等值服务，不要抱着占小便宜的心态去报团，羊毛终究出在羊身上，天下没有免费的午餐。另一方面，要加强对旅游从业者的教育，不要搞各种不规范的"擦边球""小动作"，可以把佣金放在明处，在订立旅游合同的时候明码标价，直接标明领队费和导游费金额或者比例。

（资料来源：朱宁宁："我国首部旅游法十年回看"，载《法治日报》2023年5月9日。）

提示与问题：

（1）结合所学立法学知识，如何评价《旅游法》的立法过程？

（2）在立法过程中，如何协调各方面的利益关系？

（3）结合本案，谈谈如何在新形势下完善《旅游法》？

案例二：《反家庭暴力法》的立法过程

基本材料：

家庭暴力严重侵犯公民生命健康权，对于公民个人、家庭以及社会都会产生严重的负面影响。从妇联组织多年受理家庭暴力投诉的情况以及研究机构的调研结果来看，家庭暴力广泛存在于中国的农村和城市，甚至在有些地方已经成为严重的社会问题。家庭暴力中大部分的受害者是妇女和儿童。从世界各国的实践来看，预防和制止家庭暴力最有效的措施就是制定专门的反家庭暴力的法律，当前中国解决家庭暴力问题，也迫切需要发挥法律的导向作用，维护受侵害的家庭成员的权益，使家庭成为社会稳定的重要基础。

全国妇联曾多次向全国人大常委会建议出台《反家庭暴力法》，并为推动国家立法做了一系列准备工作。在各方的共同努力下，2011年反家庭暴力立法工作取得突破性进展，全国人大常委会已将反家庭暴力立法纳入预备立法项目，立项论证工作从10月份展开，这标志着全国人大常委会对这部法律的研究论证工作的正式开始。

早在2008年，全国妇联就与中宣部、最高人民检察院、公安部、民政部、司法部、卫生部等七部委共同制定了《关于预防和制止家庭暴力的若干意见》，对各地各部门开展预防和制止家庭暴力工作作出了统一的规范性指导。进入2011年，全国人大常委会法工委社会法室与全国妇联密切合作，卓有成效地共同开展了一系列立法调研论证工作。2月，全国妇联有关部门与全国人大常委会法工委社会法室赴湖南省、海南省等多地调查研究，实地考察预防和制止家庭暴力地方性法规实施情况，听取地方对出台国家级专门法律的意见。目前，我国内地已有27个省区市出台了反家庭暴力的地方性法规或政策，具体规定了处理家庭暴力案件的原则、程序，明确了各有关部门的职责。实践证明，这些地方立法实践为国家立法积累了宝贵经验。4月，国内有关部门联合召开立法研讨会，邀请国内法学、社会学、心理学、儿童教育和保护等方面的知名专家学者共同参与研讨，专家学者重点从社会学的角度和与其他法律的关系方面就出台《反家庭暴力法》的必要性、可行性和法律应重点规定的内容等提供了宝贵意见。同月，最高人民法院应用法学研究所举行人身安全保护令制度的专题研讨会。6月，全国妇联召开反家庭暴力立法国际研讨会，邀请了来自澳大利亚人权委员会、联合国儿基会、联合国经社文权利委员会、联合国妇女署等机构的外国专家，重点介绍了国外立法情况、保护令实施情况以及预防措施等国际立法经验，为我国《反家庭暴力法》的出台提供了有益借鉴。

2011年9月20日，"联合国多部门合作预防和应对家庭暴力"项目国家级培训研讨班在北京开幕。该项目由全国妇联、公安部、民政部、社科院和联合国妇女署等机构合作主办，将围绕我国反家庭暴力立法，在湖南、四川、甘肃三省的试点县，重点开展家庭暴力现状、反家暴意识、受暴妇女的求助途径等相关问题的实地调研论证，调查的结果将为全国人大立法提供数据和案例支持。项目一直持续到 2012 年底，联合国有关机构共计给予超过 85 万美元资金支持。除了支持中国反家庭暴力立法，更要在试点县建立预防和应对家庭暴力的体制机制。同时，全国妇联已主动承担起协助全国人大起草《反家庭暴力法》的起草工作。

经过几年反复论证，2015 年 12 月 27 日，《反家庭暴力法》由第十二届全国人民代表大会常务委员会第十八次会议通过，自 2016 年 3 月 1 日起施行。

（资料来源：［1］魏铭言："'反家暴法'下月立法立项论证"，载《新京报》2011 年 9 月 23 日；［2］陈丽平："反家暴法已纳入预备立法项目"，载《法制日报》2011 年 7 月 15 日。）

提示与问题：

（1）全国人大将反家庭暴力立法列入立法论证体现了立法学的哪些知识？

（2）结合立法过程有关原理及反家庭暴力立法的立法过程，怎样评价反家庭暴力法从纳入立法计划、开展立法调研论证工作、到最终出台的全过程？

【参考书目】

周旺生：《立法学》（第 2 版），法律出版社 2009 年版，第三章第三节、第七章第五节、第十八章、第十九章。

刘明利编著：《立法学》，山东大学出版社 2002 年版，第八章。

刘和海、李玉福：《立法学》，中国检察出版社 2001 年版，第五章。

朱力宇、张曙光主编：《立法学》，中国人民大学出版社 2001 年版，第八章。

【分析思考】

（1）思考立法过程的主要内容。

（2）如何理解立法规划与立法计划的关系？

（3）简述立法前期准备工作的内容。

（4）如何把握法的拟订、制定与修订的关系？

立法程序是有权的国家机关在制定、认可、修改、补充和废止法的活动中，所须遵循的法定的步骤和方法。它具体贯穿于提出法案、审议法案、表决法案、公布法的各个环节之中。

一、立法程序的概念

（一）立法程序的内涵

在我国立法学的研究中，关于立法程序内涵的理解有以下几种代表性的观点：

第一种观点认为："立法程序是立法主体在产生和变动法规范性文件的活动中，所必须遵循的法定的时间、顺序、步骤、方式的总称。"[1] 由此可见，持这种观点的学者主张严格区分立法过程与立法程序，他们认为立法程序应该是立法主体行使立法权的实际过程，而不应是与行使立法权有关的全部活动。

第二种观点认为："立法程序就是立法主体按照一定的步骤、时序和方式，创制和完善法的行为过程。从静态上看，立法程序表现为立法主体进行立法活动时的操作规程，它由步骤、时序、方式三个要素组成。从动态上看，立法程序则表现为立法主体以制定法律为目标的一系列连续的立法行为所组

---

[1]　参见刘明利编著：《立法学》，山东大学出版社 2002 年版，第 129~131 页。

成的立法过程。"[1]我们可以看出，持这种观点的学者从静态和动态两个角度形象地阐述了立法程序的含义。

第三种观点认为："所谓立法程序是指有权立法的机关为了实现一定的立法目的，通过法定形式而设立的用以规范立法主体的立法行为的一系列的次序、步骤和方法。它不仅存在于法的创制过程中，同样也存在于法的完备过程中。"[2]从该学者的观点不难看出，其主张立法程序是一种实现立法目的的方式，而且并存于法的创制与完备的整个过程中。

第四种观点认为："立法程序有广泛的意义与基本的意义两个不同的界说：广泛的意义是指所有议事机关（包括政权的、治权的、中央的与地方的）制订宪法、法律与行政法令及决定政策的程序。基本的意义是指中央立法机关行使其职权的程序。"[3]持这种观点的学者将立法程序从广泛意义和基本意义两个范畴来界定，有助于从不同角度把握立法程序的外延。

第五种观点认为："立法程序（1egislative procedure），是指具有立法权限的主体创制规范性法律文件所遵循的制度化的法定正当过程，立法程序具有正当性和法定性等特点。"[4]

综上所述，本书认为以上的观点不仅指出了理解立法程序概念应注意的问题，而且都可以把握住立法程序的内涵与外延，但是本书更倾向于"立法程序是有权的国家机关在制定、认可、修改、补充和废止法的活动中，所须遵循的法定的步骤和方法"。因为这种界定立法程序概念的模式可以准确地把握立法程序的特征。

从主体上看，立法程序的参与者必须是有权的国家机关，而不是任何国家机关都能参与到立法程序中去，国家机关参与立法程序必须有法律赋予的权力，这也体现了立法程序的主体特殊性。从过程上看，有权的国家机关参与的必须是制定、认可、修改、补充和废止法律的活动，而并非其他任何与法律有关的活动，比如立法的准备工作以及立法前的规划和预测工作并非立法程序所必须的过程。从内容上看，立法程序的特征在于它是有权的国家机关在立法活动中必须遵循的法定的步骤和方法，也就是说在立法的活动中，

---

[1]　参见苗连营：《立法程序论》，中国检察出版社2001年版，第3~4页。
[2]　参见侯淑雯：《立法制度与技术原理》，中国工商出版社2003年版，第166~167页。
[3]　参见胡涛：《立法学》，汉苑出版社1980年版，第50页。
[4]　参见邓世豹主编：《立法学：原理与技术》，中山大学出版社2016年版，第148页。

存在着诸多的步骤和方法，但是并非所有的步骤和方法都是立法程序所必需的，只有那些由法律加以规定的步骤和方法才是立法程序所应当具备的，这就体现了立法程序的严肃性与非随意性。只有把握了立法程序的上述特征，才能清晰地理解立法程序应当包含的阶段，才能更好地理解立法程序与立法过程的关系。

（二）立法程序的阶段

如前所述，对立法程序概念的界定直接影响着对立法程序特征的把握，那么就会产生对立法程序的阶段的不同认识，现列举几种观点加以评述：

第一种观点是将立法程序分为三个阶段：全国人民代表大会常务委员会法制工作委员会将法律制定程序分为三个阶段：一是立法的准备程序，包括立法规划与立法计划和法律案的起草，也就是在正式立法活动开始前所进行的立法准备活动；二是法律案的提出和审议程序，主要包括法律案的提出和列入议程程序、听取法律案的说明和代表团审议程序、专门委员会审议程序等等；三是法律案的表决和法律案的公布程序。[1]

第二种观点是将立法程序分为四个阶段：一是提出法律案；二是讨论法律案；三是通过法律案；四是公布法律案。这也是大多数立法学者的共同观点，也是我国《立法法》规定的立法程序阶段。

第三种观点是将立法程序分为六个阶段：一是制定立法规划，就是指国家对需要完成的立法项目作出统一、具体的部署和安排，使得立法机关依据国家的方针、政策、国民经济和社会发展计划，在进行立法预测，分析国内外有关立法信息的基础上，所作的关于一定时期内立法目标、措施的部署和安排；二是准备法律草案，这是立法过程中的一个必经的基础阶段。这一阶段的主要工作包括提出研究报告、拟定草案提纲、拟定草案条文等具体工作；三是法律草案的提出，只有有立法提案权的机关、组织或个人才能按照法定程序向有立法权的机关提出制定、修改、补充或者废止法律的提案；四是审议、讨论法律草案，就是指立法机关对已列入会议议程的法律草案进行正式的审查与讨论；五是通过法律草案，是指享有立法权的机关或者个人决定法律草案能否成为正式法律的活动；六是法律的公布。[2]

---

〔1〕 参见刘明利编著：《立法学》，山东大学出版社 2002 年版，第 130 页。

〔2〕 参见李步云、汪永清主编：《中国立法的基本理论和制度》，中国法制出版社 1998 年版。

　　综合以上观点，学者们对立法程序不同阶段的划分分歧主要在于界定立法过程和立法程序的关系的问题上。有的学者认为立法程序应当是包括立法过程在内的整个立法阶段，因而会将立法程序划分为六个阶段，而有的学者主张严格区分立法程序和立法过程。在这些学者的著作中，立法过程与立法程序是分章论述的。在将立法程序划分为六个阶段的观点中，我们具体分析各个阶段所做的工作，包括立法规划和立法预测，准备法律草案，提出法案，审议、表决通过法律及法的公布。其中关于立法规划和立法预测的工作，目前各国并没有以法律加以规定其必须是立法机关专门实行的，而且立法的建议和草案的起草也不是必须由立法机关专门完成的，也就是说这几类工作由任何组织和个人都可以完成，而且也没有法律规定法律的制定必须经过立法预测和立法规划工作，因而这些工作并非立法的必经程序。

　　本书认为，以前述立法程序的特征为基点，便可以把握立法程序阶段的界定标准，立法程序必须是由特定的机关完成的特定的活动，因而这些专门性特征决定了立法活动过程中的有些工作是不属于立法程序的。立法过程强调的是与立法相关的整个活动过程，在这个的过程中，可以包括立法规划和计划的制定、立法的必要性分析、立法的预测以及立法的前期准备工作，也可以包括从法案到法的法定立法程序的活动，还可以包括后期的法律修订和法律完善的工作，因而立法活动过程是由各个不同的阶段组成的整个的活动过程，因而更加侧重立法的关联完整方面的问题。相对而言，立法程序更侧重强调立法的法定性，那些任何组织和个人都能进行的工作不是法定的立法程序。只有符合立法程序的内涵特征的工作才能将其列入立法的程序阶段。目前立法学界比较一致的看法，一般将以下工作作为立法程序的必经阶段，而且我国《立法法》也是将这几个阶段以法律的形式规定为立法程序的阶段。那就是提出法案、审议法案、表决通过法案和公布法四个阶段，因为从这四个阶段来看，能够完成其中任何一个阶段工作的组织和个人，必须都是法律明确加以规定的，在一般情况下，没有法律的授权，其他任何人无权染指。关于立法程序与立法过程的关系问题，周旺生教授有一段论述："现在社会的立法程序，作为立法活动中特定主体所遵循的法定步骤和方法，是贯穿于整个立法活动过程中的。因此立法程序与立法活动过程是紧密相连、相通的。迄今我国学者论及立法程序，通常将提出法律草案认作立法程序之始，将公布法律认作立法程序的完结，也即仅仅将立法程序视为由提案到公布法这一个阶段所存在的事物。在这里，立法程序成为立法发展到议会立法阶段所仅有的事物。这是一个误会。事实上，在立法活动过程的各个阶段上，都有需要遵循的步骤和方法，这些步骤和方法中应当以法的形式加以确定的那一部分，即为立法程序。"[1]

二、提出法案

(一) 提出法案的内涵

对提出法案内涵的把握，列举以下几种观点以供参考：

第一种观点认为："提出法案是指由有立法提案权的机关、组织或者人员按照法定方式和程序向立法机关提出的关于制定、认可、修改、补充和废止规范性法律文件的议事原案的专门活动。"[2] 这种观点的学者主张，法案不同于一般的立法建议，应该必须是由有专门法定职权的机关或个人向立法机关提出，而且这种法案一经提出后，立法机关必须将其列入会议的议程加以审议和讨论。反之，如果不是享有法定权限的机关或者个人向立法机关提出的立法倡议，一般是不会被作为法案列入会议议程审议的，而只有该类的建议被具有立法提案权的机关或者个人采纳并递交后，才能成为法案。而且，他们还区分了法案与法律草案的区别，认为法案是不同于法律草案的，法律草案应该是比较具体的，在结构上已经与公布的法律比较类似的一种规范性文件，也分章、节、条、款、项，而且制度性的规定也是十分具体显见，等待立法机关审议通过后就可以成为正式的法律来加以适用。而提出法案的不同点在于，法案的内容可以不像法律草案那样的具体，也就是说法案的内容可以比较原则和抽象概括，可以只勾勒出立法的大体框架，也可以只提出一些应当立法的理由和必要性，更可以仅仅提出精练的立法主旨以供立法机关研究参考。

第二种观点认为："提出法案是指享有提案权的组织、人员或机构按照一定的程序提请立法会议审议有关制定、认可、补充、修改或废除某项法律的建议，是立法程序的重要组成部分，是一种正式的立法动议。"[3] 从这种观点

〔1〕 参见周旺生：《立法学》（第2版），法律出版社2009年版，第19页。

〔2〕 参见孙笑侠主编：《法理学》，浙江大学出版社2011年版，第115页。

〔3〕 参见黄文艺、杨亚非主编：《立法学》，吉林大学出版社2002年版，第116页。

出发，我们可以这样理解提出法案的内涵：法案提出的前提是提出法案的组织、人员或者机构必须享有提出法案的权力，这是启动立法程序的关键环节，并且法案提请的对象是立法会议，提出的法案必须交由立法会议进行审查和研究，而且提出法案的范围不能超出立法会议的审查权限范围，如果提出了不属于立法会议权限范围内的法案，那么立法会议是无权加以审议研究的，当然法案的提出也就不能产生任何程序效果。最后提出的法案在性质上应当是一个提请立法会议审议的建议，一旦提出的法案被立法会议列入议事日程，那么立法会议就会在日后开始审议相关的法律草案，因而提出法案是整个立法程序的起点，没有法案的提出便没有此后的其他立法程序的进行。

第三种观点认为："提出法案阶段是指被宪法、法律授予专门权限的机构或人员向立法机关提出法律案，立法机关可以把这种法律案列入议事日程，进入讨论的阶段。这种专门的权限就是立法提案权。享有立法提案的主体就是立法提案主体。"[1]这种学者对于提出法案的内涵界定也十分清晰，强调了提案的主体必须具有提案权，只有有提案权的主体才能启动立法程序，而且认为提出法案是整个立法程序的前提，从此立法机关开始了对法案的审议，并且严格区分提出法案与学者在期刊上提出自己对立法的建议和完善的构想的区别。因为对于享有立法提案权的组织或者个人提出的法案，立法机关必须加以处理，处理这些法案是立法机关的义务，立法机关对其或者否决，或者列入立法机关的议事日程，而对于报纸、杂志上的学者对立法的建议和看法的文章，立法机关仅仅可以将其列为参考，并非有义务加以处理。

综合以上三种观点来看，其实学者们对于提出法案的界定大体上是一致的，概括起来，从提出法案的要素上可以分为：提案主体，提案对象，提案程序，审议机关四个方面。其中，提案主体必须享有提案权是提出法案这一立法程序启动的前提，并非所有的组织、个人或者机关都是提案主体，必须具有提案权才是必要条件。提案的对象必须是法案，而并非其他的报纸、期刊上的立法建议文章，因为只有法案立法机关才有处理的义务。提案必须遵循严格的程序，提交立法机关审议，立法机关以会议的形式进行审议，并且审议机关必须在自己享有的权限范围内，对提出的法案进行审议和研究，如果提出的法案超出其权限范围，审议机关无权加以审议研究。

---

〔1〕　参见刘明利编著：《立法学》，山东大学出版社 2002 年版，第 133~134 页。

（二）提出法案的主体

谈到立法提案权，在世界不同的国家里，享有立法提案权的主体是不完全相同的，但概括各国具有立法提案权的主体来看，主要有以下几类："一是议会的一定数量的议员；二是议会的两院及其领导机关；三是议会的常设委员会；四是政府（行政机关）；五是国家元首；六是联邦制国家的成员国（邦、州）；七是一定数量的选民；八是国家最高审判机关和最高检察机关；九是社会团体。"[1]而我国的情况与其他国家的有所不同，根据我国《宪法》和《立法法》的规定，我国的立法机关由全国人民代表大会和全国人民代表大会常务委员会组成，因此，享有提案权的主体在我国分为全国人大的提案主体和全国人大常委会的提案主体两类。

根据我国《立法法》的规定，有权向全国人民代表大会提出法律案的组织和个人是：全国人大主席团、全国人大常务委员会、国务院、中央军事委员会、国家监察委员会、最高人民法院、最高人民检察院、全国人大各专门委员会、一个代表团或者三十名以上的代表联名。根据我国《立法法》的规定，有权向全国人民代表大会常务委员会提出法律案的组织和个人是：委员长会议、国务院、中央军事委员会、国家监察委员会、最高人民法院、最高人民检察院、全国人大各专门委员会、常务委员会组成人员十人以上联名。

（三）提出法案的程序

1. 全国人大提出法案的程序

根据我国《立法法》的有关规定，向全国人民代表大会提出法律案必须遵循以下规定：

（1）全国人民代表大会主席团可以向全国人民代表大会提出法律案，由全国人民代表大会会议审议。

（2）全国人民代表大会常务委员会、国务院、中央军事委员会、国家监察委员会、最高人民法院、最高人民检察院、全国人民代表大会各专门委员会，可以向全国人民代表大会提出法律案，由主席团决定列入会议议程。

（3）一个代表团或者三十名以上的代表联名，可以向全国人民代表大会提出法律案，由主席团决定是否列入会议议程，或者先交有关的专门委员会审议、提出是否列入会议议程的意见，再决定是否列入会议议程。专门委员

---

[1] 吴大英、任允正、李林：《比较立法制度》，群众出版社1992年版，第431~453页。

会审议的时候，可以邀请提案人列席会议，发表意见。

（4）向全国人民代表大会提出的法律案，在全国人民代表大会闭会期间，可以先向常务委员会提出，经常务委员会会议依照本法规定的有关程序审议后，决定提请全国人民代表大会审议，由常务委员会向大会全体会议作说明，或者由提案人向大会全体会议作说明。常务委员会决定提请全国人民代表大会会议审议的法律案，应当在会议举行的一个月前将法律草案发给代表。

2. 全国人大常委会提出法案的程序

根据我国《立法法》的有关规定，向全国人民代表大会常务委员会提出法案必须遵守以下规定：

（1）委员长会议可以向常务委员会提出法律案，由常务委员会会议审议。

（2）国务院、中央军事委员会、国家监察委员会、最高人民法院、最高人民检察院、全国人民代表大会各专门委员会，可以向常务委员会提出法律案，由委员长会议决定列入常务委员会会议议程，或者先交有关的专门委员会审议、提出报告，再决定列入常务委员会会议议程。如果委员长会议认为法律案有重大问题需要进一步研究，可以建议提案人修改完善后再向常务委员会提出。

（3）常务委员会组成人员十人以上联名，可以向常务委员会提出法律案，由委员长会议决定是否列入常务委员会会议议程，或者先交有关的专门委员会审议、提出是否列入会议议程的意见，再决定是否列入常务委员会会议议程。不列入常务委员会会议议程的，应当向常务委员会会议报告或者向提案人说明。专门委员会审议的时候，可以邀请提案人列席会议，发表意见。

综合以上《立法法》关于全国人大和全国人大常委会提案程序的规定，可以看出，全国人大主席团在提案程序中是处于主导和统领地位的，因为主席团不仅可以直接向全国人大提出法律案，而且主席团有权决定其他提案主体提出的法律案是否列入会议议程。同样，全国人大常委会的委员长会议在全国人大常委会接受提案的过程中也是处于与全国人大主席团同样类似的主导和统领地位。同时，在全国人大的提案程序中，全国人大常委会、国务院、中央军委、国家监察委员会、最高人民法院、最高人民检察院、全国人大各专门委员会提出的法律案直接由全国人大主席团决定是否列入会议议程，而由一个代表团和三十名代表联名提出的法律案，则是由主席团决定是否列入会议议程，或者先由主席团交由有关的专门委员会审议，提出是否列入会议议程的意见，再决定是否列入会议议程。同样，在全国人大常务委员会也存在类似的规定。常务委员会组成人员十人以上联名，可以向常务委员会提出法律案，由委员长会议决定是否列入常务委员会会议议程，或者先交有关的专门委员会审议、提出是否列入会议议程的意见，再决定是否列入常务委员会会议议程。不列入常务委员会会议议程的，应当向常务委员会会议报告或者向提案人说明。

三、审议法案

(一) 审议法案的内涵

对于审议法案的含义问题，立法学界存在着语言表述不同但内涵基本一致的观点：

第一种观点认为："审议法案是指立法机关对于根据已被通过的法律案而拟定的法律草案，按照会议的安排正式进行审查和讨论。"[1]第二种观点认为："审议法案是指立法机关以会议的形式就法律草案进行正式的审查和讨论。"[2]第三种观点认为："审议法案阶段是指立法机关及其组成人员对法律案的必要性、可行性、内容、形式等进行审查、议论、辩论并提出修改意见的阶段。"[3]从上述三种观点可以对审议法案阶段加以如下概括：从审议的主体上看，是由立法机关进行的审查和讨论活动；从审议的对象上看，是对已经通过专门委员会审查的法律草案，法案的审议过程就是法案的选择、修改和完善的过程，就是对法案的必要性与可行性等内容进行审查的过程；从审议的形式上看，立法机关是以会议的形式来对法案进行审查和讨论的，会议是体现成员合意和发扬民主的最好形式。"会议是一个合议制机关解决问题和制定决策的前提和基本框架，没有会议也就不会有议员或者代表们之间的合议，更不会有民主的立法过程。立法乃是一个国家的重要决策过程，是社会的各种利益和主张相互冲突与协调的过程，为平衡各方利益、克服偏见，使得法律能体现每一个与会议员或代表的意见，真正体现多数人的意志，避免少数人僭取立法权力实施压制性统治，就必须从制度上保证立法机关以会议

---

〔1〕 参见孙笑侠主编：《法理学》，浙江大学出版社 2011 年版，第 116 页。

〔2〕 参见黄文艺、杨亚非主编：《立法学》，吉林大学出版社 2002 年版，第 122~123 页。

〔3〕 参见刘明利编著：《立法学》，山东大学出版社 2002 年版，第 140 页。

的形式行使审议权。"[1]这就是以会议形式审议法案的意义所在。

（二）审议法案的方式

会议审议法案一个最重要的方式就是参会者在会议上的发言。由于每次开会时间紧迫，任务繁重，而且参会人数众多，一部法案若想经过充分的论证审议，必须经过参会者的大会发言使得其意见传递到会议中去，因而发言在审议法案中起到了关键的作用。关于发言问题，需要注意以下几个方面：

（1）关于发言的权力的来源。发言不是随心所欲的，也不是谁都可以在会议上发言的，如果实行自由式的发言，必将使会议处于一个混乱的局面，根本达不到审议法案的目的。因而各国一般都规定了发言必须遵循秩序，谁能发言必须经过会议主持者的同意的相关规定。根据我国《全国人民代表大会议事规则》的规定，要求在大会全体会议上发言的，应当在会前向秘书处报名，由大会执行主席安排发言顺序；在大会全体会议上临时要求发言的，经大会执行主席许可，始得发言。这说明我国全国人大审议法案时的发言是由大会执行主席决定的，而且发言必须提前报名或者征得许可，不能擅自进行。这也是保证会议有序进行、实现会议议题的关键环节。

（2）关于发言内容的规定。发言内容必须围绕审议法案的主题进行，也就是通常所说的不能"跑题"。为了实现发言的目的，发言内容必须有针对性，而且为了节约发言时间，其他发言者发言涉及过的问题，最好不要再次重复。发言者在发言前应当精心准备提炼自己的发言要点，应该做到发言简练，但切中要害，能给大会提供有参考价值的意见，而对于与法案相关主旨问题无关的事项，主持者在会议前审查时应建议其删除，或者在会议时提醒发言者要围绕主题进行发言，只有这样才能保证发言的质量和会议的效果。

（3）关于发言时间的规定。与前述发言内容紧密相关，如果发言内容冗长拖沓，必然会延长发言的时间，大量的时间浪费在了重复先前发言者表述过的问题上，这样的发言是毫无意义的，而且会占用后面发言者的大量时间，使其有意义的发言没有时间得到大会的接纳。因而对发言时间的控制也是决定会议效果成败的关键因素。纵观世界各国，关于发言时间的规定情况有所不同，有的国家按照发言者个人安排发言时间，有的国家按照政党的代表团来安排发言时间，每个政党代表团有一个总的发言时间，代表团成员的发言

---

〔1〕　参见黄文艺、杨亚非主编：《立法学》，吉林大学出版社2002年版，第123页。

时间控制在政党代表团总的发言时间之内。我国并不采用政党代表团的发言形式，根据我国《全国人民代表大会议事规则》的规定，代表在大会全体会议上发言的，每人可以发言两次，第一次不超过 10 分钟，第二次不超过 5 分钟。主席团成员和代表团团长或者代表团推选的代表在主席团每次会议上发言的，每人可以就同一议题发言两次，第一次不超过 15 分钟，第二次不超过 10 分钟。经会议主持人许可，发言时间可以适当延长。

（4）关于发言顺序和次数的规定。发言必须讲求顺序，没有先后顺序就会使得会议乱作一团。世界各国通行的做法都是在会议之前将发言者的报名由会议的主持者在征求各方意见的基础上进行顺序的排列，以保证各方的发言意见都能被大会倾听。并且在发言次数上也作了相应的规定，有的国家允许发言者就一个问题可以发言两次或者多次，而有的国家只能发言一次。根据我国《全国人民代表大会议事规则》的规定，要求在大会全体会议上发言的，应当在会前向秘书处报名，由大会执行主席安排发言顺序。主席团成员和代表团团长或者代表团推选的代表在主席团每次会议上发言的，每人可以就同一议题发言两次。

以上就是发言应当注意的相关问题，只有按照规则进行的发言才能够起到实现会议议题的目的。

（三）审议权的归属

从法案审议权的归属来看，世界各国一般分为这样几类主体："一是议员（或代表），这是审议权的基本单位。二是专门委员会，专门委员会对法案的审议主要是对法案的预备审查，包括听取提案人的报告以及举行专门的听证会，并形成工作报告，通常该报告将成为立法会议正式审议和表决的基础。三是议长（或会议主持人、委员长），他们在会议过程中是一个中立的角色，负责主持会议、指挥对法案的审查讨论、维持会议秩序等重要工作，他们在整个的法案的审议过程中具有举足轻重的地位。"[1]

在审议权的归属问题上，我国与其他国家不尽相同，我国对法律草案的审议，一般先由全国人大有关专门委员会进行审议，其中包括对法律草案的修改补充，进而由立法机关全体会议进行审议。其中审议形式还有其他的特殊形式，如代表团分组审议形式、宪法和法律委员会审议形式、大会主席团

---

〔1〕 参见黄文艺、杨亚非主编：《立法学》，吉林大学出版社 2002 年版，第 123-124 页。

审议等。对法律草案的审议主要包括以下内容："一是立法动机是否正确，立法目的是否明确；二是立法条件是否完备，立法时机是否成熟；三是法律规范的内容是否符合宪法的规定，法律条文的拟定是否体现了法制原则、民主原则和科学原则；四是立法技术是否过关，法规有无混乱矛盾之处。"[1]

（四）审议法案的程序

根据我国《宪法》和《立法法》的有关规定，我国审议法案的程序可以分为全国人大审议程序和全国人大常委会审议程序。以下分别介绍：

1. 全国人大审议法案的程序

当法律案被列入全国人民代表大会会议议程，全国人大的立法程序就进入了审议法律草案的阶段。根据《立法法》和《全国人民代表大会议事规则》的规定，全国人大审议法律草案要遵循以下程序：

（1）常务委员会决定提请全国人民代表大会会议审议的法律案，应当在会议举行的一个月前将法律草案发给代表，并可以适时组织代表研读讨论，征求代表的意见。这是对法律案下发时间的限制，这有助于代表及时拿到法律案，使其有充裕的时间对法案进行斟酌考量。

（2）列入全国人民代表大会会议议程的法律案，大会全体会议听取提案人的说明后，由各代表团进行审议。各代表团审议法律案时，提案人应当派人听取意见，回答询问。各代表团审议法律案时，根据代表团的要求，有关机关、组织应当派人介绍情况。这里规定了代表团审议法律案的程序性问题。

（3）列入全国人民代表大会会议议程的法律案，由有关的专门委员会进行审议，向主席团提出审议意见，并印发会议。列入全国人民代表大会会议议程的法律案，由宪法和法律委员会根据各代表团和有关的专门委员会的审议意见，对法律案进行统一审议，向主席团提出审议结果报告和法律草案修改稿，对涉及的合宪性问题以及重要的不同意见应当在审议结果报告中予以说明，经主席团会议审议通过后，印发会议。这里规定了专门委员会及宪法和法律委员会对法案的审议程序事项。

（4）列入全国人民代表大会会议议程的法律案，必要时，主席团常务主席可以召开各代表团团长会议，就法律案中的重大问题听取各代表团的审议意见，进行讨论，并将讨论的情况和意见向主席团报告。主席团常务主席也

---

[1] 参见孙笑侠主编：《法理学》，浙江大学出版社 2011 年版，第 116 页。

可以就法律案中的重大的专门性问题，召集代表团推选的有关代表进行讨论，并将讨论的情况和意见向主席团报告。这是针对法案遇到重大疑难问题时处理方式的程序性规定。

（5）列入全国人民代表大会会议议程的法律案，在交付表决前，提案人要求撤回的，应当说明理由，经主席团同意，并向大会报告，对该法律案的审议即行终止。这里体现了提案人对法案的撤销权。

（6）法律案在审议中有重大问题需要进一步研究的，经主席团提出，由大会全体会议决定，可以授权常务委员会根据代表的意见进一步审议，作出决定，并将决定情况向全国人民代表大会下次会议报告；也可以授权常务委员会根据代表的意见进一步审议，提出修改方案，提请全国人民代表大会下次会议审议决定。这里是对重大问题解决方式的审议程序的规定。

2. 全国人大常委会审议法案的程序

根据《立法法》的有关规定，全国人大常委会审议法案应当遵循如下程序：

（1）列入常务委员会会议议程的法律案，除特殊情况外，应当在会议举行的 7 日前将法律草案发给常务委员会组成人员。这里规定了法律草案的下发期限，规定期限有助于法律案的及时下发，以便常务委员会组成人员有充分的时间来审读法律草案的问题。

（2）列入常务委员会会议议程的法律案，一般应当经三次常务委员会会议审议后再交付表决。常务委员会会议第一次审议法律案，在全体会议上听取提案人的说明，由分组会议进行初步审议。常务委员会会议第二次审议法律案，在全体会议上听取宪法和法律委员会关于法律草案修改情况和主要问题的汇报，由分组会议进一步审议。常务委员会会议第三次审议法律案，在全体会议上听取宪法和法律委员会关于法律草案审议结果的报告，由分组会议对法律草案修改稿进行审议。常务委员会审议法律案时，根据需要，可以召开联组会议或者全体会议，对法律草案中的主要问题进行讨论。这就是对立法学界通常所称的"三读"程序的规定。"三读"程序的规定是科学立法的基本原则的有力体现。"三读"程序有助于立法机关广泛听取来自各方面的意见，科学合理地论证法律草案的可行性与必要性，避免了立法的盲目性与片面性，对"良法"的形成起到了关键的程序保障作用。

（3）列入常务委员会会议议程的法律案，各方面的意见比较一致的，可以经两次常务委员会会议审议后交付表决；部分修改的法律案，各方面的意见比较一致的，或者遇有紧急情形的，也可以经一次常务委员会会议审议即交付表决。这里规定了法律案意见一致时候的审议简化程序，有助于提高立法机关的工作效率，避免不必要的程序性重复。

（4）常务委员会分组会议审议法律案时，提案人应当派人听取意见，回答询问。常务委员会分组会议审议法律案时，根据小组的要求，有关机关、组织应当派人介绍情况。列入常务委员会会议议程的法律案，宪法和法律委员会、有关的专门委员会和常务委员会工作机构应当听取各方面的意见。听取意见可以采取座谈会、论证会、听证会等多种形式。常务委员会工作机构应当将法律草案发送有关机关、组织和专家征求意见，将意见整理后送宪法和法律委员会及有关的专门委员会，并根据需要，印发常务委员会会议。列入常务委员会会议议程的重要的法律案，经委员长会议决定，可以将法律草案公布，征求意见。各机关、组织和公民提出的意见送常务委员会工作机构。这是民主立法基本原则的充分体现，这样规定有助于充分发扬立法民主，实现多方意见的有效汇集，实现科学民主的立法决策。

（5）列入常务委员会会议议程的法律案，由有关的专门委员会进行审议，提出审议意见，印发常务委员会会议。列入常务委员会会议议程的法律案，由宪法和法律委员会根据常务委员会组成人员、有关的专门委员会的审议意见和各方面提出的意见，对法律案进行统一审议，提出修改情况的汇报或者审议结果报告和法律草案修改稿，对涉及的合宪性问题以及重要的不同意见应当在修改情况的汇报或者审议结果报告中予以说明。对有关的专门委员会的重要审议意见没有采纳的，应当向有关的专门委员会反馈。这里规定了审议法律案应遵循的具体程序，以及针对重要意见在不同情形下的处理办法。

（6）列入常务委员会会议议程的法律案，在交付表决前，提案人要求撤回的，应当说明理由，经委员长会议同意，并向常务委员会报告，对该法律案的审议即行终止。这里规定了法案提出后的撤回程序，说明提案人有撤回法案的权力。但撤回法案必须说明理由，并经委员长会议同意，同时向常委会报告。

（7）法律案经常务委员会三次会议审议后，仍有重大问题需要进一步研究的，由委员长会议提出，经联组会议或者全体会议同意，可以暂不付表决，交宪法和法律委员会、有关的专门委员会进一步审议。列入常务委员会会议审议的法律案，因各方面对制定该法律的必要性、可行性等重大问题存在较大意见分歧搁置审议满两年的，或者因暂不付表决经过两年没有再次列入常务委员会会议议程审议的，委员长可以决定终止审议，并向常务委员会报告；必要时，委员长也可以决定延期审议。这里是对争议不下的法案如何处理问题的规定，由于法律草案涉及的利益广泛，难免会有一时间无法达成妥协意见的情况，因而法律对如何处理明确做了规定，而且对于意见分歧较大且搁置两年的法案，可以终止审议。例如，1999 年全国人大启动《行政强制法》立法工作以来，该法自 2005 年首次审议，到 2011 年 6 月 30 日全国人大常委会 21 次会议审议通过时已审议五次。2009 年第三次审议后，全国人大常委会向社会公开征求对草案的意见，共收到 3800 多条意见和建议。时任全国人大常委会法工委副主任信春鹰表示："一般情况下，一个法律草案审议几次，主要是取决于法律调整的社会关系的复杂程度和社会共识的达成程度。而较已经制定的行政诉讼法、行政复议法、行政处罚法、行政许可法，行政强制法因为直接涉及规范政府的行政强制权，涉及的问题比前面几部法律更加复杂。"[1]

四、表决法案

(一) 表决法案的内涵

关于表决法案内涵的表述，学者的观点也近乎相似，一般有如下几种观点：

第一种观点认为："表决法案是指立法机关对于经过审议的法律草案进行表决，正式表示同意或者不同意的活动。"[2]第二种观点认为："表决法案是指立法会议成员以各自对法案的赞成或者反对的态度决定立法机关意志的行为。"[3]第三种观点认为："表决法案是指有立法权的机关和人员对议案表示的态度：赞成、反对或弃权。"[4]概括学者们的观点不难看出，表决法案内涵主要有以下几个要素：表决法案的主体是有立法权的机关或者人员，表决的对象都是经过审议的法律草案，表决的结果一般就是立法机关对于法律草案

---

〔1〕 参见徐凯、李湘宁："行政强制法出台历时 12 年 5 次审议"，载财经网 2011 年 6 月 30 日。

〔2〕 参见孙笑侠主编：《法理学》，浙江大学出版社 2011 年版，第 116 页。

〔3〕 参见黄文艺、杨亚非主编：《立法学》，吉林大学出版社 2002 年版，第 131 页。

〔4〕 参见舒国滢主编：《法理学导论》，北京大学出版社 2006 年版，第 189 页。

的态度，或者赞成或者反对或者弃权。在这里有必要对表决法案和通过法案的关系作一些理清：立法议案的表决和通过从关系上看联系紧密，但从逻辑上看并不是同一个概念。有学者认为：对立法议案进行表决，是有权的机关和人员对立法议案表示最终的、具有决定意义的态度——表决者最后对立法议案是赞成还是不赞成的态度。表决的结果直接关系到立法议案究竟能否成为法律这样一个核心问题，因此它是立法过程中最重要的一个阶段。经过表决，立法议案如果获得法定数目以上人的赞成、肯定、同意，即为通过。[1]我们认为，除此之外，两者的不同点表现在诸多方面，一般情况下，作为表决结果的一种，如果法案获得法定人数中的多数意见的赞成，那么就是法案的通过。表决结果还有可能出现另外一种结果，如果没有获得法定数目以上人数的同意，那么就是法案没有通过。因此在整个的立法程序中，表决法案是关系到法律是否存在的关键步骤和环节。

表决法案的程序也是区分立法权与行政权的重要标志。行政权的运行是追求效率的，而且一般是由行政首长的意志决定的，虽然也会听取一定的意见，但是行政权的便民高效原则决定了行政权运行的程序不会是多数人意志的表决。这正如有的学者所言："法案的表决程序代表着立法与行政两种决策方式的分野，立法机关区别于行政机关的根本特征，在于通过一定数量的成员表决形成决议的决策程序。行政机关在进行重大问题的决策时也会采取讨论的方式，但以长官意志的贯彻为原则。然而，立法机关本质上是一个民意代表机关，特别是合议制的现代立法机构的贯彻，已使表决成为议员或代表各自意思汇集成机构意志的基本方式。"[2]

（二）表决法案的方式

关于表决方式，主要就是指通过什么样的方式来表达意向的问题。按照不同的标准可以分为不同的类型。

1. 公开表决和秘密表决

公开表决通常的理解就是表决的时候表决者以外界能够了解的自己态度方式进行的表决。公开表决可以是记名方式的，也可以是不记名方式的。不记名方式的公开表决一般可以通过口头表决、举手表决或者起立表决等方式

---

〔1〕 参见韩强：《程序民主论》，群众出版社 2002 年版，第 182 页。
〔2〕 参见黄文艺、杨亚非主编：《立法学》，吉林大学出版社 2002 年版，第 132 页。

进行，这样既不用记载每个表决者的姓名，也可以一目了然地看出哪个表决者是同意法案以及哪个表决者是反对法案。这样做的目的是可以节省会议的时间，以利于表决结果的快速形成。要注意的是，不记名的表决方式不等于秘密的表决方式，不记名表决只是强调表决者不需要记载自己的姓名，但是不等于不公开表决者的表决意思。记名的公开表决主要有：一是记名投票表决，顾名思义，就是表决者在投票的时候，在表决票上不但写明自己是同意还是不同意表决的法案，更要在表决票上写上自己的姓名。然后由主持者进行票数统计，以表决票的结果决定法案的通过与不通过。二是分行表决，这种表决方式在英国议会下院被经常采用，分行表决方式又叫分组列队表决方式，主持方首先会准备两扇门抑或是类似门一样的通道类形式的实物，进而由同意法案与不同意法案的表决者分别通过两扇门后进行列队，然后主持方会统计出通过门后的赞成方的人数与反对方的人数，最后由各个列队的赞同者与反对者人数的多少来决定法案的通过或者不通过。三是点名表决，又叫唱名表决，就是由主持方的按照表决者的名单进行依次点名，然后由表决者逐一回答自己是赞成还是反对法案，最后统计记载人数而判断法案命运的一种表决方式。记名公开表决与不记名公开表决相比，记名公开表决的准确性比较高，可以通过统计记载清晰的统计出具体的同意或者不同意的人数，但是记名公开表决由于程序复杂，因而所花费的时间比较长，而不记名公开表决虽然时间较为节约，但是误差较大。

秘密表决通常的理解就是采用表决者的态度不为外界所了解的方式进行的表决。但是秘密表决的方式完全可以是公开的。秘密表决最常见的就是无记名投票表决方式，这是与记名投票方式相对的一种表决方式，无记名投票方式就是表决者在投写表决票的时候，不但不公开自己对表决法案的态度，而且不必在表决票上记载自己的姓名，最后仅仅由主持方针对表决票是否有效作出判断，进而对于有效的表决票上的记载事项，进行赞同或者反对的统计，最后依据统计数字决定法案的命运。无记名投票表决方式与记名投票表决方式的最大区别就在于是否在表决票上记载表决者姓名，这也是区别公开表决和秘密表决的关键。除了不记名投票表决方式以外，秘密表决方式还有投球表决方式，这种方式一般是先由主持方准备不同颜色的代表赞同或者反对法案的小球，比如红色表示反对，绿色表示赞同，黄色表示弃权。然后由表决者分别将不同颜色的小球投入不同的容器中，进而通过同样数量小球的多少来决定表决法案的命运。使用无记名电子表决器表决的方式是现代科技应用于法案秘密表决领域的最好表现，告别了通过人工统计表决票带来误差错误的弊端，表决者通过在每个表决者的座位上安装的代表赞成、反对或者弃权的电子表决器表达自己的意思，然后表决器会自动记录统计表决结果，这样表决者便通过表决器来表决法案的命运。

公开表决与秘密表决相比，其优点在于公开表决可以清楚地了解每个表决者的态度，进而便于对其进行监督，而且公开表决过程也可以防止表决的腐败，使得法案的表决过程透明阳光。但是公开表决的弊端在于，由于其必须公开表决者的姓名，因而表决者容易受到来自利益集团或者其他方面的压力而不敢投出自己的反对票，这样反而使得公开表决成了潜在专制的土壤。而秘密表决方式正好克服了公开表决的弊端，其优点在于表决者可以更加充分地表达自己的意思而不用顾虑利益集团或者其他方面的因素的压力，而且还可以实现表决结果的高效统计，能够真实反映表达者对于法案的态度。但是秘密表决的弊端在于由于法案的表决过程并不是公开的，因而容易引发立法的腐败，导致立法被利益集团操纵来为自己利益服务。由此可见，两种表决方式各有优劣，因而各国在使用表决方式方面会斟酌考虑这两种表决方式的优缺点与自己国情相结合，采用不同的表决方式来实现本国的要求。

2. 整体表决和逐步表决

整体表决的通常理解就是表决者就整个法案的表决，表决者的赞成、反对以及弃权的态度是针对法案整体作出的。相对而言，逐步表决就是表决者对法案进行的分条、分节或者分章的表决，之所以称其为逐步，是因为并非针对法案整体的一次性表决，而是分阶段分步骤地对法案的条文表决通过后，再针对整个法案进行表决的过程。逐步表决的方式主要有两种：一是仅仅先表决具有重大争议的条款或者章节的逐步表决方式；二是先对整个法案进行逐条、逐节或逐章的表决，而不论其是否具有意见分歧的逐步表决方式。[1]

整体表决与逐步表决相比，整体表决的优点在于，一次性的针对整体法案的表决有利于法案的一次性通过，节约时间促进立法效率的实现，但是整体表决不利于民主的发扬，不利于表决者针对具体某个或者某节法条表示反对意见，而逐步表决更加侧重于民主的价值取向，可以针对具体条文实现表

---

[1]　参见徐向华主编：《新时期中国立法反思》，学林出版社 2004 年版，第 433~434 页。

达者意思的有效表达，但是逐步表决一般更加的耗时耗费精力，不是特别符合立法经济的原则。正是由于以上的原因，世界各国通常采用整体表决的方式，而只有少数国家采用了逐步表决方式。[1]例如，《意大利共和国宪法》第 72 条规定："法律案提出于国会一院时，依其议事规则，首应由委员会审查，次由议员逐条审查，最后以投票决定之。"《比利时王国宪法》第 76 条规定："法律案非经议员逐条表决，不得通过之。"

（三）我国表决法案的程序

根据我国《全国人民代表大会议事规则》的规定，会议表决议案采用投票方式、举手方式或者其他方式，由主席团决定。因而全国人大主席团在每次召开会议之前都会通过本次会议的表决方式，例如 2001 年 3 月 4 日，第九届全国人民代表大会第四次会议主席团第一次会议决定：根据《全国人民代表大会议事规则》的有关规定，主席团决定，第九届全国人民代表大会第四次会议表决议案和法律案采用按表决器的方式，由全体代表的过半数通过。如表决器在使用中临时发生故障，改用举手表决的方式。全国人大对法律案的表决一般采取整体表决的方式，而不实行逐步表决方式，但是在个别情况下，在我国的立法实践中，全国人大也曾实行过就个别条文进行单独表决的情况，"比如 1980 年五届全国人大三次会议表决《婚姻法（草案）》时，曾就法定婚龄进行过单独表决；1989 年七届全国人大常委会第十一次会议表决《城市居民委员会组织法（草案）》时，曾就居民委员会是否可以搞生产问题进行单独表决"。[2]

关于通过法律案的人数，世界各国有不同的规定，一般宪法的通过需要出席会议的议员或者代表的 2/3 或者 3/4 以上的多数通过。普通法律案的通过一般为出席会议的全体议员或者代表的过半数通过。我国的《宪法》和《立法法》就对我国法律通过的法定人数问题作了具体规定。根据我国《宪法》第 64 条的规定："宪法的修改，由全国人民代表大会常务委员会或者五分之一以上的全国人民代表大会代表提议，并由全国人民代表大会以全体代表的三分之二以上的多数通过。法律和其他议案由全国人民代表大会以全体

---

〔1〕 参见周旺生：《立法学教程》，北京大学出版社 2006 年版，第 261 页。
〔2〕 参见易有禄：《正当立法程序研究——以立法权正当行使的程序控制为视角》，中国社会科学出版社 2009 年版，第 218 页。

代表的过半数通过。"我国《立法法》第 27 条规定："法律草案修改稿经各代表团审议，由宪法和法律委员会根据各代表团的审议意见进行修改，提出法律草案表决稿，由主席团提请大会全体会议表决，由全体代表的过半数通过。法律草案修改稿经常务委员会会议审议，由宪法和法律委员会根据常务委员会组成人员的审议意见进行修改，提出法律草案表决稿，由委员长会议提请常务委员会全体会议表决，由常务委员会全体组成人员的过半数通过。单独表决的条款经常务委员会会议表决后，委员长会议根据单独表决的情况，可以决定将法律草案表决稿交付表决，也可以决定暂不付表决，交宪法和法律委员会、有关的专门委员会进一步审议。"

五、公布法

(一) 公布法的内涵

关于公布法的内涵，立法学界有着不同的表述。第一种表述是："法律的公布是指立法机关将获得通过的法律依法定形式公之于众（社会）的一个法定程序。"[1]第二种表述是："法律文本的公布就是将立法会议通过的法律文本在公开的发行渠道上予以正式颁布。"[2]第三种表述是："法律的公布亦可称为公布法律，是指立法机关或国家元首将已通过的法律以一定的形式予以公布，以便全社会遵照执行。"[3]第四种表述是："公布法的内涵有狭义和广义之分。狭义的公布法律，是指有权主体对立法机关通过的法律依特定程序审查批准后，在特定的时限内，以特定方式予以公开发布的专门活动；广义的公布法律，是指有权主体对立法机关通过的法律，经审查批准或不经审查批准，在特定的时限内，以特定方式予以公开发布的专门活动。二者之间的区别主要在于，在狭义的公布法律的概念之下，享有法律公布权的主体必定握有对立法机关所通过的法律进行最后审查批准的权力，是在审查批准的基础上予以公布，若经审查未予批准，则不予公布。这类的法律公布主体享有立法复议权或者立法否决权，这是许多国家采取的法律公布制度，这种公布方式实际上是政府（行政机关）制衡议会（立法机关）的一种有效手段。而

---

〔1〕　参见孙笑侠主编：《法理学》，浙江大学出版社 2011 年版，第 117 页。

〔2〕　参见黄文艺、杨亚非主编：《立法学》，吉林大学出版社 2002 年版，第 139 页。

〔3〕　参见舒国滢主编：《法理学导论》，北京大学出版社 2006 年版，第 189 页。

在广义的公布法律概念之下，公布法律的主体通常无权对立法机关通过的法律作出评判，而是必须依照立法机关的决定将法律予以公布。因此，在采取这种法律公布制度的国家，法律公布权实际上是一种'虚置权'，它不能在政府（行政机关）和议会（立法机关）之间形成一种有效的制衡关系。"[1]

（二）我国公布法的程序

根据上述学者关于公布法概念广义的解释，我国立法机关采用的就是广义上的法律公布方式。我国《宪法》第 80 条规定："中华人民共和国主席根据全国人民代表大会的决定和全国人民代表大会常务委员会的决定，公布法律……"《立法法》第 28 条规定："全国人民代表大会通过的法律由国家主席签署主席令予以公布。"《立法法》第 47 条规定："常务委员会通过的法律由国家主席签署主席令予以公布。"也就是说，在我国公布法律的权力是由国家主席依据立法机关的决定来行使的。

同时关于我国法律的公布方式，一般都是在立法机关的刊物上或者在特别规定的其他刊物上公布。比如《立法法》第 62 条规定："签署公布法律的主席令载明该法律的制定机关、通过和施行日期。法律签署公布后，法律文本以及法律草案的说明、审议结果报告等，应当及时在全国人民代表大会常务委员会公报和中国人大网以及在全国范围内发行的报纸上刊载。在常务委员会公报上刊登的法律文本为标准文本。"第 78 条规定："行政法规签署公布后，及时在国务院公报和中国政府法制信息网以及在全国范围内发行的报纸上刊载。在国务院公报上刊登的行政法规文本为标准文本。"第 89 条规定："地方性法规、自治条例和单行条例公布后，其文本以及草案说明、审议结果报告等，应当及时在本级人民代表大会常务委员会公报和中国人大网、本地方人民代表大会网站以及在本行政区域范围内发行的报纸上刊载。在常务委员会公报上刊登的地方性法规、自治条例和单行条例文本为标准文本。"第 97 条规定："部门规章签署公布后，及时在国务院公报或者部门公报和中国政府法制信息网以及在全国范围内发行的报纸上刊载。地方政府规章签署公布后，及时在本级人民政府公报和中国政府法制信息网以及在本行政区域范围内发行的报纸上刊载。在国务院公报或者部门公报和地方人民政府公报上刊登的规章

---

[1] 参见易有禄：《正当立法程序研究——以立法权正当行使的程序控制为视角》，中国社会科学出版社 2009 年版，第 227~228 页。

文本为标准文本。"这些条文都规定了不同级别效力的法律的公布方式和办法。

公布法律是整个立法程序的最后环节，任何一项法律在获得通过后如果不按照法定的程序予以公布，该法律对于人们来说是秘而不宣毫无拘束力的，只有完成了公布法律的最后一个步骤，立法程序才能臻于完美，法律才能真正地成为调整人们行为的社会规范。

【法律规范】

《立法法》

第17条　全国人民代表大会主席团可以向全国人民代表大会提出法律案，由全国人民代表大会会议审议。

全国人民代表大会常务委员会、国务院、中央军事委员会、国家监察委员会、最高人民法院、最高人民检察院、全国人民代表大会各专门委员会，可以向全国人民代表大会提出法律案，由主席团决定列入会议议程。

第18条　一个代表团或者三十名以上的代表联名，可以向全国人民代表大会提出法律案，由主席团决定是否列入会议议程，或者先交有关的专门委员会审议、提出是否列入会议议程的意见，再决定是否列入会议议程。

专门委员会审议的时候，可以邀请提案人列席会议，发表意见。

第22条　列入全国人民代表大会会议议程的法律案，由有关的专门委员会进行审议，向主席团提出审议意见，并印发会议。

第27条　法律草案修改稿经各代表团审议，由宪法和法律委员会根据各代表团的审议意见进行修改，提出法律草案表决稿，由主席团提请大会全体会议表决，由全体代表的过半数通过。

第28条　全国人民代表大会通过的法律由国家主席签署主席令予以公布。

【论点要览】

《代议制政府》（［英］J. S. 密尔著，汪瑄译，商务印书馆1982年版）：人数众多的议会，既不适于直接的行政事务，也不适于直接的立法事务。几乎没有任何脑力工作像立法工作那样，需要不仅是有经验和受过训练，而且通过长期而辛勤的研究训练有素的人去做。这就是为什么立法工作只有由极少数人组成的委员会才能做得好的充分理由，即使没有其他理由的话。一个具有同样决定意义的理由是，法律的每个条款，必须在准确而富有远见地洞察到它对所有其他条款的效果的情况下制定，凡制定的法律必须能和以前存在的法律构成首尾一贯的整体。当法律在五方杂处的议会里逐条逐项交付表决时，要在任何程度上满足这些要求是不可能的。

《转变中的法律与社会》（［美］诺内特、塞尔兹尼克著，张志铭译，中国政法大学出版社 1994 年版）：在解决公民之间的纠纷和评估各种有利或不利于国家的要求时，法律体系所提供的最显著、最别具一格的产品就是程序公平。

《立法：理想与变革》（江国华，山东人民出版社 2007 年版）：尽管立法在不同时代背景和政治制度下显出不同的形态，但无论是古希腊雅典和古罗马民主政体中的立法，还是此后漫长的专制社会的立法，抑或是今天的立法，都是以恪守既定的程序为圭臬。可以说，任何时代的立法都讲究程序，现代社会的立法尤其讲究程序的正当性。

《立法制度与技术原理》（侯淑雯，中国工商出版社 2003 年版）：立法程序是指有权立法的机关为了实现一定的立法目的，通过法定形式而设立的用以规范立法主体的立法行为的一系列的次序、步骤和方法。它不仅存在于法的创制过程中，同样也存在于法的完备过程中。

《法理学》（孙笑侠主编，浙江大学出版社 2011 年版）：提出法案是指依法享有专门权限的国家机关或者个人向立法机关提出的有关法律案或关于制定、修改、补充或废止某项法律的建议。

【典型案例】

案例一：《行政强制法》的"六年五审"

基本材料：

《行政强制法》是我国继《行政处罚法》《行政许可法》《行政复议法》《行政诉讼法》和《国家赔偿法》之后的又一部规范行政法关系的行政基本法，是规范行政强制的设定和实施、保障和监督行政机关依法履行职责与保护公民合法权益的重要法律。

1999 年 3 月，我国开始了《行政强制法》的起草工作，在多次调研并广泛征求国务院部门、全国人大和地方人大、各方专家意见的基础上，初步形成了《行政强制法（草案）》。2005 年 12 月，十届全国人大常委会十九次会议对草案进行第一次审议。在随后的六年时间里，《行政强制法（草案）》经过了全国人大常委会的五次审议，最终于 2011 年 6 月 30 日，在十一届全国人大常委会二十一次会议上获得通过。这部行政法律的通过，是在新的起点上，对中国特色社会主义法律体系的进一步完善，弥补了行政法律规范体系中的一个重要缺口，对中国特色社会主义法治建设而言具有深远的历史意义。

《行政强制法》经历了严格的立法程序审议，在六年内共经历五次审议才获通过。早在 2005 年一审时就有人反对制定《行政强制法》，比如当时陈建生等多位委员认为，公民本来就是弱势群体，再强调给予行政机关行政强制权力，恐怕会引起很多矛盾，建议立法缓一缓。中国法学会行政法学研究会会长应松年认为，强制法的核心是规范行政强制权，既需要承认强制的正当性，但又要看到行政强制权很严厉，用得不好会伤人，而且伤害很大，所以一定要慎重。一审后，该法即因各种分歧而进入漫长的立法过程。在 2007 年二审时，根据委员的意见草案修改了相关内容。比如限制人身自由的强制措施，应有更严格的程序约束，查封、扣押的物品限于涉案财物，不得查封、扣押与违法行为无关的财物，加处罚款或者滞纳金的数额不得超出金钱给付义务的数额。在 2009 年三审时，草案增加了相关规定，比如有关行政强制措施权不得委托，行政强制措施应当由行政机关具备资格的正式执法人员实施，其他人员不得实施，不得查封、扣押公民个人及其所扶养家属的生活必需品，执行错误的，应当恢复原状或按市场价折价赔偿。

根据《立法法》规定，搁置审议满两年的法律案将终止审议，在 2007 年和 2009 年的两次审议，都属于避免该法律案成为"废案"的审议。不过这两次审议中，各方分歧在逐步地减少，直至 2011 年 4 月的第四次审议，基本上对立法的必要性达成了共识。在 2011 年四审时，规定了地方不得设行政强制措施，同时规定了延长冻结的决定应当及时告知当事人，并说明理由。在五审时，针对行政强制措施种类的最后一种"其他行政强制措施"这一兜底条款，为防止被滥用，草案规定，尚未制定法律且属于国务院行政管理事项的，行政法规可以设定除限制公民人身自由、冻结存款、汇款和应当由法律规定的行政强制措施以外的其他行政强制措施，公民、法人或者其他组织可以向行政强制的设定机关和实施机关，就行政强制的设定和实施提出意见和建议。就这样，经过了六年的五次审议，《行政强制法》终于与世人见面了。

（资料来源：杨华云："行政强制法五审获通过，不得采取断水等方式强执"，载《新京报》2011年7月1日。）

提示与问题：

（1）结合立法学知识，《行政强制法》的制定应遵循怎样的立法程序？

（2）结合案例，如何评价《行政强制法》"六年五审"的出台过程？

（3）《行政强制法》的制定，对中国的法治建设具有怎样的影响？

案例二：深圳市人大常委会否决《深圳经济特区政府投资项目审计监督条例》

基本材料：

几经修改的《深圳经济特区政府投资项目审计监督条例（草案修改三稿）》第四次提交深圳市三届人大常委会三十一次会议审议，表决时未获通过。2004年4月，深圳市三届人大常委会召开三十一次会议，审议表决《深圳经济特区政府投资项目审计监督条例（草案修改三稿）》，常委会全体会议组成人员37人，出席常委会会议34人，对草案的赞成者只有18人，未超过常委会全体组成人员总数37人的半数，该草案第四次遭到否决。法规草案经过四次审议而还未获通过的情况，在深圳市人大立法史上尚属首次。

在深圳市人大常委会组成人员审议的过程中，法规草案未获通过的主要原因就在于针对有关项目竣工决算审计是否前置这一焦点问题存有较大的分歧。常委会委员们在进行分组审议时，针对这一症结进行了广泛深入的讨论。有的委员认为，坚决反对项目竣工决算的前置性审计，因为如果项目竣工了，先进行了竣工决算而后才付清工程款，是不符合《合同法》有关规定的，政府部门很有可能因此而出现违约，因而不主张审计前置。而另一种意见主张，项目竣工决算审计前置是有效的，因为他们认为以前实施的有关法规，都将项目竣工决算审计前置，实践证明这一做法是卓有成效的，而且他们从制定项目审计监督条例的立法目的出发，认为制定项目审计监督条例的目的就是有效的监督政府工程资金的出入，堵塞政府工程资金的漏洞，因而必须将项目竣工决算审计作为支付工程款的依据，只有审计合格付清工程款的前提，并且这么做也可以控制政府诸多的不合理支出，以避免政府的投资损失难以挽回的情况。以上这两种截然不同的观点在草案的表决时得到了充分体现，出席常委会会议 34 人中，赞成草案的只有 18 人，其余的均为反对票和弃权票。因而导致该草案未获通过。

会后深圳市人大法工委同有关部门对焦点问题进行了认真的研究，就此问题征求了更多专家学者的意见并做了大量的论证工作。最后认为，一般都是规模较大的政府投资项目才需要进行审计，这些项目的建设工期常常会持续几年甚至更长。如果等到整个工程竣工决算审计后，才付清单个工程合同预留款，显然是不合理的。因此，"竣工决算未经审计不得付清预留工程款"这样绝对化的条文应当删除。他们同时认为，尽管不宜作上述规定，但是工程审计的作用也不能弱化，否则政府资金有可能会大量的流失。因此把涉及法规修改草案的争议焦点问题的条文重新规定为：建设单位在订立与政府投资项目有关的各项合同时，应当约定一定比例的预留价款。根据年度审计项目计划需要进行审计的，预留的价款在结算审计后结清。政府投资项目经过竣工决算审计后，方可办理产权登记和移交手续。草案在修改后，打算再次提交深圳市人大常委会审议。

有关法学专家认为，政府期望提高办事效率的动机不假，而且在利益上向自我倾斜的意向是可以理解的，但绝对不能使有缺陷的法规草率出台。深圳市人大常委会否决草案的背后，凸现人大立法的审慎，再次印证了人大立法的科学民主，坚决将不合法律门槛的法案排斥在法律圣殿之外。

（资料来源：[1] 贺平涛："深圳一条例四审未通过，人大常委会否决法规草案"，载《南方日报》2004 年 4 月 18 日；[2] 任宣："深圳市人大常委会会议表决未通过《政府投资项目审计监督条例（草案修改稿）》"，载《人民之声》2004 年第 5 期。）

提示与问题：

（1）深圳市人大常委会否决法规草案说明了什么？

（2）深圳市人大常委会为何否决法规草案？

（3）结合立法学知识，如何评价深圳市人大常委会否决草案的行为？

⫽⫽【参考书目】

周旺生：《立法学》（第 2 版），法律出版社 2009 年版，第十章。

黄文艺、杨亚非主编：《立法学》，吉林大学出版社 2002 年版，第八章。

刘明利主编：《立法学》，山东大学出版社 2002 年版，第六章。

【分析思考】

（1）试述正当程序的意义。

（2）简述立法程序的概念和特征

（3）分析思考立法程序的阶段内容。

（4）如何理解提出法案与审议法案的关系？

（5）如何理解表决法案与公布法案的区别？

//**【内容概要】**//

立法技术是立法活动中所遵循的用以促使立法臻于科学化的方法和操作技巧的总称。它包括立法的一般方法与基本策略。

//**【基本原理】**//

一、立法技术的概念

关于立法技术的概念问题，学术界有诸多不同的认识。

有的观点认为，立法技术是立法活动中所遵循的用以促使立法臻于科学化的方法和操作技巧的总称。[1]持这种观点的学者是从三个方面来认识立法技术的：第一，立法技术是一种方法和操作技巧的总和。从这个意义上看，立法技术只是立法活动中的一种手段而已，古语言："工欲善其事必先利其器。"立法活动也是一样，立法者要想制定出符合社会需要的良法，首先必须从立法技术上做起，没有行之有效的立法技术，那么制定出来的法律肯定也是粗制滥造、会被社会所唾弃。因而，立法技术就是这样一种工具和手段，不同于立法原理等观念上的形态，而是能够付诸实践中具体操作的一些规程。第二，立法技术是在立法活动中所遵循的方法和技巧。这就说明了立法技术的运用领域是有针对性的，完全是针对在立法活动进行的过程中所需要的方法和技术而言的，离开了立法活动，立法技术当然也就失去了存在的领域。这与社会生活中的其他技术一样，比如建筑工程有建筑工程所需的技术和方

---

〔1〕 参见周旺生：《立法学》（第2版），法律出版社2009年版，第375页。

法、计算机程序编辑有其自身的技术和规则、竞技体育运动也有其自身的规则和技巧、医疗手术技术离开了赖以生存的医疗手术领域也会成为无本之木，等等，立法技术也一样，立法技术产生于立法的活动过程，又反而服务于整个的立法过程与实践，而且立法技术的产生与推广应用是不分国界不分法系的，一种先进的立法技术的出现可以对整个世界的立法活动的发展起到广泛的推动作用，因而立法技术对立法活动的价值不言而喻。第三，立法技术是用来使得立法臻于科学化的方法和技巧。从这个意义上看，立法技术的目的与价值就是使得立法臻于科学化，一切手段都是为实现一定目的服务的，立法技术作为一种手段也是同样，立法技术本身不是目的，而促使立法实现科学化才是立法技术存在的最重要的价值。立法技术的有效运用，不仅会使得立法活动过程变得顺利有条理，而且立法技术的运用还会使得立法活动朝着立法者的立法宗旨的方向迈进，才不会使得立法活动脱离社会客观条件，才不会使得立法活动违背社会发展的客观规律。因而，立法技术对于真正实现立法的科学化原则发挥着举足轻重的作用。

有的观点认为，所谓立法技术，是指立法者在立法活动中为了使创制的法律、法规在法的形式和法的内容方面尽可能高效率地趋于科学与合理，同时也使其与整个法律体系达至和谐与协调的各种实践操作技巧与方法的总称。[1]与第一种观点类似，这种观点也是将立法技术界定为一种实践操作技巧与方法，而且这种技巧与方法的目的在于使得立法活动从内容和形式两个方面将法律制定的尽量趋于科学合理，而且使得整个法律体系达到和谐的程度。

有的观点认为，立法技术是指在法的创制活动中所应体现和遵循的有关法的创制知识、经验、规则、方法和操作技巧等的总称。具体地讲，立法技术主要是指法律的内部结构和外部结构形式、法律的修改和废止方法、法律的文本、法律的系统化等方面的规则。立法技术是在立法工作实践中所形成的规则，可以使得法律的表达形式臻于完善。同时，该观点的学者重点探讨了立法技术对于立法活动的价值：第一，立法者可以有效地利用立法技术，在立法过程中明确地表达立法者的意志，保证法律的表达形式同要表达的法律的内容相符合，便于对法律作出统一的解释和适用；第二，立法机关可以

---

[1]　参见黄文艺、杨亚非主编：《立法学》，吉林大学出版社 2002 年版，第 95 页。

利用立法技术，及时制定新的法律，并且及时地进行法律的立、改、废、释活动；第三，立法机关可以利用立法技术，对已经颁布的法律进行法律汇编，以便更好地对其适用；第四，立法机关还可以利用立法技术，对法律进行法典编纂活动，消除现行法的某些缺陷，并制定内容统一的新的法典。[1]

有的观点认为，立法技术要从广义和狭义两个角度来理解。[2]广义上，同立法活动有关的一切规则都属于立法技术的范围，大体可以分为三类：一是规定立法机关的组织形式的规则，包括立法机关的产生、立法机关的组成、立法机关的职权、立法机关的任期、立法机关的会议形式等；另一类是规定立法程序的规则，包括提出、讨论法案，通过、公布法律等形式等；还有一类是关于法律的外部结构和内部结构的形式、法律的修改和废止的方法、法律的文本、法律的系统化的方法等方面的规则。从狭义上说，只有关于法律的外部结构和内部结构的形式、法律的修改和废止的方法、法律的文本、法律的系统化方法等方面的规则才是立法技术的范畴。因而诸多学者也采用的是狭义上的立法技术的概念，比如有的学者认为，立法技术是指有权的立法机关依循法律之结构、体例与法案格式运用妥适之法律用语，将立法政策转换成具体法律条文之手段和技巧。[3]还有的观点认为，立法技术应是在特定的国家立法实践中历史地形成的、为立法者用来正确表达和反映社会立法目的、制定法律规范的各种规则的总和。[4]这种观点的学者也是从广义的角度来界定立法技术，其认为研究立法技术的目的在于更好地实现立法目的，因而立法技术与立法目的紧密相连，而且立法技术也与立法活动的规则紧密相关，立法规则是在立法实践过程中形成的，而且也是立法者为了使立法更加科学合理总结出的，因而立法技术与立法规则不应该严格地区分开来。

与此同时，周旺生教授对从广义和狭义两个角度理解立法技术表示了自己的看法，认为对立法技术从广义和狭义两个角度来理解都是有其弊端的，因而其对此作出了澄清："这种理解要么把立法技术的范围划得过于大，连立法程序规则、立法机关组织规则也当作了立法技术，混淆了立法技术与立法制度尤其是与立法规则的界限；要么把立法技术的范围看得过小，否定立法

---

〔1〕 参见孙笑侠主编：《法理学》，浙江大学出版社 2011 年版，第 117 页。
〔2〕 参见吴大英、任允正、李林：《比较立法制度》，群众出版社 1992 年版，第 629 页。
〔3〕 参见曹叠云：《立法技术》，中国民主法制出版社 1993 年版，第 34 页。
〔4〕 参见刘明利编著：《立法学》，山东大学出版社 2002 年版，第 158 页。

活动过程中除营造法的结构技术以外的其他方法和操作技巧也属于立法技术范畴。应当明确，立法技术的范围不是大得无边，立法技术和立法活动规则是两个不同的范畴。在大量的立法规则中，有的是立法技术范畴，比如立法过程中的方法、策略规则、营造法的结构规则；而有的是立法制度的范畴，比如立法机关组织规则、立法程序规则；而还有的是立法原理范畴，比如立法的基本原则。而且法的构造技术无疑是立法技术中非常重要的内容，但是立法技术绝不仅仅限于营造法的结构这一个方面，在整个立法活动过程的绝大多数环节上都有技术问题。"[1]因而从周旺生教授的观点来看，没有必要对立法技术进行广义和狭义的区分，只需要明确，立法技术是立法活动中所遵循的一种方法和操作技巧就可以了，而且这种方法和操作技巧的目的在于促使立法臻于科学化。

二、立法的一般方法

(一) 理论与实际相结合

理论与实际相结合是马克思主义的基本原则之一，是对待马克思主义的态度的问题，马克思主义为我们提供了行动的指南，然而结合到具体的中国革命与实践，会有着与马克思主义理论不同的情况与问题。因而，在将马克思主义理论运用到中国具体革命与实践的过程中，就需要做到马克思主义理论与中国革命实践的结合，只有在对中国革命的历史和实践进行认真研究的基础上，才能运用马克思主义对中国的革命做出正确的行动指引，也只有这样才真正领会了实事求是、一切从实际出发的理论精神。

具体到立法领域也是同样的道理。中国的立法活动必须严格遵循立法理论与立法实践相结合的工作方法，在立法活动中坚持马克思主义关于辩证唯物主义和历史唯物主义的观点和方法，将立法工作实践同立法的科学理论联系起来，充分运用法学理论在立法学方面的研究成果从各个方面来更好地指导立法活动过程，以制定出符合客观实际需要、体现社会发展客观规律以及能够解决实际问题的法律，促进立法实践工作的科学化、理论化与规律化。只有做到了立法坚持理论与实践相结合，立法活动才能真正地符合国情的需要，更好地适应中国地理环境、文化传统差异以及民族构成复杂的要求，才

---

〔1〕 参见周旺生：《立法学》（第 2 版），法律出版社 2009 年版，第 376~377 页。

能使得立法者制定出来的法律更好地体现不同社会群体的利益要求，才能使得立法工作不至于变成对社会生活僵化刻板的临摹，才能使得立法从宏观大局把握整体法治建设的进程，促进立法活动更好地为中国特色社会主义事业服务。

　　在立法中坚持理论与实践相结合的方法，要求立法必须尊重中国的客观实践，而不能从主观出发，应准确判断中国的具体经济、政治、文化和社会状况，在充分调查研究的基础上，作出合理的立法决策。在不同的社会发展时期，立法的进程也应当有不同的有针对性准备，比如在新中国成立初期，立法工作应当更加为巩固新政权服务，在进入改革开放的新时期，立法应该更加为维护社会稳定，促进经济发展服务。在中国广袤的领土上，存在着不同的民族聚居区，针对这种情况，立法必须考虑到少数民族特有的风俗习惯与社会传统，不能搞一刀切，将汉族普遍适用的法律规则不加区分地对少数民族加以适用，这样不但不会起到立法的效果，反而会将会激化民族矛盾，不利于各民族的安定团结，因而，必须考虑到中国的多民族的情况，在制定宪法和民族方面的法律的时候，应该规定在民族聚居地方可以实行民族区域自治，而且可以对法律作出变通规定，我国《宪法》和《民族区域自治法》在制定过程中就很好地解决了这个问题，真正做到了立法的理论与实践相结合。

　　立法的理论与实践相结合，不仅需要立法符合中国的国情与具体实践，而且还要求立法活动要遵循科学的立法理论的指导，法学理论界应该对立法学进行更加深入广泛的研究，对立法的基本原理、基本制度和基本技术问题展开研究，而不应该仅仅局限于对某些学者现成思想的借鉴与参考，应当更好地将眼光放眼世界发达国家的立法理论研究领域，探讨其立法从无到有、从不发达到发达的发展历程，从而更好地判断中国的立法学理论研究现状，更好地从中国实际出发，通过几代人不断的阶段性的努力，将中国的立法学理论研究向世界先进行列迈进。只有真正做到了立法理论的创新与突破，才能真正地促使中国的立法工作实践登上更高的台阶。

　　（二）主客观条件相结合

　　在立法中遵循主客观条件相结合的方法，就是说在立法活动中，必须充分考虑影响立法进行的主观方面的条件与客观方面的条件，当条件不成熟的时候，强行推进立法活动必然会导致立法的片面与不科学，当条件具备而立法没有跟上的时候，如果事后再进行立法往往又失去了立法的最佳时机，导致立法跟不上实际的步伐。因而准确把握立法过程中的主客观条件，对立法活动的顺利进行至关重要。立法活动不仅要准确反映社会发展的客观情况，遵循社会发展的客观规律，而且还必须充分反映社会成员的主观意愿，倾听社会大众对立法的要求，因而立法过程不是一蹴而就的，也不是一劳永逸的。

在立法过程中，应严格考虑立法的客观条件，正如立法要坚持一切从实际出发一样，考虑立法的客观条件也是立法科学化的要求。具体到我国，立法必须与我国实际国情结合，在每一部法律的制定过程中，都要考虑到制定法律所需要的社会的客观条件是否具备，经济发展是否达到了立法所要求的水平，社会成员的物质文化程度是否达到了立法所需要的水准，立法是否符合政治体制的发展要求，社会成员的法治意识是否达到了立法所要求的程度。比如有关《精神卫生法》立法的问题，就是立法的客观条件达到了一定程度的体现。由于中国每年各类精神病患者逐年增多，而且当今社会中对普通百姓强制进行精神病检查的情形的增多，社会十分需要一部关于调整精神卫生方面问题的法律，《精神卫生法》是衡量一个国家文明程度的重要标志。因此，《精神卫生法》的出台也就水到渠成。再比如《反分裂国家法》的制定与实施，正是在"台独"势力嚣张至极的时候，全国人大在符合立法的客观条件的情况下，及时制定通过的一项意在遏制"台独"势力，维护两岸和平统一的法律。与此同时，在某些法律的制定过程中，其公布实施考虑了必要的准备时间，而不是法律一制定通过就立即公布实施。比如在《民法典》出台之前的《物权法》的制定实施过程中，由于《物权法》规定了诸多有关物权方面的新的制度，其公布实施需要社会成员用一定的时间加以适应与准备。因此，虽然第十届全国人民代表大会第五次会议于 2007 年 3 月 16 日通过了《物权法》，然而其自 2007 年 10 月 1 日起才开始施行。

同样，在立法过程中，还必须考虑与立法相关的主观条件。谈到立法的主观条件，很重要的方面就是指立法者对于立法的认识程度。马克思主义的唯物主义认识论认为，没有不可能被认识的事物，只有尚未被认识的事物，认识是不断变化，不断发展的。因而，在不同的社会发展阶段，立法者对于社会客观环境的认识也是不同的，这就直接决定了立法者关于不同社会时期的立法决策和立法态度的不同。比如在新中国成立初期，当时的决策者和立法者将注意力集中在维护社会主义新政权与社会稳定秩序方面，因而忽视了对经济立法的重视，制定了比如《婚姻法》在内的适应当时环境的法律，致使我国的经济立法工作起步较晚，起点较低。在我国改革开放实行社会主义市场经济以来，立法者的认识逐步从计划经济体制中转移出来，开始对经济体制改革等问题作出了大量的思路探索，也制定了许多有关发展社会主义市场经济的法律。由此可见，立法者的主观认识因素对于立法的发展也起到了至关重要的作用。在诸多情况下，立法活动发达与否，不应仅仅归咎于客观条件发展的不足，更要考虑的是立法者自身的主观认识与素质。只有将客观条件与主观条件有机结合，在尊重立法客观条件发展程度的前提下，不断发挥立法者的主观能动性，才能将我国的立法工作不断推向前进。

（三）原则性与灵活性相结合

原则性与灵活性相结合，体现了全面看待问题的方法，不仅要遵循事物发展的基本原则，同时也对例外的情况进行了考量，是具体问题具体分析的辩证唯物主义观点的有力体现。不论在什么工作中，如果真正做到了原则性与灵活性相结合，不绝对地讲，必然能够取得应有的效果。在立法领域中坚持原则性与灵活性相结合也是同样的道理。立法活动要想真正对体现社会发展客观规律，满足人们对立法的需要，就必须在坚持各项基本原则、满足广大人民的利益和愿望、坚持法制统一的基础上，允许在一定条件下对法律的基本原则和法制统一作出灵活的变通，以更好地适应社会发展的需要。

之所以要做到原则性与灵活性相结合，是因为我国的国情状况决定在我国不可能施行凡事全国一致、上下统一的法律制度，因而在立法过程中，从国家根本法的制定到其他各个相关部门法律的制定，都必须考虑到我国这种特殊的国情状况。在规定法律的基本原则的情况下，必须对特殊的地区、特殊的人群作出特殊的规定，这不是破坏法制统一的做法，相反却是维护国家法制统一，促进各地区、各民族安定团结互助发展的重要措施。比如我国是个多民族国家，针对少数民族地区，不能适应普遍法律原则规定的情况下，允许其结合自身的民族特点对法律作出变通规定，比如有关婚姻年龄的规定在少数民族地区就可以作出灵活性的规定。

我国《宪法》在规定社会主义制度是国家的根本制度的同时，又规定国家在必要的时候设立特别行政区，就是对原则性与灵活性最好的体现。我国经济特区与香港和澳门特别行政区的存在，就使得我们的法律制度不可能搞全国的一盘棋，比如就香港特别行政区而言，全国人大通过的《香港特别行政区基本法》中有关总则的规定就是立法原则性与灵活性相结合的最好体现。其中规定："香港特别行政区是中华人民共和国不可分离的部分。""全国人民代表大会授权香港特别行政区依照本法的规定实行高度自治，享有行政管理权、立法权、独立的司法权和终审权。""香港特别行政区不实行社会主义制度和政策，保持原有的资本主义制度和生活方式，五十年不变。""香港原有法律，即普通法、衡平法、条例、附属立法和习惯法，除同本法相抵触或经香港特别行政区的立法机关作出修改者外，予以保留。""香港特别行政区的行政机关、立法机关和司法机关，除使用中文外，还可使用英文，英文也是正式语文。""香港特别行政区除悬挂中华人民共和国国旗和国徽外，还可使用香港特别行政区区旗和区徽。"这些规定说明只有允许香港特区在一定时期内实行资本主义的制度，才能更好地适应其回归祖国后的发展，因而在特别行政区基本法的制定方面，必须考虑到这些灵活性问题，允许其在一定范围内的自治，才能保持香港和澳门特别行政区的长治久安。

具体到每一部法律的制定过程中，原则性与灵活性相结合要求法律条文在规定具体制度的同时，应当采用但书条款对法律制度适用的例外情况也加以规定，这样在社会成员理解法律制度时，就可以对法律规定作出全面的把握，而不至于陷入片面偏颇造成不必要的麻烦。比如我国《行政许可法》对于许可事项的原则和例外的规定就是立法原则性与灵活性相结合的典范。第12条规定："下列事项可以设定行政许可：（一）直接涉及国家安全、公共安全、经济宏观调控、生态环境保护以及直接关系人身健康、生命财产安全等特定活动，需要按照法定条件予以批准的事项；（二）有限自然资源开发利用、公共资源配置以及直接关系公共利益的特定行业的市场准入等，需要赋予特定权利的事项；（三）提供公众服务并且直接关系公共利益的职业、行业，需要确定具备特殊信誉、特殊条件或者特殊技能等资格、资质的事项；（四）直接关系公共安全、人身健康、生命财产安全的重要设备、设施、产品、物品，需要按照技术标准、技术规范，通过检验、检测、检疫等方式进行审定的事项；（五）企业或者其他组织的设立等，需要确定主体资格的事项；（六）法律、行政法规规定可以设定行政许可的其他事项。"第13条规定："本法第十二条所列事项，通过下列方式能够予以规范的，可以不设行政许可：（一）公民、法人或者其他组织能够自主决定的；（二）市场竞争机制能够有效调节的；（三）行业组织或者中介机构能够自律管理的；（四）行政机关采用事后监督等其他行政管理方式能够解决的。"

（四）稳定性与适时变动性相结合

坚持稳定性与适时变动性相结合的立法方法，就是在立法活动中，既要保持法律的稳定性，同时又要顾及法律的适时变动性。就稳定性而言，顾名思义，就是强调一旦经过立法活动制定、公布以及实施了法律，就要保持法律的稳定，不能随意轻率地对法律加以修改与废止，法律的朝令夕改不会给社会带来任何的益处，只会造成法律权威的丧失与社会成员对立法机关的不信任，因而必须保持法律的稳定性，使得社会成员对法律有心理上的合理预期，以按照法律规定的要求调整自己的行为模式。亚里士多德曾说："法律所以见效，全靠民众服从。而遵守法律的习性须经长期的培养，如果轻易地对这种或那种法律常作这样或那样的废改，民众守法的习性必然削减，而法律的威信也就跟着削弱了。"〔1〕而且在自然法学派那里，法律的稳定性也是一项重要的法治原则。就适时变动性而言，就是强调法律的稳定性不是绝对的，不是说法律一旦制定出来就不能加以变动了，而是指当社会客观情况发生变化时，导致法律制定当时赖以存在的条件发生了改变，如果继续实施当时的法律，不但起不到调整社会关系的作用，而且会使得法律与现在的社会情况相违背、相抵触，甚至会阻碍社会的顺利发展，因而在这样的情形下，就需要对法律进行适时的变动，以使得法律更好地适应社会客观情况的发展，更好地做到法律的稳定性与适时变动性的结合。

坚持立法的稳定性与适时变动性相结合，是马克思主义唯物史观的客观要求，体现了社会存在决定社会意识，经济基础决定上层建筑的基本原理。唯物史观要求，社会存在决定社会意识，社会意识对社会存在有反作用，经济基础决定上层建筑，上层建筑要不断地变革以适应经济基础，否则就会起到阻碍的作用。法律作为上层建筑，必须在保持稳定的同时不断随着社会的变化而适时的变动，以便更好地适应社会情况的发展。在吴邦国同志宣布中国特色社会主义法律体系基本形成后的今天，我们在保持法律全面稳定的同时，必须也对法律进行适时的调整。应当清醒地认识到，虽然现在阶段我们基本上做到了有法可依，但是现阶段的法律还是不完善的，还需要随着改革开放进程的推进从微观对具体制度进行充实与完善，以使得法律更好地巩固

─────────────

〔1〕　参见［古希腊］亚里士多德：《政治学》，吴寿彭译，商务印书馆1965年版，第81页。

改革开放的硕果，不断地适应改革变化的社会实际。

坚持立法的稳定性与适时变动性相结合，对于当前我国立法工作来说，首先要清楚地认识我国立法实践的现状，在把握我国立法所处的基本阶段的基础上，进而对法律体系中有待修改、补充和废止的法律进行适时的变动，立法者要制定立法规划以及在每年都要制定具体的立法计划，这些都是适时变动法律的基本依据，立法者必须在充分调查研究的基础上，对哪些法律需要制定、哪些法律需要修改和补充、哪些法律需要废止和清理作出正确的取舍判断，尤其是要对整个法律体系中违反上位法规定的下位法、违反新法规定的与超越立法权限制定的法律、法规和规章作出适时的变动，以保持法律体系的完整统一。当前，立法者应当注重科学的立法预测与规划，通过采用科学方法从根本上揭示立法的发展趋势及其规律，从而使得所立之法不仅符合当代社会的发展要求，同时还应合乎未来社会的发展规律与发展目标，符合中国特色社会主义事业的发展方向。只有这样才能使法律避免与改革发展的冲突，具有相对的稳定性和较强的适应性，并且应当不断提高法律的灵活性。法律作为调整人们行为的社会规范，应当保持相当的灵活性，如果法律规定得过于具体，就会限制法律的适用效果。立法者可以通过制定合理的法律原则的方式来应对未来变化多端的状况，但前提是在法律规则具有相当的成熟度的同时，发挥法律原则的作用才可以见效，否则当法律规则制度还未健全完善时，将凡事都寄希望于法律原则的调整，注定无法实现立法的稳定性与适时变动性相结合的效果。

(五) 总结、借鉴与科学预见相结合

坚持总结、借鉴与科学预见相结合的立法方法，就是在总结和借鉴的基础上，加之有效的科学预见，从而使得立法能够更好地发挥其应有的作用。具体说来，总结的对象可以是经验，也可以是教训，可以是中国立法发展历史的经验与教训，也可以是国外立法发展历史的经验与教训；借鉴的对象可以是中国几千年来优秀文化传统中对立法有用的价值元素，也可以是国外优秀法律发展制度历史中的有益成分。更重要的是，总结与借鉴的工作不是简简单单地全盘照抄，而是要在总结与借鉴的过程中形成对当代中国立法有用的智力成果，并且在此基础上对立法的未来作出科学的预见，使得制定出来的每一部法律都能够博采众长、符合社会发展的客观要求。在总结和借鉴的环节上必须要注意，我们总结与借鉴外国的经验，并不是要实行拿来主义，不加区别地照搬照抄，而是要立足于我国国情，从我国的实际出发，在借鉴有益经验与科学预见的基础上来解决我国的实际问题。

全国人大及其常委会在制定《公司法》《合伙企业法》《物权法》《合同法》《证券法》《票据法》《保险法》《海商法》和《环境保护法》等法律时，都对一些主要国家的相关法律或者国际条约与国际惯例进行了深入研究，采用了适合我国国情的相关国际通用的做法并且加以灵活运用，丰富和完善了我国现行的法律体系，使我国的民商法与经济法领域的法律制度不断地与世界接轨，更好地发挥了促进国民经济发展的效用。比如在我国《海商法》的制定过程中，立法者对相关国际公约进行了大量的研究，也对世界海上航运发达国家的相关海商法律制度进行了总结与借鉴，在吸收《海牙规则》的基础上结合我国海上商业发展的需要制定了现行的《海商法》；再比如我国《公司法》的制定就是对英美法系与大陆法系的公司法律制度充分总结与借鉴的成果。其中的公司法人格否认制度就是一例，公司法人格否认制度在各国都普遍被接受，而且多数国家在公司立法上都存在这样的制度。在英美法系中，称其为"刺破公司的面纱制度"，而在大陆法系中，称其为"公司法人格否认制度"。美国是这项制度的创始国，并且将其推广至全世界，进而如英国、德国和日本等国家也都在公司法领域纷纷采纳这项制度。《英国公司法》第31条、第108条，《德国有限公司法》第32条、《股份公司法》第317条，《日本民法典》第3条，都规定了公司人格否认制度。除这些国家以外，世界其他国家也逐渐认识到公司人格否认制度的价值所在，并且也在积极探索。具体到我国，我国《公司法》第20条的规定就借鉴了世界各国有关公司法人格否认的制度，对我国处理这种问题作出规定。该条规定："公司股东应当遵守法律、行政法规和公司章程，依法行使股东权利，不得滥用股东权利损害公司或者其他股东的利益；不得滥用公司法人独立地位和股东有限责任损害公司债权人的利益。公司股东滥用股东权利给公司或者其他股东造成损失的，应当依法承担赔偿责任。公司股东滥用公司法人独立地位和股东有限责任，逃避债务，严重损害公司债权人利益的，应当对公司债务承担连带责任。"通过这两个例子可以看出，我国立法在总结与借鉴世界各国优秀的立法经验方面是收效颇丰的，但是在这样的过程中也必须注意到，在引进吸收的过程中必须紧密结合我国法律发展的实践，不能盲目地对别国经验进行照搬，否则会造成经验主义错误思想的泛滥，而且如果我国立法发展水平还没达到吸收别国有益经验的程度时，由于我国不具备借鉴某些法律制度发展的土壤，因而在总结与借鉴的过程中，必须科学地预见到法律发展的未来前景，否则盲目移植只会造成排异反应，给法治建设带来危害。

（六）中国国情与国际趋势相结合

在立法中坚持中国国情与国际趋势相结合的方法，就是要在全面把握、清楚认识中国具体国情的基础上，放眼国际趋势与中国国情有益的契合点，将二者完美融合，使得制定出的法律既能体现中国国情的具体特点，又能与国际整体趋势相吻合，使中国的法治发展紧随世界的普遍潮流。

具体来看，当代中国的国情主要体现在这样几个方面：改革开放以来，中国经济进入了快速发展的轨道，GDP（国内生产总值）总量跃居世界前列，居民消费结构和生活质量明显改善，人民生活实现历史性跨越，以公有制为主体、多种所有制经济共同发展的基本经济制度格局基本形成，特别是非公有制经济已经逐步成为支撑国民经济的重要力量，以家庭联产承包责任制为核心的农村改革开辟了农村经济综合发展的广阔前景，农村经济的商品化、产业化和市场化程度逐步提高。然而，在取得成绩的同时我们不得不清醒地认识到，我国是个人口大国，再大的 GDP 总量平均到每个人身上排名就较低，而且我国农村人口众多，农村经济虽然得到了长足的发展，但是与城市相比还有较大差距。我国东西部地区经济发展水平也参差不齐。随着城市化进程的进一步加快，大量的农民涌入城市就业，导致城市容量饱和，这些农民的住房问题、医疗问题、子女上学问题以及城市市容市貌问题都一下子浮出水面，造成了社会发展的沉重负担。我国是一个民族众多、宗教成分复杂的国家，现已确认的民族共有 56 个，其中汉族最多，其他 55 个民族因人数相对较少，习惯上被称为少数民族。从少数民族人口分布情况来看，主要集中在西部地区，但全国各省、自治区、直辖市都有居住，而且各民族的居住状况并不是区划齐整、界限分明的，而是相互交错居住，形成了少数民族"大杂居、小聚居"的特点。在少数民族聚居的地方，大多是经济相对落后的地广人稀之处，或是边疆地区，因此，民族区域自治是我国解决民族问题的基本政策，也是国家的一项基本政治制度，我国共设有 5 个民族自治区，各民族团结、互助与共同繁荣是我国处理民族问题的基本原则。同时中国还是一个多种宗教并存的国家，主要有佛教、道教、伊斯兰教、天主教、基督教等，此外还有萨满教、东正教、东巴教等，信仰宗教者有 1 亿多人。尊重和保护宗教信仰自由是中国政府对待宗教问题的一项长期的基本政策。宗教信仰自由作为公民的一项权利，得到了宪法和法律的保障。宗教信仰自由是公民个人的权利。宗教信仰是公民个人私事，任何国家机关、社会团体和个人不得强制公民信仰宗教或者不信仰宗教，国家保护一切在宪法、法律和政策范围内的正常宗教活动。在中国，国家政权不能用来推行或者禁止某种宗教，宗教也不能干预国家行政、干预司法、干预学校教育和社会公共教育。任何人不得利用宗教进行破坏社会秩序、损害公民身体健康、妨碍国家教育制度的活动。中国有五千年的传统文化，这也造就了中国博大精深的思想文化传统，也形成了有中国特色的社会发展模式，这些传统文化对当代的影响是潜移默化的，这些传统的力量不容小觑，这些传统要加以理性的对待与区分，取其精华，去其糟粕。

鉴于以上中国的具体国情，就要求立法者在立法过程中，首先要深入了解中国的具体国情，在充分把握中国国情实际的前提下，结合国际立法发展的主流趋势，在立法过程中，将国际趋势与中国立法实际相融合，考虑中国经济、政治、文化与社会多方面的影响因素，使得立法能够恰当地反映国情实际，并且能够将国情中存在的问题通过与国际立法趋势的结合，借鉴国际经验加以解决。

三、立法的基本策略

(一) 立法的超前与同步

1. 立法的超前

关于立法的超前问题，不同国家的看法是不一样的，有的国家认为立法应当具有适时性，而立法的超前性是不可取的做法，而有的国家认为立法可以在某些领域具有一定的超前性，以便更好地适应迅速发展变化的社会。在我国立法学界对于立法超前的研究也观点不一，有的学者认为立法应当超前，立法超前是十分必要的，而有的学者主张要客观认识立法超前的问题，正确把握其利弊，不能全盘肯定，也不宜全盘否定。

有一种观点对于立法的超前问题作了这样的论述："所谓超前立法，是指立法机关制定法律、法规遵循'需要一个，制定一个'的原则，根据本国经济生活运行机制的发展趋势和客观规律，对已经出现和将要出现的趋势进行全方位、多维性的分析研究，制定出法律、法规，使已经出现和将要出现的新的经济生活关系，一开始就纳入法制化的轨道。地方性法规具有主动性、灵活性的特点，积极探索，先行一步是地方立法的一项重要职责，所以地方立法机关充分发挥积极性和创造性，敢于超前立法是十分必要和重要的。在我国步入改革发展进一步深入的新形势下，许多新生事物需要不断探索、研究、认识，要求国家对各个不同地区、经济社会领域的各个方面都制定出法律加以规范是不可能做到的。因此，地方立法应当为国家立法创造条件、积累经验。尤其对一些新生事物，地方立法可以超前进行，做到使确定的行为规则建立在实践和成熟经验的基础上，更深刻、更正确、更完全地反映经济社会关系，在实际生活中行得通、办得到，确实成为普遍遵守的行为规则。地方立法超前于国家立法，并在一定程度上对国家法律起补充作用。我国幅员辽阔，各地政治、经济、文化情况千差万别，经济发展也极不平衡，仅靠国家立法，难以对地区特殊情况加以规范。享有立法权的地方国家权力机关在国家相关法律、行政法规没有制定或者不完备、不具体的情况下，结合本地实际，有针对性地制定一些地方性法规来调整各种关系，维护地方正常的经济社会秩序，促进经济社会的发展，无疑对国家法律、行政法规起着重要的弥补作用。对那些有利于经济发展的行为，特别是对本地区经济活动中一些风险大、投机性强、要求法律约束力严的行业，要敢于超前立法、事前订规。全国各地的地方立法实践已充分证明了这一点，如福建的《红色文化遗存保护条例》、甘肃的《废旧农膜回收利用条例》等，都是在国家相关法律、行政法规制定之前出台的，在实施过程中取得了显著的效果。这些地方性法规在保持地方特色的同时，弥补了当时国家立法的空白，促进了地方经济社会的发展。"[1]从这种观点可以看出，该学者完全肯定了立法超前的作用，坚持主张地方立法应当超前，在其观点中，不难发现其对于立法超前的赞誉与褒奖，而且其重点强调了地方性立法的超前性是更为必要的，地方性立法可以为中央立法提供先导，积累经验，地方要敢于进行超前立法。但是，这种所谓"超前"，是特定角度上的，即地方立法"超前"国家立法，并非是指立法"超前"社会关系的存在。

　　而另一种观点对于超前立法则持谨慎的态度，其主张："所谓超前立法，就是在一定社会关系形成之前预先以立法的形式对这种社会关系作出调整。

---

〔1〕　参见岳进："超前立法十分必要"，载《云南日报》2007年1月10日。

这种立法显然有悖于法理常识和立法实践的基本经验。同时，在一定社会关系形成之前，就超前将法立好，这种法便不仅在前提性的环节上失却科学性，也将在执行或实施的环节上出现问题。一方面，不能对超前立法期望过高，不能简单地把它作为中国立法的一项基本原则看待。立法的主要目的，在于通过为人们设定法定行为模式和法定后果模式来调整一定范围的社会关系。一般情况下，没有一定社会关系的存在，便没有一定立法前提和必要性存在。另一方面，对超前立法亦不能全盘否定，简单地将其拒之于可供采行的立法方法之外。对有的社会关系完全按常规的方法进行，未必是上佳的选择。在这种情况下，舍弃常规的方法，采用诸如超前立法的方法，倒不失为正确的或至少不失为必要的选择。"〔1〕从这种观点来看，是否采用超前立法，不应全盘肯定，也不应全盘否定，其关键在于把握超前立法的限度，在特定条件下才能采用超前立法的方式。这种特定的条件一般限于在科学技术水平较高、社会变革较快的情况下，对某些社会关系的规范才能发挥超前立法的作用。

2. 立法的同步

立法的同步与立法的超前相比属于一种正常模式下的立法策略。当社会关系出现需要调整的领域的时候，立法应及时跟上，并对有待调整的社会关系进行规范，便可以实现立法的同步性。同步立法是当今世界各国通常采用的立法策略，也是符合立法稳定性与适时变动性要求的立法模式。

立法的同步的最主要标志就是立法的适时性，而非立法的滞后性，在我国法治发展的进程中，立法的滞后性经常成为社会诟病的话题。当社会关系迅速发展，出现了诸多有待调整的社会关系领域的时候，立法还停留在原地，这就导致新矛盾和新问题无法通过法治途径加以解决，结果是社会成员只能诉诸其他非理性的方式。做好立法同步工作也不是纸上说说这么简单，由于社会关系发展的迅速，立法者承担的立法任务成几何倍增长，那么在有限的立法人员与立法素养的背景下，短时间内适应变化迅猛的社会情况也是不现实的，真正要做到立法的同步，必须从制度着手，给以立法全方位的保障，否则只能造成立法陷入被动的局面无法自拔。

（二）立法与法律体系

所谓法律体系，又称部门法体系，是指由根据一定的标准或原则将一国

---

〔1〕　参见周旺生：《立法学》（第2版），法律出版社2009年版，第400页。

制定和认可的现行全部法律规范划分成若干的法律部门所形成的有机联系的整体。[1]我国的法律体系，是中国特色的社会主义法律体系，是适应我国社会主义初级阶段的基本国情，与社会主义的根本任务相一致，以宪法为统帅和根本依据，由部门齐全、结构严谨、内部协调、体例科学、调整有效的法律及其配套法规所构成的法律体系，是保障我国沿着中国特色社会主义道路前进的各项法律制度的有机的统一整体。"我国现行有效的法律共 229 件，涵盖宪法及宪法相关法、民商法、行政法、经济法、社会法、刑法、诉讼及非诉讼程序法等七个法律部门；现行有效的行政法规近 600 件，地方性法规 7000 多件，以宪法为核心，以法律为主干，包括行政法规、地方性法规等规范性文件在内的，由七个法律部门、三个层次法律规范构成的中国特色社会主义法律体系已经基本形成，国家经济、政治、文化、社会生活的各个方面基本做到有法可依，为依法治国、建设社会主义法治国家、实现国家长治久安提供了有力的法制保障。"[2]

在立法策略中考量法律体系的因素，就是要在立法过程中保证法律体系的协调性与统一性。通过立法使不同的法律部门和多层次的法律规范各居其位，互相配合，互不矛盾。一方面，在我国的七个法律部门之间要做到协调统一，就是要通过立法者的立法活动保证每个法律部门在其调整的社会关系范围内发挥作用，同时要注重不同法律部门之间的互补效果，比如刑法作为法律部门之一，就是其他部门法的保障法，这也是由刑法法律部门的性质决定的。当社会关系没有达到需要刑法出面调整的时候，其他部门法可以用其自身的调整手段对其进行调整，而一旦超出自身范围，就需要刑法的出现对社会关系进行最后的保障。因而在立法过程中，必须谨慎考量，什么样的行为应该纳入刑法部门法的调整领域，而什么样的行为仅仅用一般的法律部门就可以调整，这个过程关系到对一个行为进行罪与非罪的判定问题，因此立法者必须慎之又慎。另一方面，法律体系中的不同层次的法律规范也要做到协调统一。这就涉及宪法、法律、行政法规、地方性法规、部门规章、地方政府规章以及授权立法等这些不同效力层次的法律规范如何协调的问题，根

---

〔1〕 参见舒国滢主编：《法理学导论》，北京大学出版社 2006 年版，第 120 页。

〔2〕 参见吴邦国："中国特色社会主义法律体系已经基本形成"，2011 年 3 月 10 日向十一届全国人大四次会议所作全国人大常委会工作报告。

据我国相关调整立法关系的法律规范的规定，应当遵循下位法不得违反上位法规定的原则，严格在自身的立法权限范围内规范社会关系，以免效力等级低的立法与效力等级高的立法相抵触。同时在每一部法律内部，也要做到自身的协调统一，确保法律原则的规定与法律规则的规定相统一，确保新制度的规定与已存在的制度规定的协调，对过时的法律规定要及时地加以清理与废止。因而，立法能否做到保证法律体系的协调统一是衡量立法质量的关键因素，不顾及法律体系整体的盲目立法，必然只会造成立法的片面性与偏激性。

（三）立法与法律利益

"法律利益是利益的一种形式，是从利益体系中剥离出来的、以法定形式存在的利益，也即通常所说的合法利益或权益，法律利益的主要特征在于，它是经由国家特定机关选择和确定的，体现国家意志的，以法律权利为内容的，具有特殊强制力的一种利益。"[1]作为利益的一种，一旦被法律确定下来，便形成了具有权利义务关系的利益形式，这种利益可以形成法律上的权利，也就是可以依照自己的意志作出某种行为或者不作出某种行为，或者要求别人作出某种行为以及不能作出某种行为的能力。

法律利益作为一种利益形式而存在，不可避免地会在追逐利益的主体之间产生矛盾和冲突，这就需要有调节这种矛盾和冲突的制度手段。博登海默指出："在相互矛盾的个人利益之间肯定会有冲突和碰撞。两个人可能会想占有同一件财产而且也都会采取措施去得到它，而这会使他们卷入一场严重的纠纷之中。几个人可能会从事一项合伙事业，然而他们在管理该企业或计算个人得失份额时却可能意见不一。一个人可能伤害另一个人并被要求对受伤害人进行损害赔偿，而他却可能会拒绝承担赔偿他人损失的义务或责任。同样的，个人利益和有组织群体利益之间的冲突也是不可避免的。政府或许希望也有可能为了国内安全或民族自卫而设定一些侵犯个人言行自由的约束和限制规定。在战争时期，有组织的社会甚至可能不得不要求个人为了整个集体的利益而牺牲他们的生命。"[2]因而，用来调整这种冲突和矛盾的手段那就

---

〔1〕　参见周旺生："论法律利益"，载《法律科学（西北政法学院学报）》2004 年第 2 期。

〔2〕　参见［美］E. 博登海默：《法理学：法律哲学与法律方法》，邓正来译，中国政法大学出版社 1999 年版，第 398 页。

是法律。

立法无疑在确定法律利益的过程中发挥了重要的作用，通过法律的制定，可以限定每个人应该享有的法律利益的范围，划定每个人的法律利益的界限。具体而言，法律以权利义务为内容来调整社会成员的行为，立法的过程就是通过规定人们的权利和义务来分配利益，影响人们的动机和行为，进而影响社会关系，实现对利益主体之间冲突和矛盾的解决。用立法的方式来对法律利益进行规制的优势在于，法律是有国家强制力作后盾保障的，而其他调整利益方式的手段如果没有达到效果，其救济途径并不及法律有效。因而，通过立法来对法律利益进行调整，同时发挥国家强制力的威慑作用，可以有效地实现社会的公平与正义。关于立法对法律利益的实现方式，学者提出了以下几种途径："其一，以法的形式划定和确认各种需要或可以法定化的利益之间的界限，对这些利益资源实行与一定国情相适宜的法律配置制度；其二，以法的形式协调各有关利益的关系，调处各有关利益之间的冲突和矛盾；其三，以法的形式保障和促进有关利益的形成、发展和实现其价值，或阻止有碍社会进步的负面利益的发展；其四，以法的形式健全法律利益的调节机制。"[1]由此可见，立法对法律利益的实现，可以通过确定利益的范围大小来实现，也可以通过明确利益主体的权利和义务关系的方式来实现，也可以用固定以往调整利益的成功经验的方式来实现，还可以通过规定利益主体自我调节机制的方式来实现。

【法律规范】

《宪法》

第 31 条　国家在必要时得设立特别行政区。在特别行政区内实行的制度按照具体情况由全国人民代表大会以法律规定。

《香港特别行政区基本法》

第 1 条　香港特别行政区是中华人民共和国不可分离的部分。

第 2 条　全国人民代表大会授权香港特别行政区依照本法的规定实行高度自治，享有行政管理权、立法权、独立的司法权和终审权。

第 5 条　香港特别行政区不实行社会主义制度和政策，保持原有的资本

---

〔1〕　参见周旺生："论法律利益"，载《法律科学（西北政法学院学报）》2004 年第 2 期。

主义制度和生活方式，五十年不变。

《澳门特别行政区基本法》

第 1 条　澳门特别行政区是中华人民共和国不可分离的部分。

第 2 条　中华人民共和国全国人民代表大会授权澳门特别行政区依照本法的规定实行高度自治，享有行政管理权、立法权、独立的司法权和终审权。

第 5 条　澳门特别行政区不实行社会主义的制度和政策，保持原有的资本主义制度和生活方式，五十年不变。

【论点要览】

《立法学》（周旺生，法律出版社 2009 年版）：立法技术对立法、法制乃至整个社会发展，有弥足珍贵的价值。它的功能和作用集中表现在：可以使立法成为科学的立法，使立法臻于较高水平，使立法正确调整社会关系和准确、有效、科学地反映立法者、执政者的意愿，可以从一个重要侧面保障整个法制系统有效地运行，从而充分满足国家、社会和公民生活对立法提出的种种要求。

《立法制度与技术原理》（侯淑雯，中国工商出版社 2003 年版）：作为一种技术规范，立法技术可以被各种性质不同的立法主体所采用。不同的政治集团利用同样的立法技术，可以制定出在内容上和政治目的上完全相反的法来。立法技术一般没有法律上的明文规定，它通常是以习惯的形式出现的，并通过制作出的规范性法文件体现出来。

《立法学》（刘明利编著，山东大学出版社 2002 年版）：立法技术应是在特定的国家立法实践中历史地形成的、为立法者用来正确表达和反映社会立法目的、制定法律规范的各种规则的总称。

《政治学》（［古希腊］亚里士多德著，吴寿彭译，商务印书馆 1965 年版）：法律所以见效，全靠民众服从。而遵守法律的习性须经长期的培养，如果轻易地对这种或那种法律常作这样或那样的废改，民众守法的习性必然削减，而法律的威信也就跟着削弱了。

【典型案例】

案例："徐武案"与《精神卫生法》

基本案情：

2011年4月19日，武汉男子徐武在中国上演了一场真实版的"飞越疯人院"。徐武因工资问题与单位打了两三年官司后被莫名其妙地送进了精神病院，终于在被监护治疗4年多后从精神病院逃走后逃到广州。他抵达广州后立刻到广州精神病院做了检查，根据院方检查，证明徐武根本没有精神病。后来当徐武在广州接受电视台采访时，被武汉警方以"涉嫌危害社会安全"从广州强行带走。同样，广州千万富翁何某荣被妻子强行送进精神病院，南通朱某红的母亲，为抢房产将朱某红送进精神病院，山西运城市纪委副书记蔡某刚因患抑郁症跳楼自杀，河北省邯郸市邯山区政府区长张某忠因患有重度精神疾患自杀身亡等一系列震撼消息相继曝出，这一幕幕悲剧将公众的视线一点点的聚焦到精神卫生的问题上来。

《精神卫生法》是衡量一个国家文明程度的重要标志。因此，《精神卫生法》的立法压力十分紧迫。在此背景下，第十一届全国人民代表大会常务委员会第二十九次会议于2012年10月26日通过《精神卫生法》，自2013年5月1日起施行。根据2018年4月27日第十三届全国人民代表大会常务委员会第二次会议《关于修改〈中华人民共和国国境卫生检疫法〉等六部法律的决定》又进行了修正施行。

从《精神卫生法》的立法历程看，早在1985年立法机关就起草了《精神卫生法（草案）》，历经多年多次修改，从2004年起每年均有百位以上全国人大代表提出立法议案，全国人大把《精神卫生法》列入2011年立法计划，在调研基础上进行修改，力争尽快出台。2011年6月10日，国务院法制办公布《精神卫生法（草案）》征求意见。2011年9月19日召开的国务院常务会议，讨论并原则通过了《中华人民共和国精神卫生法（草案）》。最终，全国人民代表大会常务委员会第二十九次会议于2012年10月26日通过《精神卫生法》，自2013年5月1日起施行。立法过程中的争议焦点是收治程序，核心是建立有效的"非自愿"入院异议机制。草案关于严格规范非自愿收治标准和程序，一旦有异议，进行复诊，复诊有异议，进行司法鉴定的规定，这无疑是一大进步。草案明确规定，不得违背他人意志进行确定其是否患有精神障碍的体格检查。对非法限制精神障碍患者的人身自由、侵犯精神障碍患者的通讯、会见探访者等权利的医疗机构人员，情节严重的将追究刑事责任。对于"疑似"患有精神病人员，首先应由监护人、近亲属送院治疗，并不得限制其自由。任何组织或者个人不得歧视、侮辱、虐待精神障碍患者，不得非法限制精神障碍患者的人身自由。草案明确规定，规范精神卫生服务，保护精神障碍患者合法权益和人格尊严，确保精神障碍患者不因贫困而得不到救治，确保有肇事、肇祸危险的严重精神障碍患者不因疏于管理而伤害自身或危害社会与他人，确保无需住院治疗的公民不因程序或制度缺失而被强制收治。

从德国的立法情况来看，强制治疗都是通过司法程序作出的。法院十分尊重被监护人的基本权利。德国过去的立法跟我国一样更多地考虑维护社会治安，而现在，只有精神病人的行为严重危害到公共安全时，政府才可不经过漫长的法庭程序，对精神病人进行强制安置。之后，还必须无延迟地向法庭提交申请解释进行强制安置的理由。法庭必须在强制安置后第一天结束之前作出是否强制治疗的决定。否则，医院必须让当事人出院。《精神卫生法》的通过赢得赞许的同时，立法者应更多考虑的是如何平衡个人权利和公共安全的关系，并可以吸收国外处理这类问题的合理模式，规定精神病的诊断必须严格依照法定程序，对诊断有异议的要设置补救措施，必要时还要进行精神病鉴定。

（资料来源：［1］高明勇："《精神卫生法》酝酿 25 年仍难产，强制入院是焦点"，载《新京报》2010 年 11 月 6 日；［2］马力："《精神卫生法》是衡量一个国家文明程度的重要标志"，2011 年 6 月 23 日光明网首发；［3］"《精神卫生法（草案）》严格禁止'被精神病'"，载《光明日报》2011 年 9 月 27 日。）

提示与问题：

（1）结合立法学知识，谈谈《精神卫生法》的制定体现了怎样的立法技术？

（2）结合案例，如何评价《精神卫生法》的立法意义？

（3）谈谈怎样更好地避免徐武事件的再次发生？

【参考书目】

周旺生：《立法学》（第 2 版），法律出版社 2009 年版，第十七章。

黄文艺、杨亚非主编：《立法学》，吉林大学出版社 2002 年版，第七章。

刘明利编著：《立法学》，山东大学出版社 2002 年版，第七章。

【分析思考】

（1）简述立法技术的基本含义

（2）如何把握立法一般方法的内容？

（3）如何理解立法超前与立法同步的关系？

（4）思考立法与法律体系、法律利益的关系。

【内容概要】

立法结构是由不同的结构要件组成的，每个要件发挥着每个部分的应有功能，这些要件的结合构成了法律统一体。立法结构通常包括了法的名称、法的内容、法的章节条款项目、法的总则、法的分则、法的附则、法的序言和法的目录等等诸多的要素。

【基本原理】

一、立法结构的概念

立法结构的含义问题，学术界有不同的界定方式。有的学者认为："法律结构是指国家机关制定规范性法律文件所包含的基本要素。任何一个规范性法律文件都是由若干部门组成的整体。这些组成部分的有机搭配和有序排列，就是法律文件的结构，简称为法律结构。"[1]还有的学者认为，立法的结构就是由一系列若干要件构成的法律整体的表现形态。立法结构是由不同的结构要件组成的，每个要件发挥着每个部分的应有功能，这些要件的结合构成了法律统一体。立法结构通常包括了法的名称、法的内容、法的章节条款项目、法的总则、法的分则、法的附则、法的序言和法的目录等诸多的要素。

纵观我国的立法结构，目前采用的立法结构类型主要有以下几类：

第一种结构类型是不采用诸如"第一条、第二条……"这样的表现形式，而是直接规定了"一、二……"这样的序号表现形式，这类立法结构比较简

[1] 参见刘和海、李玉福：《立法学》，中国检察出版社2001年版，第98页。

单，而且通常也不会有总则、分则以及不会分章节条款项目等细致的结构，而且条文数量较少，在法的名称中直接体现出制定的机关，这种立法结构一般出现在新中国立法早期我国立法技术水平不发达的情况下，或者针对某一方面的具体问题需要立法，并且立法具有相当的紧迫性，而且采用这种立法结构的法律在现在的适用范围有限，数量也不是很多。比如我国现行唯一的单行刑法——全国人民代表大会常务委员会《关于惩治骗购外汇、逃汇和非法买卖外汇犯罪的决定》，就是采用的这种立法结构类型。这部法律的条文数量有限，仅有九条，并且没有区分章节，内容只是涉及了关于当时环境下需要紧急对有关非法流通外汇行为加以规定的问题，九个条文就可以将问题规范清楚，因而数量没必要像《刑法》条文一样那么多。而且从这部法律的名称就可以直接看出制定法律的机关是全国人大常委会，此外像这类制定单行刑法的方式来解决紧急出现的问题的做法在后来的刑法制定修改过程中已经不再采用，取而代之的是采用刑法修正案的方式，这也是这部单行《刑法》成为我国迄今为止唯一一部单行刑法的原因。

第二种结构类型照第一种结构类型相比，在条文表现形式上不再采用"一、二……"这样的序号表现形式，而是开始采用诸如"第一条、第二条……"这样的表现形式，而且在法律的名称上也加以改变，多是采用"……条例"的方式，比如《规章制定程序条例》等，因而采用这种立法结构形式的立法多是行政法规类立法，一般是对法律的具体贯彻执行问题作出一些规定，因而从规模上讲没有正式法律那么宏大，而且从法律的章节上也没有正式立法那么严格，但是与第一种结构类型的立法相比还是比较正规的。

第三种结构类型是最完善的一种立法结构模式，也是大部分法律所采用的立法结构形式。在条文上不仅采用诸如"第一条、第二条……"这样的表现形式，而且从名称上也直接称为"……法"，在具体的结构上也比前两种结构要严谨要完整，不仅规定了法的总则、法的分则与法的附则，而且还细致规定了法的章节条款项目等具体结构，不仅在法律条文的数量上比前两种类型都要多，而且从法律条文的质量来看，也都是立法者通过严格的立法程序反复推敲斟酌确定的条文，因而采用这种立法结构类型制定的法律也形成了我国法律体系中最核心、最庞大的法律骨干。

从另外一个角度来看，也可以将立法的结构类型划分为外部结构类型与内部结构类型。所谓外部结构类型就是一部法律从宏观角度来把握所获得的直观信息，一般包括法的标题和法的内容这两个方面；所谓立法的内部结构就是一部法律从微观角度把握获得的信息，具体可以包括法的总则、法的分则与法的附则这三部分。

二、立法的外部结构

（一）法的标题

对于立法的外部结构中有关法的标题的理解，一种理解方式可以将其看作是法的名称这一级别的标题，也就是针对整部法律所作的概括标注，比如《中华人民共和国刑法》这样就可以理解为一个标题。也可将其理解为在法律对每一章节内容的概括而拟定的一个标题，这个标题的作用是标示各个章节的主要内容。比如我国刑法中，除了规定总分则以外，在分则中又将具体条文分为十个具体章，而且每一章都有具体的标题，这些标题对概括本章内容起到了很好的指示作用，既方便司法工作者适用法律，也方便法学研究者有针对性的研究。我们通常意义上对标题理解应该是第二种理解方式。在立法结构中对具体章节采用标题也是近些年我国立法技术发展后借鉴国际立法经验的结果，纵观我国在20世纪制定的法律，大部分法律是没有标题的，而在近几年制定出台的法律中，大多数的法律都在具体章节中规定了标题的内容，也体现了我国立法技术的发展。

关于立法结构中法的标题这一要素，对于立法者在拟定标题时有这样一些要求：

（1）标题的拟定必须要有概括性，必须能够让人一目了然地知晓相关章节所要传达的立法精神与立法目的，如果标题表达的内涵与具体章节规定的内容风马牛不相及，则标题的拟定是有待商榷的。比如《刑法》第二编分则的第四章规定了故意杀人罪、过失致人死亡罪、故意伤害罪、组织出卖人体器官罪、故意伤害罪、过失致人重伤罪、强奸罪、非法拘禁罪、绑架罪等侵犯人身权利、民主权利法益的分则具体罪名，第五章规定了盗窃罪、抢劫罪、抢夺罪、侵占罪、敲诈勒索罪等侵犯财产法益的具体罪名，因而刑法的立法者在考虑了犯罪行为侵犯法益的不同性质的前提下，分别规定了第四章与第五章的具体标题，将第四章标题拟定为"侵犯公民人身权利、民主权利罪"，将第五章标题拟定为"侵犯财产罪"。以此类推，在这种思维模式的指引下，刑法的立法者将《刑法》分则按照犯罪行为侵犯法益的不同性质划分为十类并规定为十章，并且对每一章都拟定了一个与侵犯法益相关的标题。

（2）标题的形式要规范，标题不能过长，语言要凝练，具有概括性，并且标题内容之间与标题的后面都不能有标点，标题与标题之间要注意概念外延是否有重合，应该做到各有分工，互不交叉，而且当法律条文经过补充修改时，要及时地对相关章节的标题作出调整，有的法律的具体章节的标题十分简练，可以是两个字也可以是三个字，只要能够概括地表达出所涵盖的条文内涵的核心意思即可。比如，在《民法典》制定之前，2009 年 12 月 26 日第十一届全国人民代表大会常务委员会第十二次会议通过的《侵权责任法》将法律条文划分为十二章，针对每章都拟定了相对凝练的标题："第一章　一般规定；第二章　责任构成和责任方式；第三章　不承担责任和减轻责任的情形；第四章　关于责任主体的特殊规定；第五章　产品责任；第六章　机动车交通事故责任；第七章　医疗损害责任；第八章　环境污染责任；第九章　高度危险责任；第十章　饲养动物损害责任；第十一章　物件损害责任；第十二章　附则。"纵观这样的结构设计就使得我们在学习、研究和适用这部法律时能够清晰地了解整部法律的具体框架，进而进行有针对性的研究。

（二）法的内容

法的内容作为立法外部结构中另一项重要的部分，对于立法结构的全局影响重大。从法的内容的组成来看，主要包括法的规范性内容、法的非规范性内容以及规范性内容与非规范性内容的链接要素这几个部分。其中，规范性的内容构成了法的内容的主体，形成了法的内容的核心部分，但非规范性内容的作用也不容小觑，没有非规范性内容的辅助，整部法的内容是有缺陷的、不完善的。

1. 法的规范性内容

（1）法律规范的特征。法律规范是组成法律的基本要素，立法是否完善与法律规范是否完善具有紧密的联系。法律规范是由国家制定或认可，并以国家强制力保障实施的一种行为规范。法律规范与其他社会规范相比，具有明确性、普遍性、具体性和反复适用性等特征。

法律规范必须做到明确、具体，就是指法律规范必须对人们行为的评价确定一个清晰的标准，法律规范在规定人们应该为何种行为、不应该为何种行为时必须肯定、明确，不能模棱两可、含糊其词。法律规范在表达上也必须是具体、凝练的，使人们在理解的过程中不会产生歧义，法律规范做到了明确、具体，就可以在适用过程中省去不少的麻烦，避免留下某些漏洞被加以利用，使得人们可以在明确、清楚的法律规范面前合理安排自己的行为。

　　法律规范的普遍性特征，说明了法律规范的适用范围是普遍的，不是仅仅针对某个人，或者某件事制定的，而是对普遍的人和事具有约束力的行为规范。这种普遍性主要包含两方面的内容："其一，法的效力对象的广泛性，在一国范围之内，任何人的合法行为都无一例外地受法的保护；任何人的违法行为，也都无一例外地受法的制裁。法不是为特别保护个别人的利益而制定，也不是为特别约束个别人的行为而设立。其二，法的效力的重复性。这是指法对人们的行为有反复适用的效力。在同样的情况下，法可以反复适用，而不仅适用一次。法不能为某一特殊事项或行为而制定，也不能因为一次性适用而终止生效。"[1]这就说明了法律规范的效力是普遍的，而且是可以反复适用的。然而，法律规范具有普遍性并不是说法律规范的效力是无限的，实质上，法律规范的效力也是有局限的，不能超出国家权力管辖的范围，本国的法律规范不可能到别国领土上随意地加以适用，否则必然会导致国与国之间产生冲突与矛盾。法律规范的普遍性也不是说法律规范对于权力管辖范围内的所有事项都可以有效适用，要摒弃法律规范万能论的错误思想，毕竟法律规范的调整范围是有限度的，社会生活中的有些领域是不需要法律规范来调整的，而且有些法律的适用对象也是有限度范围的，并不是所有法律的效力范围都是一致的，因而法律规范的普遍性特征是相对而言的。

　　（2）法律规范的结构。既然立法结构的主体是法的内容，而法律规范又是法的内容中的主干，因而，研究立法结构问题，不得不把握法律规范的逻辑结构。在立法过程中，法律规范与法律条文的范围不是完全重合的，有的法律规范和法律条文是一致的，法律条文完整地表达了法律规范的各项结构，而多数条文只是表达了法律规范的一个要素结构。这就要求立法者在设计法律条文时注意对法律规范的表达，何时用完整的表达方式，何时用部分的表达方式是需要结合整个立法主旨加以斟酌考量的。

　　关于法律规范的结构，学术界存在不同的看法，主要有"传统三要素说""两要素说""新三要素说"等观点。[2]

---

〔1〕　参见舒国滢主编：《法理学导论》，北京大学出版社 2006 年版，第 33-34 页。

〔2〕　参见张正德、付子堂主编：《法理学》（第 2 版），重庆大学出版社 2003 年版，第 143 页。

"传统三要素说"认为，每一法律规范通常由假定、处理、制裁三个要素组成。该观点的"假定"，是指法律规范适用的条件或情况；"处理"，是指法律规范关于行为准则的具体规定；"制裁"，是指违反法律规范的规定所受到的惩罚。该观点认为以上三个要素必须同时具备、缺一不可，否则，便不成为法律规范。传统三要素说主张的"假定"和"处理"无疑是正确的、切合实际的。但其主张的"制裁"必备的看法有一定的片面性，不仅在理论上有些绝对化，而且也不符合法律发展的历史事实，更未全面地反映我国立法和司法的现实状况。

"两要素说"认为，法律规范是由行为模式和法律后果两部分构成的。"行为模式"相当于传统三要素说的假定、处理部分，即在什么情况下可以这样行为、应该这样行为和不应该这样行为，这样的前提条件与要求本身浑然一体；"法律后果"是指人们在做出符合或违背法律规范的行为时，应当承担的相应的法律上的后果。批评者认为该学说有过简之嫌，而且行为模式在实际上往往不能涵盖假定部分的内容。

"新的三要素说"是将上述两种学说结合起来，即法律规范的逻辑结构应由前提条件、行为模式和法律后果三个要素构成。"前提条件"是指法律规范中规定适用该规范的条件或情况的那一部分。只有当这些条件或情况出现时，才能适用该规范。"行为模式"是指法律规范中关于行为规则的具体规定。它具体指明了人们可以如何行为、应该如何行为、禁止如何行为，以其作为人们行为的标准和尺度。行为模式规定了人们的权利和义务。这一部分是法律规范的核心部分。"法律后果"是指法律规范中规定的遵守及违反该规范时所应受到的鼓励或者处罚的那一部分。

不论采用哪种学说，我们对于法律规范逻辑结构的理解都应该注意，法律规范逻辑结构的构成要素在逻辑上是缺一不可的，而在法律条文的表述中，为了简练避免繁琐，对某些要素往往是可以省略的，因为法律规范不同于法律条文。因此，从法律规范的逻辑结构的角度来研究立法结构，可以有助于立法结构的简洁清晰，也可以比较容易发现立法中存在的问题与不足，对于立法工作的改进也有十分重要的意义。

2. 法的非规范性内容

法的非规范性内容作为法的内容的重要辅助成分，对整部法律的完整与逻辑的完善起到了重要作用。

法的非规范性内容中有诸多要素：①效力等级。关于法的效力等级的要素问题，也就是在法律中明确表明立法的主体级别。通过法律名称的判断，以及法律内容中对通过机关的载明，可以清晰地判断出法律的立法主体，从而可以确定法律的级别效力等级。以《民法典》为例，该法律的制定主体就是全国人民代表大会，因而我们可以判断出这部法律在我国整个法律体系中的效力等级，其效力是仅次于宪法但高于行政法规的法律。②公布机关。除了可以判断出法律的制定主体和效力等级外，还可以清晰地判断出公布机关，那就是由国家主席进行公布。根据我国《宪法》第80条的规定："中华人民共和国主席根据全国人民代表大会的决定和全国人民代表大会常务委员会的决定，公布法律，任免国务院总理、副总理、国务委员、各部部长、各委员会主任、审计长、秘书长，授予国家的勋章和荣誉称号，发布特赦令，宣布进入紧急状态，宣布战争状态，发布动员令。"其中关于公布法律的问题，《宪法》规定了国家主席根据全国人大及其常委会的决定公布法律的职权。③生效时间。从上述列举的信息中，我们还能判断出关于法律的时间效力的内容，这也是法的非规范性内容的重要方面，《民法典》在主席令中就规定了法律的通过时间与生效实施时间，同时还在法律的名称下面用括号的形式注明了法律的通过时间，如："2020年5月28日第十三届全国人民代表大会第三次会议通过，2021年1月1日开始施行"。这些关于生效时间的规定一目了然，明确可见，而且完整充分，对法律的执行与适用起到了良好的作用。

3. 法的规范性内容与非规范性内容的链接要素

法的规范性内容与非规范性内容对立法结构分别起到了不同的作用，然而它们的存在不是孤立的，而是只有通过一定的要素将其融为一体才能够发挥整体的效果，因而这些相关的链接要素就显得重要得多。一般而论，在我国立法中，这些链接要素包括目录、序言、括号、附件、编、章、节、条、款、项等具体内容。有的学者将编、章、节、条、款、项、目等要素理解为法的规范性要素，本书认为这是不准确的，因为这些要素可以对法的规范性内容作出规定，也可以对法的非规范性要素作出规定，因而其不应该绝对地属于某个方面，而将其作为法的规范性内容与非规范性内容的链接要素来把握更为准确。

（1）关于目录的问题。在现行的法律中，目录不是所有法律都有的，在那些法律结构上设有编章节等组成部分，而且这些编章节各自有标题进行概括，因而在这样的立法结构中，将这些编章节通过目录的形式加以串联并放置于法律的开篇，有助于人们从宏观上对法律的基本结构和内容进行方便的把握。比如《立法法》的目录就是这样设计的："第一章　总则；第二章　法律：第一节　立法权限，第二节　全国人民代表大会立法程序，第三节　全国人民代表大会常务委员会立法程序，第四节　法律解释，第五节　其他规定；第三章　行政法规；第四章　地方性法规、自治条例和单行条例、规章：第一节　地方性法规、自治条例和单行条例，第二节　规章；第五章　适用与备案；第六章　附则。"

（2）关于序言的问题。在法律的正文前面，有时候会有一部分论述性的文字，通常是对立法的原因、立法的目的和立法的任务作出的表述，有的比较长，有的比较短，诸如这样的内容就称其为序言。序言对于法律来说不是必须的，有的法律存在序言，有的就没有规定序言。关于序言的效力问题，是存在争议的。有的学者认为，序言的存在是法律的一个组成部分，应该具有法律拘束力，应当把序言的内容当作法的内容，违背序言的内容当然也是对法律的违反；也有的观点认为，序言由于没有规定实质的权利义务关系，仅是对立法背景和立法目的的表述，因而是没有效力的，法律不设定序言，也不影响法律的其他部分发挥效力。比如《美利坚合众国宪法》的序言只有一句话："We the people of the United States, in order to form a more perfect union, establish justice, insure domestic tranquility, provide for the common defense, promote the general welfare, and secure the blessings of liberty to ourselves and our posterity, do ordain and establish this Constitution for the United States of America."在这句宪法序言中的"blessing"一词，中文可以将其译为"幸福"或"祝福"，由于对于"幸福"的含义无法进行准确的法律界定，因而，在美国的司法适用中，宪法序言是不会被适用于具体案件审判的。

在我国，《宪法》作为国家的根本大法，以序言的形式记述了中国共产党带领全国各族人民英勇奋斗的辉煌历程，规定了宪法以法律的形式确认了中国各族人民奋斗的成果，规定了国家的根本制度和根本任务，是国家的根本法，具有最高的法律效力。全国各族人民、一切国家机关和武装力量、各政党和各社会团体、各企业事业组织，都必须以宪法为根本的活动准则，并且负有维护宪法尊严、保证宪法实施的职责。《民族区域自治法》以序言的形式记述了我国实行的民族区域自治制度的原则、内容、原因和意义，规定了民族区域自治是中国共产党运用马克思列宁主义解决我国民族问题的基本政策，是国家的一项基本政治制度。实行民族区域自治，体现了国家充分尊重和保障各少数民族管理本民族内部事务权利的精神，体现了国家坚持实行各民族平等、团结和共同繁荣的原则。《香港特别行政区基本法》序言规定："香港自古以来就是中国的领土，一八四〇年鸦片战争以后被英国占领。一九八四年十二月十九日，中英两国政府签署了关于香港问题的联合声明，确认中华人民共和国政府于一九九七年七月一日恢复对香港行使主权，从而实现了长期以来中国人民收回香港的共同愿望。为了维护国家的统一和领土完整，保持香港的繁荣和稳定，并考虑到香港的历史和现实情况，国家决定，在对香港恢复行使主权时，根据中华人民共和国宪法第三十一条的规定，设立香港特别行政区，并按照'一个国家，两种制度'的方针，不在香港实行社会主义的制度和政策。国家对香港的基本方针政策，已由中国政府在中英联合声明中予以阐明。根据中华人民共和国宪法，全国人民代表大会特制定中华人民共和国香港特别行政区基本法，规定香港特别行政区实行的制度，以保障国家对香港的基本方针政策的实施。"由此可见，《香港特别行政区基本法》的序言是在我国对香港恢复行使主权的条件下对基本法立法背景的概括性描述。

（3）关于附件的问题。附件就是对在法律的正文后附加的相关材料的称谓。之所以设计附件的要素，是因为这些材料通常是数据、表格、图形等形式，不便于安排到法律条文中去，而且也有助于立法者更好地对制定出来的法律加以说明和解释，更好地为人们所理解。关于附件的效力问题通常的理解是，附件与法律的正文一样都是具有法的效力的，虽然是在法律文本的最后，但是也是法律的组成部分，因而我们在适用法律时也应当对其加以考虑适用。比如，《香港特别行政区基本法》就规定了三项附件，附件一是关于《香港特别行政区行政长官的产生办法》，附件二是关于《香港特别行政区立法会的产生办法和表决程序》，附件三是关于《在香港特别行政区实施的全国性法律》。《个人所得税法》也规定了两项附件图表，内容是有关不同对象的个人所得税的适用税率。附件表一是关于工资、薪金所得的适用税率，附件表二是关于个体工商户的生产、经营所得和对企事业单位的承包经营、承租经营所得的适用税率。

（4）关于编的问题。编这种要素形式的采用通常是在法律文本较长的立法中，比如我国的民事基本立法、刑事基本立法和行政基本立法中都会采用编的形式作为最大的单元单位。比如在我国《民事诉讼法》的立法结构中，规定了编的形式，分为："第一编　总则；第二编　审判程序；第三编　执行程序；第四编　涉外民事诉讼程序的特别规定。"

（5）关于章和节的问题。章和节是紧密联系存在的，有的立法有章的存在，而在章下就没再细分为节，这是由法律内容的本身决定的，然而设置节的法律在其上必然存在着章，因而可以说，节是章的附属。一部设置章的法律中是否要设置节，要看这部法律的内容是否需要进一步细化，如果不需要就可以直接通过章进行表述。需要注意的是，如果划分章节，立法者应该对每一个章节拟定出简练的标题，以便更好地概括章节的内容，也使得法律便于适用。比如《民事诉讼法》的第二编审判程序下，就具体划分为各自的独立章节，并且在各自章节中都有独立的标题加以概括，分为："第十二章　第一审普通程序：第一节　起诉和受理；第二节　审理前的准备；第三节　开庭审理；第四节　诉讼中止和终结；第五节　判决和裁定。第十三章　简易程序。第十四章　第二审程序。第十五章　特别程序：第一节　一般规定；第二节选民资格案件；第三节　宣告失踪、宣告死亡案件；第四节　认定公民无民事行为能力、限制民事行为能力案件；第五节　认定财产无主案件。第十六章审判监督程序。第十七章　督促程序。第十八章　公示催告程序。"

（6）关于条和款的问题。条的重要意义不言而喻，一部法律可以没有编、章和节，但不可能没有条文，由此可见，条文是法律最核心的内容要素。关于款的问题，实质上讲就是将条文按照不同的含义所划分的段落，一个段落就可以成为一款。款与条的关系就诚如节与章的关系一样，有条的地方，可以有款，也可以不设款。但是如果设了款，必然是在条之下。

以《立法法》的法律条文为例，本法第81条规定了地方性法规的制定程序，该条的内容与《立法法》其他条文相比相对较多，因此立法者将其划分为五个层次，用五个段落来表述，因而第81条一共有5款。这一条也是2023年《立法法》修改的重点条款。第1款规定："设区的市的人民代表大会及其常务委员会根据本市的具体情况和实际需要，在不同宪法、法律、行政法规和本省、自治区的地方性法规相抵触的前提下，可以对城乡建设与管理、生态文明建设、历史文化保护、基层治理等方面的事项制定地方性法规，法律对设区的市制定地方性法规的事项另有规定的，从其规定。设区的市的地方性法规须报省、自治区的人民代表大会常务委员会批准后施行。省、自治区的人民代表大会常务委员会对报请批准的地方性法规，应当对其合法性进行审查，认为同宪法、法律、行政法规和本省、自治区的地方性法规不抵触的，应当在四个月内予以批准。"第 2 款规定："省、自治区的人民代表大会常务委员会在对报请批准的设区的市的地方性法规进行审查时，发现其同本省、自治区的人民政府的规章相抵触的，应当作出处理决定。"第 3 款规定："除省、自治区的人民政府所在地的市，经济特区所在地的市和国务院已经批准的较大的市以外，其他设区的市开始制定地方性法规的具体步骤和时间，由省、自治区的人民代表大会常务委员会综合考虑本省、自治区所辖的设区的市的人口数量、地域面积、经济社会发展情况以及立法需求、立法能力等因素确定，并报全国人民代表大会常务委员会和国务院备案。"第 4 款规定："自治州的人民代表大会及其常务委员会可以依照本条第一款规定行使设区的市制定地方性法规的职权。自治州开始制定地方性法规的具体步骤和时间，依照前款规定确定。"第 5 款规定："省、自治区的人民政府所在地的市，经济特区所在地的市和国务院已经批准的较大的市已经制定的地方性法规，涉及本条第一款规定事项范围以外的，继续有效。"这五款内容分别对地方性法规的立法主体、报批程序、审查监督程序以及相关概念作出了规定，每一款的存在都符合其存在的逻辑顺序与地位，共同构成了第 81 条的完整内容。

（7）关于项的问题。项是包含于款之中的，对款所涉及内容进行列举而设置的要素。有的法律中只有一个段落，因此这一个段落可以说是一个条文，也可以说这个条文只有一款，但一般情况下，如果一个法律条文只有一条，在表述时就不会再说款的问题。如果该法律条文有若干款，为了表述清楚，在表述法条内容时会具体地表述为第×条的第×款。之所以要理清这个问题，是因为在某些法律条文中，只有一款但这一款又分为若干个项，因此要明确，虽然这一条文只有一款，但这些项也是对款作出的细化。比如，《立法法》第 11 条关于立法保留的规定："下列事项只能制定法律：（一）国家主权的事项；（二）各级人民代表大会、人民政府、监察委员会、人民法院和人民检察院的产生、组织和职权；（三）民族区域自治制度、特别行政区制度、基层群众自治制度；（四）犯罪和刑罚；（五）对公民政治权利的剥夺、限制人身自由的强制措施和处罚；（六）税种的设立、税率的确定和税收征收管理等税收基本制度；（七）对非国有财产的征收、征用；（八）民事基本制度；（九）

基本经济制度以及财政、海关、金融和外贸的基本制度；（十）诉讼制度和仲裁基本制度；（十一）必须由全国人民代表大会及其常务委员会制定法律的其他事项。"在这个条文中，实质上只有一款，而这一款又被细化为十个具体的项，每一项都独立代表了列举出的相关层次的含义并且每个项都具有相对的独立性和完整性。

三、立法的内部结构

立法的内部结构通常是指法的结构安排问题。纵观国际立法趋势，成文法领域的结构安排通常分为法的总则、法的分则和法的附则三个部分。如果说法的目录、标题、附则和法的编、章、节、条、款、项构成了立法的外部结构问题，那么法的总则、法的分则和法的附则则构成了立法的内部结构，这也是立法结构中的最实质的成分。

（一）法的总则

法的总则就是指在法的结构中起到统领地位的法律条文的部分。法的总则规定了关于法的整体和全局的内容，对整部法律起到了提纲挈领的作用。一般来说，法的总则通常规定了一部法律的立法目的、任务和根据、法律遵循的基本原则、法律中的基本制度、法的适用效力等起到统领作用的内容，其他必要的内容可以在总则内规定，也可以在其他部分中规定。关于总则的表现形式，大部分立法会采用"总则"为标题进行表现，但也有的法律中采用其他的形式来表现。

比如在早期民事立法的统领《民法通则》中，对起到总则作用的第一章采用了"基本原则"的文字表述来表现，这也是与当时的立法技术发展水平密切相关的。

（1）关于立法目的、任务和根据的问题。总则中关于这部分的内容通常出现在法律的第1条。纵观我国立法，基本上第1条都是对立法目的与立法根据的表述。立法目的当然是指立法者希望通过立法达到的效果，法律作为一种手段，制定法律本身不是目的，而是通过制定出来的法律这种手段要达到的某种效果才是目的。关于立法根据，顾名思义，就是制定某个法的依据，在我国法律效力的等级是不同的，下位阶的法律不能同上位阶的法律相冲突，因而制定下位阶法律的时候就要以上位阶的法律为根据。比如制定法律通常是以宪法为根据，而制定行政法规通常是以宪法和法律为依据。如果法律规定立法任务，一般会在第 2 条进行表述。比如，我国《刑法》第 1 条的规定：
"为了惩罚犯罪，保护人民，根据宪法，结合我国同犯罪作斗争的具体经验及
实际情况，制定本法。"这是对立法目的和立法根据的规定。第 2 条对立法任
务作出了规定："中华人民共和国刑法的任务，是用刑罚同一切犯罪行为作斗
争，以保卫国家安全，保卫人民民主专政的政权和社会主义制度，保护国有
财产和劳动群众集体所有的财产，保护公民私人所有的财产，保护公民的人
身权利、民主权利和其他权利，维护社会秩序、经济秩序，保障社会主义建
设事业的顺利进行。"我国《民事诉讼法》第 1 条的规定："中华人民共和国
民事诉讼法以宪法为根据，结合我国民事审判工作的经验和实际情况制定。"
就是对立法目的和立法根据的规定。第 2 条规定："中华人民共和国民事诉讼
法的任务，是保护当事人行使诉讼权利，保证人民法院查明事实，分清是非，
正确适用法律，及时审理民事案件，确认民事权利义务关系，制裁民事违法
行为，保护当事人的合法权益，教育公民自觉遵守法律，维护社会秩序、经
济秩序，保障社会主义建设事业顺利进行。"就是对立法任务的规定。《立法
法》第 1 条规定："为了规范立法活动，健全国家立法制度，提高立法质量，
完善中国特色社会主义法律体系，发挥立法的引领和推动作用，保障和发展
社会主义民主，全面推进依法治国，建设社会主义法治国家，根据宪法，制
定本法。"《行政许可法》第 1 条规定："为了规范行政许可的设定和实施，保
护公民、法人和其他组织的合法权益，维护公共利益和社会秩序，保障和监
督行政机关有效实施行政管理，根据宪法，制定本法。"这些都是对立法目的
和立法根据的规定。《行政法规制定程序条例》第 1 条规定："为了规范行政
法规制定程序，保证行政法规质量，根据宪法、立法法和国务院组织法的有
关规定，制定本条例。"《行政法规制定程序条例》作为行政法规，在法律效
力上低于宪法和法律，因此，其立法根据是宪法和相关法律。

（2）关于法律的基本原则问题。法律的基本原则是法的总则规定的最核
心的内容，几乎所有的法律涉及基本原则问题的规定，都会安排在总则之中。
法律的基本原则作为一部法律的纲领与中心，因而在关于基本原则的拟定问
题上，立法者必须要统观整部法律全局，充分考虑立法的主要目的、立法所
追求的基本价值、宪法中对于所要制定法律的规定以及与其他法律原则之间
的协调关系等问题，从高屋建瓴的角度对法律的基本原则加以提炼和概括。

一般的立法结构的总则中，关于法律的基本原则的规定通常是紧接在立

法目的与立法根据之后，比如，我国《刑法》的基本原则分别规定在："第三条的罪行法定原则、第四条的平等适用刑法原则以及第五条的罪责刑相适应原则。"这三条基本原则就规定在第 1 条立法目的与根据以及第 2 条立法任务之后。这样的结构安排有助于凸显法律中基本原则的地位，而且也可以使得人们清晰直接地对法律的基本精神和理念进行了解。再如，《民事诉讼法》的基本原则可见于民事诉讼法典的"第一章 任务、适用范围和基本原则"之中，只是与《刑法》的结构不同的是，《民事诉讼法》的基本原则规定在了适用范围之后，体现在："第五条的同等和对等原则、第六条的人民法院独立行使审判权原则、第七条的审理案件以事实为根据以法律为准绳的原则、第八条的当事人诉讼权利平等原则、第九条的法院调解自愿和合法的原则、第十一条的使用本民族语言进行诉讼的原则、第十二条的辩论原则、第十三条的诚信和处分原则、第十四条的检察监督原则以及第十五条的支持起诉原则。"

（3）关于法律的基本制度问题。法律条文的内容就是规定相关的法律制度问题，而关于这些制度中的基本制度问题需要法的总则来加以规定。所谓基本制度，就是指对整部法律起到统领和指导地位的制度，这些制度涉及的是有关整体法律制度的核心问题，而不是仅仅涉及某一个方面的制度问题。通常在一部法律的总则中，有关法律的基本制度问题会安排在法律的基本原则之后，比如在《民事诉讼法》中，第 10 条就规定了："人民法院审理民事案件，依照法律规定实行合议、回避、公开审判和两审终审制度。"由此可见，《民事诉讼法》的基本制度是与其基本原则紧密相连的，两者共同对法律原则和制度的整体问题作出了统领与指导。

（4）关于法律的适用效力问题。法律的适用效力解决的是法律在什么地方、对什么人和在什么时间内具有效力的问题，包括法律的空间效力与时间效力。以我国《刑法》总则中对刑法适用效力的规定为例，我国《刑法》从第 6 条到第 12 条具体规定了刑法的适用效力问题。其中包括刑法的空间效力和时间效力。所谓空间效力，就是指刑法对地域和对人的效力，主要解决的刑事管辖权的问题，即在什么样的空间范围内有效，从这些规定来看主要体现了以下几类管辖原则：①属地管辖原则。以一定范围的地域为准则，即只要在我国国家主权范围内，所有的犯罪行为都适用我国刑法，为属地原则。②属人管辖原则。即只要是我国公民，不论其行为在国内还是在国外都适用我国刑法，为属人原则。③保护管辖原则。以行为是否侵犯我国国家利益或者我国公民利益为准则，都适用我国刑法，为保护管辖原则。④普遍管辖原则。针对国际条约、国际协定中规定的违反全人类共同利益的国际犯罪行为，不论行为人的国籍、行为所在地、任何缔约国、条约参与国都有权管辖，此为普遍管辖原则。关于时间效力的问题，主要解决的是刑法在何时生效、在何时失效以及对其生效前的行为有无追溯效力的问题，其中最核心的问题就是刑法的溯及力问题。根据我国《刑法》第12条的规定："中华人民共和国成立以后本法施行以前的行为，如果当时的法律不认为是犯罪的，适用当时的法律；如果当时的法律认为是犯罪的，依照本法总则第四章第八节的规定应当追诉的，按照当时的法律追究刑事责任，但是如果本法不认为是犯罪或者处刑较轻的，适用本法。本法施行以前，依照当时的法律已经作出的生效判决，继续有效。"因而，从本质上说，根据罪刑法定原则，对犯罪行为的定罪应以行为时的法律明文规定为限，因为行为人只能根据犯罪行为实施时的法律来预见自己行为的后果，对犯罪之后实施的法律，原则上不能对该行为有效，但若有新的法律制定出台，考虑到对被告人有利的原则，可以在刑法的时间效力问题上适用"从旧兼从轻"的原则。

（二）法的分则

法的分则就是对总则内容的具体化而形成的立法内部结构，法的分则与法的总则相比，内容更为具体，范围更为广泛，调整手段也更为直接，适用的程度也更为频繁。法的分则是对法的总则规定的基本原则和基本制度的具体化，法律作为调整人们行为的社会规范，主要特点就是通过规定权利和义务来实现对社会关系的调整，而一部法律中权利和义务内容最为庞大的体现就是在法律的分则之中，法的分则就是通过规定人们有权利为某些行为或者有义务为某些行为或有义务不为某些行为这样的内容来保证法律的贯彻实施。

关于分则的形式在我国的法律体系中主要表现为两种：一种是法律在目录中明确地表明法的分则一编，比如我国《刑法》的目录表现为："第一编　总则：第一章　刑法的任务、基本原则和适用范围；第二章　犯罪；第三章　刑罚；第四章　刑罚的具体运用；第五章　其他规定。第二编　分则：第一章　危害国家安全罪；第二章　危害公共安全罪；第三章　破坏社会主义市场经济秩序罪；第四章　侵犯公民人身权利、民主权利罪；第五章　侵犯财产罪；第六章　妨害社会管理秩序罪；第七章　危害国防利益罪；第八章　贪污贿赂罪；第九章　渎职罪；第十章　军人违反职责罪。附则。"从以上目录内容可以清晰地看出有关"第二编　分则"的内容规定。另一种表现形式是在法律的目录中不写明"分则"字样，但却明确写明"总则"和"附则"，因而通过总则和附则位置的判断就可以推断出属于分则的部分。

比如《行政强制法》的目录表现为："第一章　总则；第二章　行政强制的种类和设定；第三章　行政强制措施实施程序；第四章　行政机关强制执行程序；第五章　申请人民法院强制执行；第六章　法律责任；第七章　附则。"从这种结构安排可以看出，《行政强制法》没有直接写明"分则"的具体文字，但是从"第一章　总则"与"第七章　附则"的位置来判断，其间第二章到第六章的规定应该就是分则的内容。

对于分则的结构要求必须做到逻辑严谨、层次分明、顺序适当以及用语清晰，更重要的是避免分则的内容与总则的基本原则与制度相冲突，分则内容自身相冲突，避免分则出现繁简不适当的状况。"分则要完整地体现出总则部分的立法目的、立法原则、基本法定制度及其他有关总则内容，要完整地规定各有关主体、客体、行为、事件、结果等方面的内容，要完整地规定权利（或职权）、义务（或职责），要完整地构造法的规范的逻辑结构，并且要将以上内容的规定做到明确、具体，具有可操作性。"[1]

（三）法的附则

法的附则，顾名思义，就是附在法的最后的规则，通常起到的是对总则和分则的补充和辅助作用。对于附则的存在必要性问题一般理解为，附则对于法来说不是必须的，也就是说有些法就没有附则，比如我国《宪法》。法的附则作为法的总则和分则的辅助性内容，内容主要应当包括："（1）关于名词、术语的定义。（2）关于解释权的授权规定。（3）关于制定实施细则的授权规定。（4）关于制定变通或补充规定的授权规定。（5）关于宣告有关法或法的规定失效或废止的规定。（6）关于施行问题的规定。"[2]

（1）关于名词、术语的定义问题。法律内容中的某些名词和术语如果不对其进行准确的定义，在法律的适用过程中就会遇到分歧和误解，因而，在附则中对某些名词和术语进行定义十分必要。然而，有些时候法律在规定名词和术语的定义问题时，没有规定在附则之中，或者规定在总则的末尾，或

---

〔1〕　参见周旺生：《立法学》（第2版），法律出版社2009年版，第492页。

〔2〕　参见周旺生：《立法学》（第2版），法律出版社2009年版，第494页。

者规定在分则的某个部分，这样的规定严格意义上来说是不规范的，因而最好将其统一规定到法律文本的最后附则中，以便方便查阅。比如我国《刑事诉讼法》中，对相关名词和术语的定义就规定在了总则的末尾。在《刑事诉讼法》"第一编 总则"中的"第九章 其他规定"的第 108 条规定中，载明了本法下列用语的含意是：① "侦查"是指公安机关、人民检察院在办理案件过程中，依照法律进行的专门调查工作和有关的强制性措施；② "当事人"是指被害人、自诉人、犯罪嫌疑人、被告人、附带民事诉讼的原告人和被告人；③ "法定代理人"是指被代理人的父母、养父母、监护人和负有保护责任的机关、团体的代表；④ "诉讼参与人"是指当事人、法定代理人、诉讼代理人、辩护人、证人、鉴定人和翻译人员；⑤ "诉讼代理人"是指公诉案件的被害人及其法定代理人或者近亲属、自诉案件的自诉人及其法定代理人委托代为参加诉讼的人和附带民事诉讼的当事人及其法定代理人委托代为参加诉讼的人；⑥ "近亲属"是指夫、妻、父、母、子、女、同胞兄弟姊妹。然而也有严格按要求将名词和术语的定义规范的安排在附则中的法律，比如我国《公务员法》"第十八章 附则"第 111 条规定："本法所称领导成员，是指机关的领导人员，不包括机关内设机构担任领导职务的人员。"以及我国《行政强制法》"第七章 附则"第 69 条规定："本法中十日以内期限的规定是指工作日，不含法定节假日。"

（2）关于解释权的授权规定问题。在我国，《宪法》明确规定了我国法律的解释权由全国人大常委会行使。因此在法律的附则中如果规定关于法律解释权的授权问题，也只能规定授权给全国人大常委会行使法律解释权，不可能规定为其他任何国家机关。比如我国《香港特别行政区基本法》第 158 条第 1、2 款就明确规定了："本法的解释权属于全国人民代表大会常务委员会。全国人民代表大会常务委员会授权香港特别行政区法院在审理案件时对本法关于香港特别行政区自治范围内的条款自行解释。"

（3）关于制定实施细则的授权规定问题。在法的附则中，通常会对制定法律的实施细则问题作出规定，对于实施细则的授权规定有助于下位阶的立法主体明确自己的立法权限，以实现法制统一的效果。比如，我国《全国人民代表大会和地方各级人民代表大会选举法》"第十一章 附则"第 60 条规定："省、自治区、直辖市的人民代表大会及其常务委员会根据本法可以制定选举实施细则，报全国人民代表大会常务委员会备案。"我国《地方各级人民代表大会和地方各级人民政府组织法》"第五章　附则"的第 90 条规定：
"省、自治区、直辖市的人民代表大会及其常务委员会可以根据本法和实际情况，对执行中的问题作具体规定。"

（4）关于制定变通或补充规定的授权规定问题。这个问题通常出现在涉及民族自治地方的法律问题中，通常会在法律中规定授权给民族自治地方关于制定变通或补充规定的问题。其中最典型的是在《民法典》生效实施前《婚姻法》的规定，《婚姻法》"第六章　附则"第 50 条规定："民族自治地方的人民代表大会有权结合当地民族婚姻家庭的具体情况，制定变通规定。自治州、自治县制定的变通规定，报省、自治区、直辖市人民代表大会常务委员会批准后生效。自治区制定的变通规定，报全国人民代表大会常务委员会批准后生效。"由此可见，《婚姻法》以附则的形式授予了民族自治地方有权对《婚姻法》内容作变通的权力。同时，我国《妇女权益保障法》也与《婚姻法》采取了一致的附则形式，在我国《妇女权益保障法》2022 年修订前"第九章、附则"第 60 条规定了："省、自治区、直辖市人民代表大会常务委员会可以根据本法制定实施办法。民族自治地方的人民代表大会，可以依据本法规定的原则，结合当地民族妇女的具体情况，制定变通的或者补充的规定。自治区的规定，报全国人民代表大会常务委员会批准后生效；自治州、自治县的规定，报省、自治区、直辖市人民代表大会常务委员会批准后生效，并报全国人民代表大会常务委员会备案。"

（5）关于宣告法的废止以及法的施行规定问题。这个问题是一般法律的附则通常都会作规定的问题，对这类问题作出规定，有助于清晰地明确新法律的生效实施时间与旧法律的废止，有助于法律的准确适用。一般情况下，法律的通过时间与实施时间是不一致的，这是由于立法者考虑到要留出一段时间使得社会成员为新法律的施行准备条件。比如我国 2005 年《公务员法》（2005 年 4 月 27 日第十届全国人民代表大会常务委员会第十五次会议通过）第 107 条规定："本法自 2006 年 1 月 1 日起施行。全国人民代表大会常务委员会 1957 年 10 月 23 日批准、国务院 1957 年 10 月 26 日公布的《国务院关于国家行政机关工作人员的奖惩暂行规定》、1993 年 8 月 14 日国务院公布的《国家公务员暂行条例》同时废止。"我国 2005 年《治安管理处罚法》（2005 年 8 月 28 日第十届全国人民代表大会常务委员会第十七次会议通过）第 119 条规定："本法自 2006 年 3 月 1 日起施行。1986 年 9 月 5 日公布、1994 年 5 月 12

日修订公布的《中华人民共和国治安管理处罚条例》同时废止。"我国 1999年《行政复议法》（1999 年 4 月 29 日第九届全国人民代表大会常务委员会第九次会议通过）第 43 条规定："本法自 1999 年 10 月 1 日起施行。1990 年 12月 24 日国务院发布、1994 年 10 月 9 日国务院修订发布的《行政复议条例》同时废止。"《民法典》第 1260 条规定："本法自 2021 年 1 月 1 日起施行。《中华人民共和国婚姻法》、《中华人民共和国继承法》、《中华人民共和国民法通则》、《中华人民共和国收养法》、《中华人民共和国担保法》、《中华人民共和国合同法》、《中华人民共和国物权法》、《中华人民共和国侵权责任法》、《中华人民共和国民法总则》同时废止。"

【法律规范】

《立法法》

第 1 条　为了规范立法活动，健全国家立法制度，提高立法质量，完善中国特色社会主义法律体系，发挥立法的引领和推动作用，保障和发展社会主义民主，全面推进依法治国，建设社会主义法治国家，根据宪法，制定本法。

第 11 条　下列事项只能制定法律：

（一）国家主权的事项；

（二）各级人民代表大会、人民政府、监察委员会、人民法院和人民检察院的产生、组织和职权；

（三）民族区域自治制度、特别行政区制度、基层群众自治制度；

（四）犯罪和刑罚；

（五）对公民政治权利的剥夺、限制人身自由的强制措施和处罚；

（六）税种的设立、税率的确定和税收征收管理等税收基本制度；

（七）对非国有财产的征收、征用；

（八）民事基本制度；

（九）基本经济制度以及财政、海关、金融和外贸的基本制度；

（十）诉讼制度和仲裁基本制度；

（十一）必须由全国人民代表大会及其常务委员会制定法律的其他事项。

第 62 条　签署公布法律的主席令载明该法律的制定机关、通过和施行日期。法律签署公布后，及时在全国人民代表大会常务委员会公报和中国人大网以及在全国范围内发行的报纸上刊载。

在常务委员会公报上刊登的法律文本为标准文本。

《行政法规制定程序条例》

第 1 条 为了规范行政法规制定程序，保证行政法规质量，根据宪法、立法法和国务院组织法的有关规定，制定本条例。

【论点要览】

《立法学》（周旺生，法律出版社 2009 年版）：目在法的结构中虽然极少出现，但它毕竟是法的结构中一种可以运用的、有时还是必要的条件。因而立法者尤其是法案起草人也应当予以注意。当条、款、项的内容复杂需要运用目来解决问题时，应当善于运用这一要件。

《立法制度与技术原理》（侯淑雯，中国工商出版社 2003 年版）：总则是整个法的纲领和事关法的全局的内容的综合。它虽非任何一个法文件所必具的组成部分，却是一般的法和绝大多数法所不可或缺的。分则是在法的整体中与总则相对应，使总则中的立法目的、根据、法的基本原则、基本法定制度得以具体化的法的条文和法的规范的总称。

《立法学》（刘和海、李玉福，中国检察出版社 2001 年版）：法律结构是指国家机关制定的规范性法律文件所包含的基本要素。任何一个规范性法律文件都是由若干部分组成的整体。这些组成部分的有机搭配和有序排列，就是法律文件的结构，简称之为法律结构。

《中国法律史论》（张晋藩，法律出版社 1982 年版）：中国封建时期颁行的法典，基本上都是刑法典，但它包含了有关民法、诉讼法及行政法等各方面的法律内容，形成了刑民不分、诸法合体的结构。不仅法典如此，其他如汉朝的编令、宋朝的编敕、明朝的编例，也都不以它所调整的内容和性质来区分门类，而只是按照时间顺序加以编辑，删去其矛盾重复之处。

【典型案例】

案例一：比较新旧《村民委员会组织法》的立法结构

基本材料：

《村民委员会组织法》经历了从 1998 年颁布到 2010 年修订的过程，立法结构发生了重大的变化。详见如下对比：

中华人民共和国村民委员会组织法

（1998 年 11 月 4 日公布）

第一条 为了保障农村村民实行自治，由村民群众依法办理自己的事情，发展农村基层民主，促进农村社会主义物质文明和精神文明建设，根据宪法，制定本法。

第二条 村民委员会是村民自我管理、自我教育、自我服务的基层群众性自治组织，实行民主选举、民主决策、民主管理、民主监督。

村民委员会办理本村的公共事务和公益事业，调解民间纠纷，协助维护社会治安，向人民政府反映村民的意见、要求和提出建议。

第三条 中国共产党在农村的基层组织，按照中国共产党章程进行工作，发挥领导核心作用；依照宪法和法律，支持和保障村民开展自治活动、直接行使民主权利。

第八条 村民委员会根据村民居住状况、人口多少，按照便于群众自治的原则设立。

村民委员会的设立、撤销、范围调整，由乡、民族乡、镇的人民政府提出，经村民会议讨论同意后，报县级人民政府批准。

第九条 村民委员会由主任、副主任和委员共三至七人组成。

村民委员会成员中，妇女应当有适当的名额，多民族村民居住的村应当有人数较少的民族的成员。

村民委员会成员不脱离生产，根据情况，可以给予适当补贴。

第十条 村民委员会可以按照村民居住状况分设若干村民小组，小组长由村民小组会议推选。

第二十三条 村民委员会及其成员应当遵守宪法、法律、法规和国家的政策，办事公道，廉洁奉公，热心为村民服务。

第二十四条 村民委员会决定问题，采取少数服从多数的原则。

村民委员会进行工作，应当坚持群众路线，充分发扬民主，认真听取不同意见，坚持说服教育，不得强迫命令，不得打击报复。

第二十五条 村民委员会根据需要设人民调解、治安保卫、公共卫生等委员会。村民委员会成员可以兼任下属委员会的成员。人口少的村的村民委员会可以不设下属委员会，由村民委员会成员分工负责人民调解、治安保卫、公共卫生等工作。

第三十条 本法自公布之日起施行。《中华人民共和国村民委员会组织法（试行）》同时废止。

中华人民共和国村民委员会组织法

（2010 年 10 月 28 日修订）

第一章 总 则

第一条 为了保障农村村民实行自治，由村民依法办理自己的事情，发展农村基层民主，维护村民的合法权益，促进社会主义新农村建设，根据宪法，制定本法。

第五条 乡、民族乡、镇的人民政府对村民委员会的工作给予指导、支持和帮助，但是不得干预依法属于村民自治范围内的事项。

村民委员会协助乡、民族乡、镇的人民政府开展工作

第二章 村民委员会的组成和职责

第六条 村民委员会由主任、副主任和委员共三至七人组成。

村民委员会成员中，应当有妇女成员，多民族村民居住的村应当有人数较少的民族的成员。

对村民委员会成员，根据工作情况，给予适当补贴。

第十条 村民委员会及其成员应当遵守宪法、法律、法规和国家的政策，遵守并组织实施村民自治章程、村规民约，执行村民会议、村民代表会议的决定、决议，办事公道，廉洁奉公，热心为村民服务，接受村民监督。

第三章 村民委员会的选举

第十一条 村民委员会主任、副主任和委员，由村民直接选举产生。任何组织或者个人不得指定、委派或者撤换村民委员会成员。

村民委员会每届任期三年，届满应当及时举行换届选举。村民委员会成员可以连选连任。

第二十条 村民委员会应当自新一届村民委员会产生之日起十日内完成工作移交。工作移交由村民选举委员会主持，由乡、民族乡、镇的人民政府监督。

第四章　村民会议和村民代表会议

第二十一条　村民会议由本村十八周岁以上的村民组成。

村民会议由村民委员会召集。有十分之一以上的村民或者三分之一以上的村民代表提议，应当召集村民会议。召集村民会议，应当提前十天通知村民。

第二十八条　召开村民小组会议，应当有本村民小组十八周岁以上的村民三分之二以上，或者本村民小组三分之二以上的户的代表参加，所作决定应当经到会人员的过半数同意。

村民小组组长由村民小组会议推选。村民小组组长任期与村民委员会的任期相同，可以连选连任。

属于村民小组的集体所有的土地、企业和其他财产的经营管理以及公益事项的办理，由村民小组会议依照有关法律的规定讨论决定，所作决定及实施情况应当及时向本村民小组的村民公布。

第五章　民主管理和民主监督

第二十九条　村民委员会应当实行少数服从多数的民主决策机制和公开透明的工作原则，建立健全各种工作制度。

第三十六条　村民委员会或者村民委员会成员作出的决定侵害村民合法权益的，受侵害的村民可以申请人民法院予以撤销，责任人依法承担法律责任。

村民委员会不依照法律、法规的规定履行法定义务的，由乡、民族乡、镇的人民政府责令改正。

乡、民族乡、镇的人民政府干预依法属于村民自治范围事项的，由上一级人民政府责令改正。

第六章　附　则

第三十七条　人民政府对村民委员会协助政府开展工作应当提供必要的条件；人民政府有关部门委托村民委员会开展工作需要经费的，由委托部门承担。

村民委员会办理本村公益事业所需的经费，由村民会议通过筹资筹劳解决；经费确有困难的，由地方人民政府给予适当支持。

第四十一条 本法自公布之日起施行。

提示与问题：

（1）如何认识新旧《村民委员会组织法》的立法结构的变化？

（2）怎样评价新《村民委员会组织法》对法律结构的修改？

案例二：比较新旧《地方各级人民代表大会和地方各级人民政府组织法》第一章的立法结构

基本材料：

《地方各级人民代表大会和地方各级人民政府组织法》1979年7月1日第五届全国人民代表大会第二次会议通过；根据1982年12月10日第五届全国人民代表大会第五次会议《关于修改〈中华人民共和国地方各级人民代表大会和地方各级人民政府组织法〉的若干规定的决议》第一次修正；根据1986年12月2日第六届全国人民代表大会常务委员会第十八次会议《关于修改〈中华人民共和国地方各级人民代表大会和地方各级人民政府组织法〉的决定》第二次修正；根据1995年2月28日第八届全国人民代表大会常务委员会第十二次会议《关于修改〈中华人民共和国地方各级人民代表大会和地方各级人民政府组织法〉的决定》第三次修正；根据2004年10月27日第十届全国人民代表大会常务委员会第十二次会议《关于修改〈中华人民共和国地方各级人民代表大会和地方各级人民政府组织法〉的决定》第四次修正；根据2015年8月29日第十二届全国人民代表大会常务委员会第十六次会议《关于修改〈中华人民共和国地方各级人民代表大会和地方各级人民政府组织法〉、〈中华人民共和国全国人民代表大会和地方各级人民代表大会选举法〉、〈中华人民共和国全国人民代表大会和地方各级人民代表大会代表法〉的决定》第五次修正；根据2022年3月11日第十三届全国人民代表大会第五次会议《关于修改〈中华人民共和国地方各级人民代表大会和地方各级人民政府组织法〉的决定》第六次修正。

2015年修正版第一章：

第一章　总　则

第一条 省、自治区、直辖市、自治州、县、自治县、市、市辖区、乡、民族乡、镇设立人民代表大会和人民政府。

第二条　县级以上的地方各级人民代表大会设立常务委员会。

第三条　自治区、自治州、自治县的自治机关除行使本法规定的职权外，同时依照宪法、民族区域自治法和其他法律规定的权限行使自治权。

2022 年修订版第一章：

第一章　总　则

第一条　为了健全地方各级人民代表大会和地方各级人民政府的组织和工作制度，保障和规范其行使职权，坚持和完善人民代表大会制度，保证人民当家作主，根据宪法，制定本法。

第二条　地方各级人民代表大会是地方国家权力机关。

县级以上的地方各级人民代表大会常务委员会是本级人民代表大会的常设机关。

地方各级人民政府是地方各级国家权力机关的执行机关，是地方各级国家行政机关。

第三条　地方各级人民代表大会、县级以上的地方各级人民代表大会常务委员会和地方各级人民政府坚持中国共产党的领导，坚持以马克思列宁主义、毛泽东思想、邓小平理论、"三个代表"重要思想、科学发展观、习近平新时代中国特色社会主义思想为指导，依照宪法和法律规定行使职权。

第四条　地方各级人民代表大会、县级以上的地方各级人民代表大会常务委员会和地方各级人民政府坚持以人民为中心，坚持和发展全过程人民民主，始终同人民保持密切联系，倾听人民的意见和建议，为人民服务，对人民负责，受人民监督。

第五条　地方各级人民代表大会、县级以上的地方各级人民代表大会常务委员会和地方各级人民政府遵循在中央的统一领导下、充分发挥地方的主动性积极性的原则，保证宪法、法律和行政法规在本行政区域的实施。

第六条　地方各级人民代表大会、县级以上的地方各级人民代表大会常务委员会和地方各级人民政府实行民主集中制原则。

地方各级人民代表大会和县级以上的地方各级人民代表大会常务委员会应当充分发扬民主，集体行使职权。

地方各级人民政府实行首长负责制。政府工作中的重大事项应当经集体讨论决定。

提示与问题：

（1）如何认识 2022 年版增加的第一条的意义？

（2）立法的修正与修订有本质区别吗？

【参考书目】

周旺生：《立法学》（第2版），法律出版社 2009 年版，第二十章、第二十一章。

刘和海、李玉福：《立法学》，中国检察出版社 2001 年版，第六章。

【分析思考】

（1）简述立法结构的基本含义

（2）如何理解立法的外部结构？

（3）分析思考法的总则、分则、附则的关系。

【内容概要】

立法语言是立法主体按照一定的规则表述立法意图、设定法律规范、形成规范性文件的一种专门语言文字，是一定的意志或利益得以表现为成文法或法律规范的专门载体。立法语言的规范化，既要坚持明确性原则，又要坚持灵活性原则。

【基本原理】

一、立法语言的概念

语言是人类重要的交流工具，是人们进行沟通与交流必需的手段，人们只有借助语言才能够保存和传递人类文明的成果。立法语言作为语言的一种，与其他语言一样，都是人们交流信息的手段。然而立法语言又有其特有的内涵。

（一）立法语言的内涵

关于立法语言的基本含义，学术界的观点主要有这样几种。有学者认为："立法语言是立法主体按照一定的规则表述立法意图、设定行为规范、形成规范性文件的一种专门语言文字。"[1]也有的学者认为："立法语言文字是立法者借以表述立法意图、设计法的规范从而形成完整的规范性法律文件的书面语言文字，它是在日常语言文字及其意义基础上经过立法者的选择与设定而

---

〔1〕 参见邓世豹主编：《立法学：原理与技术》，中山大学出版社 2016 年版，第 196 页。

形成的一种专门化、规范化的书面语言文字。"[1] 还有的学者认为："所谓立法语言，是指制定和修正法律的专门的语言文字，它按照一定的规则表述立法意图、设定行为规范、形成规范性法律文件。它是立法者表达其立法意图、立法目的、立法政策的文字载体。"[2]

综合这几种观点来看，立法语言的基本含义主要应该注意这样几个要素：一是立法语言首先是一种载体。在立法语言中承载着立法者希望表达的一些立法意图和立法目的，这也是立法语言最本质的功能；二是立法语言的价值在于它是立法者借以表达一定内容的专门文字，离开了立法语言，立法者就无法实现其对社会规范进行设计从而对社会关系进行调整的目的；三是立法语言的特征在于其是专门化、规范化的语言文字，是一种有书面载体的语言。这是立法语言区别于诸如口头语言、文学语言、网络语言、学术语言以及政治语言的重要标志。立法语言必须是规范的，而且用词也是专门化的，不可能随意地从词典中选取词汇一概地加以运用到立法之中，这就是立法语言谨慎用词的重要体现。

需要特别注意的是，立法语言的这种专门化、规范化的语言特征不是与生俱来的，它也是随着法律的发展变化逐步形成的，我们要准确地把握立法语言的内涵，就必须将其与法律的发展过程紧密联系起来。法律的发展经历了从习惯到习惯法，再由习惯法到成文法的过程，因而立法语言作用也只有当法律发展到了成文法阶段才能迅速地显现。因为只有立法语言发展到了发达的程度，才能保证成文法的制定达到比较高的水准。立法者要通过成文法典来规范社会成员的行为，就需要运用严格规范的立法语言文字来将其立法意图加以阐述，立法意图能否真正得到社会成员的正确领会，其关键的环节还在于立法语言是否运用得当、表述准确。立法者在制定法律的过程中，对立法语言的选取应当听取多方的意见，将那些语言方面的专家和学者都吸收到整个立法过程中，使其对立法语言的科学运用提出自己的权威观点。只有这样，才能保证立法从立法语言环节做到科学化、规范化，而立法语言的科学化更重要的意义在于，立法语言的正确运用不仅可以提高社会成员领会立法者立法意图的能力，还可以大大地提高立法的质量，立法语言的规范会使

---

[1] 参见黄文艺、杨亚非主编：《立法学》，吉林大学出版社 2002 年版，第 111 页。
[2] 参见朱力宇、张曙光主编：《立法学》，中国人民大学出版社 2001 年版，第 264 页。

得法律在社会生活的适用过程中实现顺畅无阻的效果，不论是立法者本身对于法律的解释还是执法者对于法律在具体社会生活中的运用，以及司法者对于在裁判案件中对立法精神的领会，都会因为立法语言的准确规范而收到良好的效果。这样不仅避免了立法语言不通顺带来的歧义，而且也防止了法律在适用过程中的不同理解，从而可以保证法律被正确、有效地执行、适用和遵守。由此可见，科学的立法语言对于提高立法的质量而言无疑是十分必要的。

综上所述，立法语言对于整个立法全过程起到了基石的作用，没有立法语言的载体存在，那么其他的所有立法环节都将成为空中楼阁，因而立法语言对于整个立法大厦来说意义十分重大。与此同时，正确掌握立法语言的科学内涵对于正确把握立法语言的基本原则和基本要求起到了有效的基础性作用，没有对立法语言进行宏观的内涵把握，就无法从微观之处更加细微地学习立法语言的原则和要求。

（二）立法语言不规范的危害

然而在立法语言的运用过程中，立法语言的不规范问题已经日趋严重，在我国现行的多部法律之中或多或少的都存在着一些立法语言不规范的问题，如果不加以及时地纠正与完善，将会对我国整个法治进程的推进造成不利的影响。因而，我们应该及时明确立法语言不规范的危害。

（1）立法语言的不规范会导致立法不能充分地准确表达立法者的立法意图，如果法律中出现大量的不规范语言，就很难清晰地体现立法者制定法律的目的，或者由于不规范语言的使用，导致社会公众对立法者立法目的和立法意图产生严重的误解，这些弊端都是不规范的立法语言很容易引发的，进而导致立法的作用没法发挥，社会成员也无法准确把握立法机关制定法律的初衷，这将是立法者不愿意看到的结果。因而，在立法语言的选择上，立法者必须严格斟酌，仔细措辞，否则将成为影响立法全局的症结所在。

（2）立法语言的不规范还会大大降低立法的质量，造成司法机关适用法律的困难，增加司法诉讼成本，也会造成社会成员守法的障碍。立法在社会中的效果是衡量立法质量高低的关键因素，如果法律在社会生活中无法发挥明确的作用，而这种问题的原因在于立法语言的不规范，就会导致所立之法无法产生应有的效果与作用。与此同时，立法语言不规范还会直接影响司法机关对法律的适用，由于法官要适用法律去调整纷繁复杂的社会关系，但是如果法律规范本身的语言表述存在问题，这就必然导致法官对法律条文无法准确把握，甚至在不同法官之间对同一法律条文的理解上发生歧义，这就造成了法律在司法领域的适用困难，而且在最高人民法院还来不及对发生分歧的法律出台司法解释前，存在争议的法官并无权对条文的含义作出具有法律效力的解释，其能够采取的寻求解决纠纷的途径也只能是向最高人民法院请示报告，最终由最高人民法院针对具体案件作出批复，争议法官再依据该批复作出判决。但这个过程是漫长的，一来一回的时间不仅会使得案件得不到及时处理，使得当事人耗费了大量的精力与财力，而且也大大增加了司法机关的诉讼成本与负担。与此同时，由于法律具有的教育作用，当没有涉及这个案件的社会公众看到相关法律规范是存在问题的，他们就会产生对现行法律的疑虑，不知道以后自己再遇到这样的问题应该怎样安排自己的行为，担心是否会行为不当而一样违反法律，因而这样的心理过程就会对社会公众的守法造成严重的障碍。由此可见，小小的一处立法用语不规范将会对整个司法系统的运行以及社会成员的守法心理造成如此重大的影响，因而规范立法语言势在必行。

（3）立法语言不规范更为严重的危害是，将会损害法律的权威与尊严。法律一经表决通过，向社会公布实施，那么其在规范社会关系的过程中的权威性是不容置疑的。人们必须严格按照法律规范规定的内容来约束自己的行为。然而，立法语言的不规范会导致法律的权威性荡然无存。法律语言的不规范很有可能带来法律规范之间的冲突与矛盾，那么人们在选择自己的行为之时就会产生犹豫，这一犹豫就会对法律本身进行思考，人们会觉得立法者对于法律的态度都是这么的随意以及不重视的，那么人们就没有必要严格按照不规范的法律来行为，这样的问题出现一个还可以得到解决，问题是我国的法律体系中存在立法语言不规范的问题比比皆是，因而长此以往定然会在社会公众心中播下法律无用论的种子，这对于维护法律权威，建设社会主义法治国家来说是十分不利的。

由此可见，在了解了立法语言不规范的危害后，就需要我们迫切地及时解决现存问题。本书认为，避免立法语言不规范的最好途径，就是在立法过程中，坚持立法语言的基本原则与基本要求。

二、立法语言的基本原则

立法语言的基本原则就是立法语言应当遵循的具有概括性和综合性的纲领和准则。立法语言的基本原则与基本要求的区别在于，立法语言的基本原则强调的是从宏观与抽象的全局角度对立法语言提出的概括性准则要求，而立法语言基本要求强调的则是更为微观与具体的语言要求。梁启超曾对法律语言问题作出过经典的论断。其认为："法律之文辞有三要件：一曰明，二曰确，三曰弹力性。明、确就法文之用语言之，弹力性就法文所含意义言之。"[1]由此可见，梁启超对于法律语言的观点正是对立法语言作出的基本原则方面的指导。其一曰明，就是指立法语言应当明白，让人看了不会产生歧义。其二曰确，就是指立法语言应当准确，其中的用语应该符合客观规律以及生活常识的要求，不能逻辑混乱、颠三倒四。这两个方面是从立法语言的用词角度提出的立法语言的基本原则，其实两者的意思从本质上是一致的，就是要求立法语言做到明白、准确、无歧义。其三曰弹力性，就是指立法语言应当是有弹性的，立法语言应当可以容受解释之余地，这是从立法语言的所指内容意义的角度提出的立法语言的基本原则。这里的弹力性因而也可以说成立法的模糊性抑或是灵活性，就是指立法不应当规定得过死，应当结合具体的语境对立法语言作出灵活准确的解释。但是应该注意的是，立法的模糊性与立法的不确定性是完全不同的两个概念。我们强调的立法模糊性是指立法应该留有余地，以适应不断变化的社会，而不确定性则是完全无法通过语境得到准确答案，因而不确定的立法是不可取的。

综上所述，我们将立法语言的基本原则概括为两方面：一是立法语言用语的明确性原则；二是立法语言表意的灵活性原则。

（一）立法语言的明确性原则

立法语言的明确性，就是指立法语言应当使用明白、清楚、准确的语言和文字在法律、法规等规范性法律文件中准确无误地表述法的内容。有法谚云："法律不明确，等于无法律。"这就是说法律作为调整人们行为的社会规范，本身必须是内容明确的，应当清楚地写明社会成员可以为哪些行为以及不可以为哪些行为，应该对社会成员的行为作出明确的规范指引，社会成员

---

〔1〕　参见梁启超：《梁启超法学文集》，范中信选编，中国政法大学出版社2004年版。

才能根据明确的法律规范来选择自己的行为，知道自己哪些行为可以为以及哪些行为不能为。一旦法律是不明确的，那么就失去了法律赖以存在的基础，不明确的法律无法对社会关系作出明确的规范，那么这样的法律存在也就毫无价值。因而，法律的明确性是法律的生命，达不到明确性要求的法律也就无法称其为法律。

有学者撰文对法律规范的明确性作出了精彩的论述。其主张："因为'明确性'承载了安全、自由、效率等法律的基本价值。首先，明确的法律规范使得公民能够根据法律的规定判断自己行为在法律上的意义，预测行为所可能产生的法律后果，进而决定行为的取舍，从而具有安全感。其次，明确的法律等于在公权力和公民自由之间划定了一条泾渭分明的界限，可防止国家权力的扩张与滥用，保护公民的基本权利；避免行政机关和法院以一己之好恶恣意滥权，保证法律实施的统一性和权威性。再次，明确的法律有利于法律纠纷更快、更公正地解决，能够提高诉讼效率。"[1]由此可见，该学者不仅从法律的明确性对于社会成员选取自身行为的重要意义的角度探讨了法律明确性的意义，而且还从宪治的角度，针对法律明确性能够限制公权力的问题的提出了法律明确性的重要价值。其主张法律的明确性可以在公权力与私权利之间明确地划清界限，防止公权力的肆意滥用，避免公权力对私权利的扩张与侵犯，从而更好地保护私权利。同时还强调，明确的法律更加有助于提高诉讼效率，因为法官在明确的法律面前适用起来更为得心应手，不需要去等待权威机关对法律的解释，也可以避免不同的法官对不明确的法律的解释的分歧，无形中增加司法诉讼的成本，因而，明确的法律对于诉讼进程的推进更为高效。

立法语言明确性的具体内容主要体现在明白、准确这两个层面上。从实质上看，这两个层面的内涵是一致的，都是要求立法语言要做到确切、不模糊，但是细微的区别在于两者的侧重略有不同。

"明白"一词是从形容词的角度来使用的，它侧重要求立法语言要用词清晰，直截了当；表意清楚，不能含混不清，让社会大众看到法律规范不会产生误解。而"准确"一词则侧重要求立法语言要用词贴切，选词恰当，用最精确的词汇表示出立法者预想表示的立法意图；同时要保证立法语言符合逻

[1] 参见张建军："立法语言的明确与模糊"，载《光明日报》2011年3月1日。

辑，让社会大众看到法律规范不会产生歧义。有学者对立法语言的准确性作出了表述。其主张："立法是要建立或创设制度，规定主体的权利与义务、权力和职责，即立法的目的是设权定责、定分止争。如果法律条文涵义含糊不清、模棱两可，则民众必然会进退失据、不知所从；执法和司法人员就会按照自己的理解和需要随意地、有差别地执行和适用法律。因此，立法语言应当字斟句酌、反复推敲、精雕细刻、准确无误，力求使阅读者能作出符合原意的理解。在立法中，准确意味着立法者应当用清楚、恰切、合适的立法文字表述法律的内容。每一个词语所表达的概念的内涵和外延应当是确定的。要做到一词一义，不同的概念绝不能用同一个词语来表达，同一个概念只能用一个词语来表达。如果所使用的词汇具有若干个涵义，应在立法的文本中指明该词汇的具体涵义。"〔1〕

要做到立法语言的明白与准确，就要求立法者在运用立法语言时做到清晰确定，在通常情况下，使得社会公众不需要借助任何解释就能够凭借一般性的理解把握立法的要旨，而且立法者能够在立法语言的运用中严格按照立法目的要求来进行，避免使用那些会引起社会成员误解或者质疑的立法语言，减少立法语言不规范使用带来的歧义。只有这样才能更好地实现法律在社会生活中的权威地位，降低司法诉讼的成本，提高立法机关的立法质量。立法者做到了立法语言的明白、准确，就可以较好地实现立法语言明确性的原则要求。

（二）立法语言的灵活性原则

按照梁启超对于立法语言的要求，立法语言应当是有弹力性的。也就是说，立法语言在面对复杂变化的大千世界时，不应该规定得过于绝对与死板，而是应当留有解释的余地，允许结合具体的语境对法律的适用作出合理的灵活性解释。立法语言的灵活性原则也就是从这个意义上而言的，灵活性强调相时而动，因时制宜与因地制宜地运用法律，对立法语言完全可以保持相对的模糊性，以适应不断变化的具体情况。然而立法语言的灵活性也不是绝对的，法律作为一种稳定的行为规范，其语言的首要要求当然还是明确性，灵活性仅仅是从反面的角度来补充法律过于追求明确而带来僵化的不足。因此，片面追求立法表述的明确性与灵活性都是错误的、不现实的。明确性和灵活

---

〔1〕　参见张建军"立法语言的明确与模糊"，载《光明日报》2011 年 3 月 1 日。

性作为立法语言基本原则的两个不同角度，各自具有自身不同的作用与价值。研究法的灵活性，并不是要否定法的明确性，刻意去追求灵活性，而是为了更好地理解明确性，因为明确性是立法语言语体的基本特点，而灵活性则是立法语言的例外和达到明确性的手段。

坚持立法语言的灵活性原则，理由在于：

其一，"法律文字是以日常语言或借助日常语言而发展出来的术语写成的，这些用语除了数字、姓名及特定的技术性用语外，都具有意义上的选择空间，因此有多种说明的可能"。[1]立法中使用的语言和词汇的本身含义范围并不是固定的，关于词汇的含义只有词典中列举出了一些常用的意思而已。迄今为止，我们也无法对每个词汇的适用范围以及外延范围作出严格地划定，因而，词汇与词汇的表意之间常常会存在交叉与重叠。一个词汇可以同时表达出不同的语义，而相同的一个语义也可以同时有几个词汇进行表达，这就无形中增加了立法语言使用的难度。正如英国大法官丹宁所言："有时候你可能无法——不是由于你的过错——使自己表达得更清楚，这可能是语言本身的弱点。它可能不足以表达你想要说明的意思，它可能缺乏必要的确切性。"[2]由此可见，当我们用一种立法语言去解释另一种立法语言时，往往会陷入不断循环的解释之中，因而，立法语言想要达到绝对的明确是不可能的，保持灵活性才是必要的途径。

其二，立法语言受所处语境的影响较大，因而语境的不断变化决定了立法语言必须保持相对的灵活性。辩证唯物主义的观点认为，世界是不断变化、发展的，我们必须要用发展的眼光看问题，反对用静止的、停滞的眼光看问题。立法语言所处的语境一直处于不断的变化与发展之中，这就导致了立法语言在不同的语境中可能会产生不同的意义，这就需要对社会生活的状况作出准确的把握，根据不同语境的不同需要来进行调整立法语言的使用。如果立法语言停滞不前，很容易会在短时间内落后于丰富变化的世界，造成制定的法律成为过时的法律的恶果。影响立法语言发展变化的语境因素可以是多种多样的，比如，一国的经济发展水平就决定了该国立法技术的发展程度，经济的发展会促使整体立法技术和立法语言的跨越式提升，因而立法语言离

---

〔1〕 参见［德］卡尔·拉伦茨：《法学方法论》，陈爱娥译，商务印书馆2003年版，第85页。

〔2〕 参见［英］丹宁勋爵：《法律的训诫》，杨百揆等译，群众出版社1985年版，第2页。

不开对经济的依赖，那么经济水平的不断发展就决定了立法语言必须保持充分的灵活性以适应不断发展变化的经济要求。

影响立法语言发展变化的语境因素还可以体现在社会文化方面，随着世界经济全球化进程的不断加快，各大洲之间、各大洲内部国与国之间、地区与地区之间的各式各样的传统文化因素也逐步从封闭走向融合，来自世界各国的不同文化的交流碰撞对每个国家原有的社会文化因素来说既是机遇又是挑战，如果融合得好可以给一国的社会文化带来新的气息与活力，为立法语言的发展提供新的文化基础；融合得不好就会造成长期的文化冲突与社会价值观的模糊，这样立法语言赖以生存的原文化圈就很容易在外来文化因素进入后变得与立法语言格格不入。不论产生怎样的结果，保持立法语言的灵活性对于适应不断变化的社会文化环境来说仍然是意义重大的，立法语言只有坚持了灵活性的原则，才能在不断变化的主流文化中及时实现对社会关系的适应与调整。

由此可见，立法时的社会客观环境是立法者选择立法语言时考虑的重要因素。社会客观现象的变动不一、反复无常要求立法者在制定法律时必须保证法律对不断变化的社会环境保持相对的稳定，不能因为情势的改变就不断地修改法律，因而若想保持法律制定以后在一定时期内的稳定性，又要法律具有较强的适应性与包容性来适应不断变化的社会生活，这就需要立法者在使用立法语言时坚持立法语言的灵活性原则，适度选取相对灵活模糊的词汇。立法语言灵活性的作用在于有利于提高法律的社会适应性和稳定性，用有限的语言元素表达相对较多的信息。这既可以提高语言表达的效率，又可以大大增强语言表达的灵活性。立法语言的使用如果过分追求明确，法律会犹如一潭死水，而恰当运用模糊灵活的技巧，便可以使司法者获得相对自由的空间，可以针对法律留出的灵活性空间恰当对法律结合具体情境作出适用，因而司法者运用法律也自然避免了僵化，获得了一种灵性与活性。综上所述，在立法语言中恰当合理地正确使用灵活的立法语言，该明确时不含糊，该灵活时不过度，便可以有效地提高立法语言的概括能力与明确程度，从而使制定出的法律能够灵活适应社会上纷繁复杂的现象与行为。

三、立法语言的基本要求

立法语言的基本要求相对立法语言的基本原则来说更为具体与细致，它是对立法语言从微观上提出的要求，立法语言的使用与其他语言的使用一样，都包括对词汇的使用、对句子的使用以及对语体的使用这几个方面，而且立法语言作为一种规范性的专门语言对字词句的使用有着更高的要求，因而研究立法语言的基本要求主要也是从这几个方面展开的。

（一）立法语言对词汇的要求

词汇是构成语言的最小细胞，是整个语言学的基础，各种性质的词汇遵循一定的语法规则组成了句子，进而形成了语言。立法语言也是通过这样的逻辑发挥作用的，在立法语言中对词汇有着特别的称谓，那就是法律术语，立法语言对法律术语使用的要求主要体现在：

1. 法律术语使用的统一性

法律术语的用语统一，就是指立法者在使用法律术语制定法律的过程中，应当保持相同法律术语在一部法律中使用方式与表达意思的一致性以及在不同法律之间使用方式与表达意思的一致性。法律术语使用的统一性要求的目的在于，通过法律术语对立法者立法意图和立法目的的一致表达，实现人们对立法者立法意图的正确认识。如果同一种法律术语在一部法律中使用方式是截然不同的，就会使得人们对立法者立法意图的表达产生歧义；如果同一种法律术语在不同的法律之间使用方式也是有差异的，同样也会给人们造成对立法意图的误解。由此可见，立法者使用法律术语时严格遵循统一性的要求具有十分重要的意义。

在现实的立法实践中，违反法律术语统一性要求的情况时有发生，由于法律条文所要表达的立法意图的侧重有所不同，在一部法律中很有可能出现同一法律术语使用方式上不同的情况，而在不同的部门法律之间由于调整的社会关系的性质不同，因而在相同法律术语的表意问题上也会出现不同的意图。

现举一例加以阐释。《行政诉讼法》第 1 条规定："为保证人民法院公正、及时审理行政案件，解决行政争议，保护公民、法人和其他组织的合法权益，监督行政机关依法行使职权，根据宪法，制定本法。"第 2 条规定："公民、法人或者其他组织认为行政机关和行政机关工作人员的行政行为侵犯其合法权益，有权依照本法向人民法院提起诉讼。前款所称行政行为，包括法律、法规、规章　授权的组织作出的行政行为。"《行政复议法》第 1 条规定："为了防止和纠正违法的或者不当的具体行政行为，保护公民、法人和其他组织的合法权益，监督和保障行政机关依法行使职权，发挥行政复议化解行政争议的主渠道作用，推进法治政府建设，根据宪法，制定本法。"第 2 条规定："公民、法人或者其他组织认为具体行政行为侵犯其合法权益，向行政机关提出行政复议申请，行政复议机关办理行政复议案件，适用本法。"《行政许可法》第 1 条规定："为了规范行政许可的设定和实施，保护公民、法人和其他组织的合法权益，维护公共利益和社会秩序，保障和监督行政机关有效实施行政管理，根据宪法，制定本法。"第 2 条规定："本法所称行政许可，是指行政机关根据公民、法人或者其他组织的申请，经依法审查，准予其从事特定活动的行为。"《国家赔偿法》第 1 条规定："为保障公民、法人和其他组织享有依法取得国家赔偿的权利，促进国家机关依法行使职权，根据宪法，制定本法。"第 2 条规定："国家机关和国家机关工作人员行使职权，有本法规定的侵犯公民、法人和其他组织合法权益的情形，造成损害的，受害人有依照本法取得国家赔偿的权利。本法规定的赔偿义务机关，应当依照本法及时履行赔偿义务。"《民事诉讼法》第 51 条第 1 款规定："公民、法人和其他组织可以作为民事诉讼的当事人。"《行政处罚法》第 1 条规定："为了规范行政处罚的设定和实施，保障和监督行政机关有效实施行政管理，维护公共利益和社会秩序，保护公民、法人或者其他组织的合法权益，根据宪法，制定本法。"第 4 条规定："公民、法人或者其他组织违反行政管理秩序的行为，应当给予行政处罚的，依照本法由法律、法规、规章规定，并由行政机关依照本法规定的程序实施。"

以上这六例法律规范同时涉及了关于"公民""法人""其他组织"这三种主体不同表述的规定。前三种法律中，每种法律自身内部对这三者关系的表述都不相同，在第 1 条中均表述为"公民、法人和其他组织"，而在第二条中却表述为"公民、法人或者其他组织"。这就造成了表达相同意思的法律术语在同一法律内部出现不同使用方式的结果，影响了法律术语的统一适用。在第四种和第五种法律规范中，对这三者关系的表述统一为"公民、法人和其他组织"。在第六种法律规范中，对这三者关系的表述统一为"公民、法人或者其他组织"。在后三种法律规范中，做到了同一部法律内部的法律术语使用方式的统一，这是与前三种法律规范相比的进步之处，然而统观前三种法律规范与后三种法律规范对这三者关系的表述，又造成了在不同法律部门规范中，对相同法律术语的不同使用方式，这就会给人们造成误解，无法正确领会立法者真实的立法意图，而且会对我国的法制统一造成影响。

再看这两种法律规范。《民法典》生效实施前，《民法通则》第1条规定："为了保障公民、法人的合法的民事权益，正确调整民事关系，适应社会主义现代化建设事业发展的需要，根据宪法和我国实际情况，总结民事活动的实践经验，制定本法。"第2条规定："中华人民共和国民法调整平等主体的公民之间、法人之间、公民和法人之间的财产关系和人身关系。"《合同法》第1条规定："为了保护合同当事人的合法权益，维护社会经济秩序，促进社会主义现代化建设，制定本法。"第2条规定："本法所称合同是平等主体的自然人、法人、其他组织之间设立、变更、终止民事权利义务关系的协议。婚姻、收养、监护等有关身份关系的协议，适用其他法律的规定。"这两种法律规范也是对这主体关系的表述，而与前六种规范不同之处在于，第七种法律规范中的主体类型只有两种，即"公民""法人"。考虑到此种情况，其原因在于《民法通则》于1986年4月12日第六届全国人民代表大会第四次会议通过，因而其制定时间较早，而且当时我国还未开始实行市场经济，因而民事主体的范围比较有限，从当时的立法技术来说，对民事主体的分类还没有考虑到有其他组织的情况，故只在法律中规定了两类主体。第八种法律规范将这三种主体的称谓变换为"自然人""法人""其他组织"。其原因是考虑到了"公民"是宪法学上的概念，而在民法学中使用"自然人"更为恰当。当然，随着市场经济的发展、立法技术的成熟以及立法实践的需要，《民法典》制定出台，《民法通则》《合同法》被纳入其中，进而在民法总则中概括为统一的第1条："为了保护民事主体的合法权益，调整民事关系，维护社会和经济秩序，适应中国特色社会主义发展要求，弘扬社会主义核心价值观，根据宪法，制定本法。"第2条修改为："民法调整平等主体的自然人、法人和非法人组织之间的人身关系和财产关系。"法律规范的主体被扩展为"自然人、法人和非法人组织"。而之所以用"非法人组织"代替"其他组织"，立法机关的观点是"其他组织"内涵外延不统一、表达不科学。

虽然《民法典》将法律规范主体修改为"自然人、法人和非法人组织"的表述有其自身的道理，然而整体而言，对这三种主体的法律术语的使用可以说是混乱无序的。表达相同意思的法律术语在不同的法律规范中被立法者不加斟酌地进行使用，造成了法律体系中对立法语言统一性要求的违背。因而，立法者对这三种主体的表述有必要作出统一的规范，进而实现对立法意图的准确表达。由此可见，法律术语使用的统一性关系到立法者立法态度是否严谨的问题，必须加以严格遵守。

2. 法律术语使用的恰当性

法律术语使用的恰当性，就是指立法者在制定法律的过程中应当选取能够恰当表述立法者意图的法律术语，使选取的词汇能够合适表达立法者所要表达的意思，避免用词不当的后果。现通过几个例子具体说明法律术语的恰当性问题。

（1）我国《刑法》关于犯罪预备、未遂和中止的问题，第 22 条规定："为了犯罪，准备工具、制造条件的，是犯罪预备。对于预备犯，可以比照既遂犯从轻、减轻处罚或者免除处罚。"第 23 条规定："已经着手实行犯罪，由于犯罪分子意志以外的原因而未得逞的，是犯罪未遂。对于未遂犯，可以比照既遂犯从轻或者减轻处罚。"第 24 条规定："在犯罪过程中，自动放弃犯罪或者自动有效地防止犯罪结果发生的，是犯罪中止。对于中止犯，没有造成损害的，应当免除处罚；造成损害的，应当减轻处罚。"从这三条规定可以看出，在不同的犯罪形态下立法者对刑罚的选取是不同的，因而在选取法律术语的问题上，立法者恰当地使用了"可以"与"应当"来区分不同的情形。在针对犯罪预备和犯罪未遂的犯罪形态时，立法者使用了"可以"来对刑罚的适用加以选择。在针对犯罪中止的形态时，立法者选取的是"应当"来对刑罚的适用加以选择。

在一般的语言中，"可以"与"应当"这两个词汇几乎是同义词，而且都表示某种可行性与条件性的问题，有时二者可以互换使用，没有太大的区别，细微的差别就在二者的语气轻重程度有所不同，而如果不加细致区分二者在一般语言习惯中几乎是被通用的。在立法语言中，这种混用的问题就不会出现，这两个法律术语在立法语言中所指的涵义是特定的，而且是有较大区别的。"可以"一般表示可以为，也可以不为的涵义，在法律规范中带"可以"一词的规范通常是授权性法律规范，即法律授权给行为人行为自由的空间，行为人可以选择为此行为，也可以选择不为此行为，而且不为此行为也不会招致法律的不利后果。而"应当"一词则表示必须、只能如此的涵义，在法律规范中带"应当"一词的规范通常都是义务性法律规范，要求行为人必须为一定的行为或者必须不为一定的行为，没有任何例外的可能，在适用这样的法律规范时，不会像"可以"类的法律规范有相对的灵活性，因而一旦行为人没有按照这样的法律规范行为就会招致法律带来的不利性后果。立法者在《刑法》对不同的犯罪形态分别采取了不同的法律术语，针对犯罪预备与犯罪未遂两种情况，采用了"可以"一词，内涵在于针对这两种犯罪形态，法官在适用刑法裁量刑罚时，可以选择从轻、减轻处罚，也可以选择不从轻、减轻处罚，刑法赋予了法官自由裁量的余地。在针对犯罪中止这一情况时，采用了"应当"一词，内涵在于针对犯罪中止形态，法官在适用刑法裁量刑罚时，对没有造成损害的犯罪行为，必须免除处罚；对造成损害的行为，必须减轻处罚。刑法在犯罪中止的问题上没有赋予法官自由裁量的余地，这也是与犯罪中止相对犯罪未遂而言犯罪行为人主观恶性较小，社会危害性较低的特点作出的特别规定。如此规定也体现了立法者对于立法语言选择的慎重，法律术语选择的恰当，充分准确地反映了刑法欲表达的精神与要旨。

(2) 我国《行政处罚法》第9条规定："行政处罚的种类：（一）警告、通报批评；（二）罚款、没收违法所得、没收非法财物；（三）暂扣许可证件、降低资质等级、吊销许可证件；（四）限制开展生产经营活动、责令停产停业、责令关闭、限制从业；（五）行政拘留；（六）法律、行政法规规定的其他行政处罚。"《行政诉讼法》第59条规定："诉讼参与人或者其他人有下列行为之一的，人民法院可以根据情节轻重，予以训诫、责令具结悔过或者处一万元以下的罚款、十五日以下的拘留；构成犯罪的，依法追究刑事责任：（一）有义务协助调查、执行的人，对人民法院的协助调查决定、协助执行通知书，无故推拖、拒绝或者妨碍调查、执行的；（二）伪造、隐藏、毁灭证据或者提供虚假证明材料，妨碍人民法院审理案件的；（三）指使、贿买、胁迫他人作伪证或者威胁、阻止证人作证的；（四）隐藏、转移、变卖、毁损已被查封、扣押、冻结的财产的；（五）以欺骗、胁迫等非法手段使原告撤诉的；（六）以暴力、威胁或者其他方法阻碍人民法院工作人员执行职务，或者以哄闹、冲击法庭等方法扰乱人民法院工作秩序的；（七）对人民法院审判人员或者其他工作人员、诉讼参与人、协助调查和执行的人员恐吓、侮辱、诽谤、诬陷、殴打、围攻或者打击报复的。人民法院对有前款规定的行为之一的单位，可以对其主要负责人或者直接责任人员依照前款规定予以罚款、拘留；构成犯罪的，依法追究刑事责任。罚款、拘留须经人民法院院长批准。当事人不服的，可以向上一级人民法院申请复议一次。复议期间不停止执行。"《刑法》第52条规定："判处罚金，应当根据犯罪情节决定罚金数额。"第53

条规定："罚金在判决指定的期限内一次或者分期缴纳。期满不缴纳的，强制缴纳。对于不能全部缴纳罚金的，人民法院在任何时候发现被执行人有可以执行的财产，应当随时追缴。由于遭遇不能抗拒的灾祸等原因缴纳确实有困难的，经人民法院裁定，可以延期缴纳、酌情减少或者免除。"

在以上几种法律规范中分别使用了"罚款"与"罚金"两种法律术语。在一般的语言中，两者是同义词，都是针对金钱的一种处罚，两者没有本质的区别，而且在使用中互相代替基本上不会影响意思的表达。但是当两者进入法律术语的使用中词义就会发生根本性的变化，其适用领域与法律地位也会完全不同。"罚款"这种法律术语是行政处罚的一个种类，通常适用于对一般的违法行为的处罚，比如行政机关的行政处罚行为、行政强制措施以及民事强制措施等，而"罚金"是我国刑法中明文规定的一种刑罚类型，其范围只有针对犯罪的人才能适用，而且科处罚金也必须由人民法院经过审判以判决的方式作出，因而程序上比"罚款"要严格得多。由此可见，"罚款"与"罚金"在立法语言中两种完全不同的法律概念，不可能进行混用与替代，必须严格遵循相关的适用程序和范围进行选取。因此我国立法者在不同的部门法中区分情况选择"罚款"与"罚金"的使用做到了立法语言用词恰当的要求。

（二）立法语言对语句的要求

法律中的条文是由各种各样的语句组成的，立法语言对语句的最核心要求就是保持逻辑上的恰当与严谨。立法语言的语句遵循符合逻辑的要求就是要保证立法语言语句的使用按照逻辑规则进行，避免发生语句的歧义、逻辑分类标准的混乱以及语句使用不统一的情况。

（1）《民法典》生效实施前，我国《物权法》第180条规定："债务人或者第三人有权处分的下列财产可以抵押：（一）建筑物和其他土地附着物；（二）建设用地使用权；（三）以招标、拍卖、公开协商等方式取得的荒地等土地承包经营权；（四）生产设备、原材料、半成品、产品；（五）正在建造的建筑物、船舶、航空器；（六）交通运输工具；（七）法律、行政法规未禁止抵押的其他财产。抵押人可以将前款所列财产一并抵押。"第184条规定："下列财产不得抵押：（一）土地所有权；（二）耕地、宅基地、自留地、自留山等集体所有的土地使用权，但法律规定可以抵押的除外；（三）学校、幼儿园、医院等以公益为目的的事业单位、社会团体的教育设施、医疗卫生设施和其他社会公益设施；（四）所有权、使用权不明或者有争议的财产；（五）依法被查封、扣押、监管的财产；（六）法律、行政法规规定不得抵押的其他财产。"以上这两类法律规范都是采用分类列举的方式对相关内容作出了规定，在使用这样的立法语言的句型时，必须要注意保证分类在逻辑上的统一标准，避免分类逻辑标准混乱的情况。

《物权法》第180条规定了可以抵押的财产类型，前三项分别规定了建筑物、土地使用权和土地承包经营权这三类抵押财产类型，从物权分类上看应该属于不动产物权类型的抵押客体。如果按此逻辑分类，从第（四）项到第（六）项理应规定可以抵押的动产物权类型，然而从第（四）项到第（六）项的规定来看，其中第四项与第六项分别规定了可以设定抵押权的动产物权类型，然而在第五项中存在着不动产物权类型"正在建造的建筑物"与动产物权类型"船舶、航空器"的混杂表述的情况，这就使得第（四）项到第（六）项的逻辑分类标准变得混乱。同时第（五）项规定的"正在建造的建筑物"与第一项规定的"建筑物"在分类上也无法做到独立成类，因为"正在建造的建筑物"应该包含在"建筑物"的外延之中。第（五）项这么规定就导致了关于抵押财产分类的逻辑不清，发生了立法语言中语句的逻辑混乱情况。另外关于第（七）项法律、行政法规未禁止抵押的其他财产问题，其中的"未禁止"一词造成了严重的逻辑漏洞，与物权法定原则明显冲突，根据物权法定原则，财产能否抵押必须严格依照法律规定，法律允许抵押财产的才可以抵押，法律不允许抵押的一律不得抵押。而立法者规定"未禁止"一词，虽然想对抵押财产作出兜底性的规定，但是忽略的问题在于"未禁止"这一词本身的含义是无限的，只要法律没有禁止抵押的其他财产都可以抵押，那么除了物权法规定的财产外，社会生活领域存在着众多其他类型的财产，如果都可以允许其进行抵押，那么势必造成抵押法律秩序的混乱，由此可见，立法者对立法语句的选择稍加不慎，便会造成巨大的法律漏洞。

在《物权法》第184条对不得抵押的财产作出的分类中，仍然存在相同的逻辑分类标准不清的问题。其中第四项规定了所有权、使用权不明或者有争议的财产；第五项规定了依法被查封、扣押、监管的财产，然而从两项规定的外延上看，依法被查封、扣押、监管的财产其所有权和使用权完全有可能也是不明或者有争议的，同时所有权和使用权不明或者有争议的财产完全有可能被依法查封、扣押与监管的财产，因此二者在逻辑上是完全可以重叠的，将其分类加以叙述无法保证两者分类的独立性，会造成分类的逻辑混乱与失范。

（2）《物权法》第185条规定："设立抵押权，当事人应当采取书面形式订立抵押合同。抵押合同一般包括下列条款：（一）被担保债权的种类和数额；（二）债务人履行债务的期限；（三）抵押财产的名称、数量、质量、状况、所在地、所有权归属或者使用权归属；（四）担保的范围。"该条法律规范是对抵押合同内容的规定，其中第（一）项、第（二）项与第（四）项的规定都不存在问题，而在第（三）项中，规定了抵押财产的诸多内容，从这些内容来看，一共有七项内容，这七项内容前六项用"顿号"相连，后两项用"或者"链接，这么表述带来的结果就是或者表明了这七项内容之间是选择关系，就是说抵押合同中关于抵押财产的问题写明七项中的一项就可以符合要求。但是立法者的本意并非如此，立法者的本意要表达的是抵押合同中抵押财产的内容要写明名称、数量、质量、状况、所在地，这五项内容是必须要写明的。只不过在所有权归属与使用权归属的问题上是选择的关系，二者任选其一即可，而不是对所有内容都是任选其一即可，而立法者如此表述却给人产生了这七项中任选其一的误解，这就是立法语言对语句选择不符合逻辑发生歧义的表现。因此，将其中的"或者"改成"和"便会使得这七项内容成为并列关系，才会使得立法语句的表意不会发生歧义。

（3）我国《民事诉讼法》第47条规定："审判人员有下列情形之一的，应当自行回避，当事人有权用口头或者书面方式申请他们回避：（一）是本案当事人或者当事人、诉讼代理人的近亲属的；（二）与本案有利害关系的；（三）与本案当事人、诉讼代理人有其他关系，可能影响对案件公正审理的。……前三款规定，适用于书记员、翻译人员、鉴定人、勘验人。"这是对审判人员回避情形的规定，其中存在着立法语言中语句的使用不统一的问题。在这三项语句中，第（三）项的规定"与本案当事人、诉讼代理人有其他关系，可能影响对案件公正审理的"与前两项的规定的语句模式使用上多了一个"的"字，虽然在表达意思上没有太大的差别，但是从语句的整齐统一的角度来看，多了一个"的"字反而让人觉得画蛇添足，多此一举。

（三）立法语言对语体的要求

语体从语言学的角度来讲就是指语言运用中的格调与色彩。从分类上语体可以有多种多样，可以有口头语体、书面语体、文学语体、论证语体等。立法语言对语体的要求主要体现在立法语言的使用应当简明、严谨、庄重、避免口语化、避免晦涩以及避免语体混用等问题。

（1）立法语言是立法者制定法律而使用的语言，法律是国家意志的体现，因而是严肃与庄重的，因而其在语体方面就应该避免出现口语化的倾向，以保证立法语言的严谨与权威。比如我国《刑事诉讼法》第184条规定："合议庭进行评议的时候，如果意见分歧，应当按多数人的意见作出决定，但是少数人的意见应当写入笔录。评议笔录由合议庭的组成人员签名。"第228条规定："地方各级人民检察院认为本级人民法院第一审的判决、裁定确有错误的时候，应当向上一级人民法院提出抗诉。"在这两条法律规范规定中，都出现了"的时候"这样的用语，这种用语通常是在口语中才加以使用的，而在严肃的法律条文中不应该出现这样口语化的倾向，这样会使得立法语言变得随意而且不简明，因而应当将"的时候"改为"时"以避免这种倾向。

（2）立法语言的语体应当是统一的，不能将不同风格的语体加以混用，否则便会造成立法语言的不庄重。我国《刑法》第289条规定："聚众'打砸抢'，致人伤残、死亡的，依照本法第二百三十四条、第二百三十二条的规定定罪处罚。毁坏或者抢走公私财物的，除判令退赔外，对首要分子，依照本法第二百六十三条的规定定罪处罚。"第294条规定黑社会性质的组织应当同时具备以下特征：①形成较稳定的犯罪组织，人数较多，有明确的组织者、领导者，骨干成员基本固定；②有组织地通过违法犯罪活动或者其他手段获取经济利益，具有一定的经济实力，以支持该组织的活动；③以暴力、威胁或者其他手段，有组织地多次进行违法犯罪活动，为非作恶，欺压、残害群众；④通过实施违法犯罪活动，或者利用国家机关工作人员的包庇或者纵容，称霸一方，在一定区域或者行业内，形成非法控制或者重大影响，严重破坏经济、社会生活秩序。在这两个法律规范中，立法语言使用了"打砸抢""称霸一方""为非作恶""欺压和残害"等感情色彩较为浓厚的语体词汇，这种感情色彩过浓的法律用语无法准确表达相应的立法意图，给人们的感觉仅仅是立法者过浓的感情宣泄，欠缺了立法语言的严肃与理性，因而在以后的使用中应该加以避免。

（3）立法语言中过分使用修辞手法也会使得语体不符合立法语言的语体

要求。比如我国《宪法》第 55 条规定："保卫祖国、抵抗侵略是中华人民共和国每一个公民的神圣职责。依照法律服兵役和参加民兵组织是中华人民共和国公民的光荣义务。"在《宪法》的这个条文规范中，使用了"神圣"一词来修饰"职责"，使用了"光荣"一词来修饰"义务"，宪法在规定公民维护祖国统一与依法服兵役的问题上是正确的，但是不应过多使用修辞手法。

▰▰【法律规范】▰▰

《国家赔偿法》

第 1 条　为保障公民、法人和其他组织享有依法取得国家赔偿的权利，促进国家机关依法行使职权，根据宪法，制定本法。

第 2 条　国家机关和国家机关工作人员行使职权，有本法规定的侵犯公民、法人和其他组织合法权益的情形，造成损害的，受害人有依照本法取得国家赔偿的权利。

本法规定的赔偿义务机关，应当按照本法及时履行赔偿义务。

《行政处罚法》

第 1 条　为了规范行政处罚的设定和实施，保障和监督行政机关有效实施行政管理，维护公共利益和社会秩序，保护公民、法人或者其他组织的合法权益，根据宪法，制定本法。

第 4 条　公民、法人或者其他组织违反行政管理秩序的行为，应当给予行政处罚的，依照本法由法律、法规、规章规定，并由行政机关依照本法规定的程序实施。

第 9 条　行政处罚的种类：

（一）警告、通报批评；

（二）罚款、没收违法所得、没收非法财物；

（三）暂扣许可证件、降低资质等级、吊销许可证件；

（四）限制开展生产经营活动、责令停产停业、责令关闭、限制从业；

（五）行政拘留；

（六）法律、行政法规规定的其他行政处罚。

《刑法》

第 52 条　判处罚金，应当根据犯罪情节决定罚金数额。

第 53 条　罚金在判决指定的期限内一次或者分期缴纳。期满不缴纳的，强制缴纳。对于不能全部缴纳罚金的，人民法院在任何时候发现被执行人有可以执行的财产，应当随时追缴。由于遭遇不能抗拒的灾祸等原因缴纳确实有困难的，经人民法院裁定，可以延期缴纳、酌情减少或者免除。

【论点要览】

《梁启超法学文集》（梁启超著，范忠信选编，中国政法大学出版社 2004 年版）：法律之文辞有三要件：一曰明，二曰确，三曰弹力性。

《立法程序与技术》（罗传贤，五南图书出版公司 2002 年版）："民主"一词在今日已成为世界上一种流行之谜思，广为世人知晓，然而其内涵真义，不同的人们则有不同的解释。

《立法学：原理与技术》（邓世豹主编，中山大学出版社 2016 年版）：立法语言是立法者的专门工作语言，具有高度的专业技术性和时空性的特点：所谓专业技术性就是指立法语言必须同时具有语言与法律的双重规范性，立法者既要遵循所指定官方语言特有的词汇、语法和修辞等方面的特殊性规定，也要注意立法用语本该具有的法律规范性，即它不同于日常用语，而是具有庄重、严肃、简明、具体等特性。时空性即立法语言存在的法律语境，这就是，一方面，立法者要注意法律适用上的时间性，这主要指法律不溯及既往的时效性规定和有关程序性的期间规定，因此立法用语不能使用过去时的语态形式；另一方面，要注意法律发生效力的空间区域限制，是全球性的还是主权性的，是一国通用的还是限于国内某行政区域或行业领域的，不同的时空性也必然会影响立法语言的选择。

《跨世纪的中国法律语言》（潘庆云，华东理工大学出版社 1997 年版）：在已经颁布的地方乃至中央的法律、法规，甚至一些国家重要的法律或法规中，词语、句子、标点符号等方面出现的语言文字问题并不鲜见，这与我们对语言文字、特别是法律语言中的语言文字运用重视不够，对立法语言研究比较粗疏有直接的关系。

《法律语言学概论》（陈炯，陕西人民教育出版社 1998 年版）：如果所命名或选用的法律术语不当，或各种法律法规的术语不统一，会给人以彼此失调、法律规范表达不够严肃的印象，从而影响法律在公民中的威信。

▨▨【典型案例】▨▨

案例一：现行法律法规中不规范的语言

基本案情：

立法语言应当是明确的，不能是模糊或者有歧义的，而现行的诸多法律法规中，不规范的语言表述屡见不鲜，现举几例予以探讨。

我国《刑法》第 20 条第 3 款规定："对正在进行行凶、杀人、抢劫、强奸、绑架以及其他严重危及人身安全的暴力犯罪，采取防卫行为，造成不法侵害人伤亡的，不属于防卫过当，不负刑事责任。"这是对公民特殊防卫权的规定。然而，其中"行凶"一词存在诸多理解，这就导致这种立法语言出现了很大的模糊性。"行凶"并非一个法律词汇，按《新华词典》的解释，"行凶"是指实施伤害人的行为。然而伤害人可以采取多种暴力手段，而且暴力的强度和程度也不尽相同，其中既可以包括使用暴力手段杀人，也可以包括一般的打架斗殴行为，因而"行凶"的含义具有广泛性、模糊性，在理解上存在很大分歧。另外，《刑法》第 294 条第 2 款规定："境外的黑社会组织的人员到中华人民共和国境内发展组织成员的，处三年以上十年以下有期徒刑。"这里"境外"的语义十分模糊，如果是指外国，就应当使用"国外"，而不应当使用"境外"；如果是指港澳台地区，就应当说"中国大陆境外到中国大陆境内"而不能说"境外到中华人民共和国境内"，否则就是诱导分裂国家。因为港澳台地区在国际法上属于"中华人民共和国境内"，而不属于"中华人民共和国境外"。因此，这里的"境外"究竟是什么意思，真的是无法解释，如此立法未免有语义不清之嫌。罪刑法定是刑法的基本原则，然而如果在刑法典中存在过多的模糊语言，就十分不利于罪刑法定原则的贯彻。

最高人民法院、最高人民检察院《关于办理淫秽物品刑事案件具体应用法律的规定》（已失效）中大量存在关于"5-10 盒以上、10-20 副以上、50-100 张以上、1000-2000 元以上"的数量规定，仔细分析不难发现，这里的数量规定明显不合理，因为"以上""以下""之前""之后"等逻辑关系的数理起点只能是确数，而不能是约数，如此规定使司法实践很难准确界定这类案件的具体数额，给办案人员带来了困惑。

2003 年 7 月 22 日，《广东省爱国卫生工作条例（草案）》提交广东省第十届人大常委会第五次会议审议。其中"不滥吃野生动物"的规定赫然在列，"不滥吃"是模糊语言，由于怎么样才算滥吃，怎么样才算不滥吃，其中缺乏可供操作的界定标准。将"不滥吃野生动物"这样的条文写入法规，法规在实施过程中必将遭遇尴尬。2011 年 6 月召开的江苏省十届人大三次会议上，通过了《江苏省暂住人口管理条例》。其中引人瞩目的是，取消了"严禁无婚姻证明的男女混住"的条款，因为"无婚姻证明的男女混住"就是模糊语言。无婚姻证明的男女范围很大，"混住"一词更是语义不清。

（资料来源：[1] 刘大生："浅论立法语言规范化——立法语言失范化之评判"，载《人大研究》2000 年第 11 期；[2] 周平："立法应禁用模糊语言"，载《中国青年报》2003 年 7 月 23 日；[3] "《江苏省暂住人口管理条例》'出语惊人''无婚姻证明男女混住'解禁"，载《大河报》2003 年 7 月 12 日。）

提示与问题：

（1）如何理解立法语言的明确性和准确性？

（2）结合材料，怎样避免现行法律法规中的不规范语言？

案例二：全国人大常委会法制工作委员关于印送《立法技术规范（试行）（一）》的函

全国人大常委会法制工作委员会关于印送《立法技术规范（试行）（一）》的函

法工委发［2009］62 号

各有关部门：

我们在总结立法工作实践经验，广泛听取各方面意见的基础上，针对立法工作中经常遇到的、带有共性和普遍性的有关法律结构、文字等立法技术层面的问题，拟定了《立法技术规范（试行）（一）》。经报常委会领导同志同意，现将《立法技术规范（试行）（一）》及其说明印送给你们，供工作中参考。

立法技术规范（试行）（一）
目次

一、法律结构规范

1. 目录

2. 定义条款

3. 过渡性条款

4. 法律适用关系条款

二、法律条文表述规范

5. 立法目的与立法依据的表述

6. 引用法律名称的表述

7. 适用法律的表述

8. "有下列情形之一的"与"有下列行为之一的"表述

9. 引用法律条文中第×项的表述

10. 部门的表述

11. 数字的使用

12. 标点符号的使用

三、法律常用词语规范

13. 和，以及，或者

14. 应当，必须

15. 不得，禁止

16. 但是，但

17. 除……外，除……以外

18. 依照，按照，参照

19. 制定，规定

20. 会同，商

21. 缴纳，交纳

22. 抵销，抵消

23. 账，帐

24. 以上，以下，以内，不满，超过

25. 日，工作日

四、法律修改形式规范

26. 法律修正

27. 法律修订

五、法律废止形式规范

28. 法律废止

…………

提示与问题：

（1）如何理解此函的法律性质？

（2）此函有什么样的积极意义？

【参考书目】

周旺生：《立法学》（第 2 版），法律出版社 2009 年版，第二十章第六节。

黄文艺、杨亚非主编：《立法学》，吉林大学出版社 2002 年版，第七章第三节。

朱力宇、张曙光主编：《立法学》，中国人民大学出版社 2001 年版，第十四章。

【分析思考】

（1）简析立法语言的基本含义。

（2）如何理解立法语言的基本原则？

（3）立法语言有哪些基本要求？

//【内容概要】//

立法完善是一项系统工程，是通过一定手段对制定出来的法规范化、系统化的过程。它主要包括法的修改与修订、法的清理与废止以及法的解释这几个方面。

//【基本原理】//

一、立法完善的概念

一般而言，当立法者将法制定出来以后，为了使该法更为科学、合理地体现立法者的意志，适应不断变化的客观情况，立法者就必须对法进行改进而使之更为完善，这样的过程就是立法完善的过程。

有学者对立法完善的内涵作出了这样的表述："立法的完善和系统化是指通过一定的方法和手段，使某个国家在不同的历史时期，由不同的立法机关制定的各种法律保持相互协调统一的关系。它包括法的完善或规范化，即国家机关在制定法律文件时，必须使它们符合一定的规格和要求，从而使一个国家立法的各种表现形式，成为一个结构严谨、协调一致的整体，还包括法律文件的系统化，即通过一定的方式对已制定的各种法律文件加以归类、清理或加工，使之系统化的活动。"[1]由此可见，立法完善是一项系统工程，是通过一定手段对制定出来的法规范化、系统化的过程。

立法完善对于一国法治化进程的价值不言而喻，立法完善的程度决定了

---

[1] 参见黄文艺、杨亚非主编：《立法学》，吉林大学出版社 2002 年版，第 292 页。

一国法治化进程的程度。由于立法者本身的认识水平的局限，制定出来的法不可能完完全全地反映整个有待调整的社会关系全貌；由于立法语言自身的表意局限，难免会在某些问题上发生歧义与误解；由于社会关系的客观方面时刻处于不断发展变化之中，法不可能一成不变地僵化对待不断变化的社会关系。基于这些因素，立法完善的必要性不言而喻，立法完善不仅能够较好地克服以上种种客观存在的问题，而且可以大大促进一国法制朝法治化方向进一步迈进。可想而知，制定出来的法如果不及时进行完善与改进，无疑会越来越远离法制定的预期目的。

关于立法完善的基本内容，学术界观点不一，不同学者对立法完善所包括的内容有着不同的划分。为了能够更好地体现立法完善的内涵和外延特征，本书认为立法的完善主要包括法的修改与修订、法的清理与废止以及法的解释这几个方面。

二、法的修改与修订

（一）法的修改

1. 法的修改的概念与特征

我国《立法法》第2条规定："法律、行政法规、地方性法规、自治条例和单行条例的制定、修改和废止，适用本法。国务院部门规章和地方政府规章的制定、修改和废止，依照本法的有关规定执行。"这是我国《立法法》中对法的制定、修改、废止三者关系的最直接的规定，体现了法的修改在我国立法体系中的重要地位。由此可见，法的修改是与法的制定与废止同样重要的一项立法活动，是立法主体创制法律这一系统工程的重要组成部分，是严格意义上的立法的范畴。

法的修改从内涵上看学术界观点不一，有的观点认为法的修改是指以增加、删减、替代的方法对原有法律规范进行修订、废弃、补充，以重新确定调整范围、内容和效力的立法行为。[1]有的观点认为法的修改是通过改变法律的某些规定，使立法达到预期目的，适应新的社会需要。[2]还有的观点认为严格意义上的法律修改是指国家的有权机关按照法定程序对现行法律的某

---

〔1〕 参见侯淑雯：《立法制度与技术原理》，中国工商出版社2003年版，第214页。
〔2〕 参见朱力宇、张曙光主编：《立法学》，中国人民大学出版社2001年版，第188页。

些部分加以变更、删除、补充的活动。[1]法律修改，是指立法主体依据法定程序对现行法律的某些内容加以变更、删除、补充的活动。[2]从以上这些不同的概念内涵来看，主要的分歧在于不同的学者将法的修改与法的补充二者的关系界定不同，有的观点认为法的补充是法的修改的一种方法；有的观点认为法的补充与法的修改是两个并列的活动，互相独立存在；有的观点认为法的补充与法的修改是包含关系，法的修改包含法的补充，法的补充是法的修改的一种。周旺生教授在其著作中对二者的关系界定为：法的修改和补充是立法主体对现行法实施变动，使其呈现新面貌的专门活动。法的补充是在原来法的规定不变的情况下，在法中加上新的内容，使法更完善、能解决更多更复杂的问题。法的修改的任务在于对现行法的内容加以修缮改动，通过这种活动使法臻于立法主体预期达到的状况。由于法的补充是对原来的法加进新的内容，补充之后，原来的法便发生变化。因此，在这个意义上，法的补充也是一种法的修改。[3]

本书认为，我国《宪法》规定了全国人大有权制定和修改刑事、民事、国家机构的和其他的基本法律，我国《立法法》规定了法的制定、修改和废止的规则，此外并无其他法律对法的补充作出特别的规定，不论从法律规定本身来说，还是从法的补充的本意来看，我们都可以将法的补充作为法的修改的一部分重要内容来把握，没必要将法的补充与法的修改并列或者对立起来。因此，将法的补充包含于法的修改之中是合乎逻辑的做法。法的修改是包含法的补充而与法的制定与废止相并列存在的一种立法活动。从特征上看，法的修改只有立法主体才能够进行，而并非其他主体能够实施的，法的修改必须按照法定的程序严格进行，而不能随意武断。法的修改不同于法的制定，法的修改并非使一部法律从无到有的产生；也不同于法的废止，并非使一部法律从有到无的消灭。从性质上看，法的修改是在肯定一部原有法律的基础上，对其进行的旨在使之更为完善与科学的活动。

2. 法的修改的必要性与影响因素

法治社会中，法不能朝令夕改否则会影响法的权威性，而保持法的稳定

---

〔1〕　参见李林：《立法理论与制度》，中国法制出版社 2005 年版，第 213 页。

〔2〕　参见黄文艺、杨亚非主编：《立法学》，吉林大学出版社 2002 年版，第 298 页。

〔3〕　参见周旺生：《立法学》（第 2 版），法律出版社 2009 年版，第 499 页。

性是一项十分重要的工作。著名自然法学派法学家富勒将法的稳定性作为法的八大特征之一。亚里士多德也曾言："如果轻易地对这种或那种法律常常作这样或那样的废改，民众守法的习性必然消灭，而法律的威信也就削弱了。"〔1〕然而，基于法的权威性的要求，更不能将一部停滞不前、僵化落后的法用以调整不断变化的社会关系，否则将是对法的权威性的更加严重的破坏。由此可见，法的修改是十分必要而迫切的。

影响法的修改的因素多种多样，其中最核心的因素要属社会关系的变化。法作为调整社会关系的行为规范，必须随着社会关系的变化而变化，否则就无法对社会关系作出有效地调整，使自身处于一种被动的地位。法只有随着社会关系的变动不断的调整适应，修改自身内容使其对社会关系的调整更为完善，才能够完全地控制社会关系，解决社会矛盾与纠纷，实现法的功能与价值。比如，我国司法实践中大量的利用网络进行犯罪的行为的出现，通过刑法原有的制度无法对涉及网络的新的犯罪行为作出制裁，而又不能对这些新生的危害公民人身权利和财产权利以及社会主义市场经济秩序的网络犯罪行为坐视不管，立法者于是通过刑法修正案的方式对刑法作出修改，增加对网络犯罪行为的法律规制，从而更好地实现了保证刑法打击犯罪保护人权的重要使命。

在其他方面的因素中，有关法律的修改引起其他法律的修改也是重要的法的修改的因素。由于法律是一个相互联系、关系密切的有机统一体，不同法律有着不同的效力地位和等级，当效力较高的法律发生变化了，为了保持法律的统一与一致，效力较低的法律就必须进行修改和完善以更好地适应和具体贯彻效力较高级别的法律的精神和立法意图，因此，适时对法进行调整也是保持法制统一的要求。越是高级别的法律的修改，对其下低级别法律的修改的影响范围就越大，程度就越深。比如，我国1975年《宪法》对1954年《宪法》的修改、1978年《宪法》对1975年《宪法》的修改、1982年《宪法》对1978年《宪法》的修改，以及1988年、1993年、1999年、2004年和2018年《宪法（修正案）》对1982年《宪法》的修改，这些宪法的修改都带来了立法者对《全国人民代表大会组织法》《地方各级人民代表大会和地方各级政府组织法》《人民法院组织法》《人民检察院组织法》《全国人民

---

〔1〕 参见［古希腊］亚里士多德：《政治学》，吴寿彭译，商务印书馆1965年版，第81页。

代表大会和地方各级人民代表大会选举法》《立法法》《行政处罚法》《行政许可法》《刑法》《刑事诉讼法》《民事诉讼法》以及《行政诉讼法》等宪法性法律或者下位阶的其他部门法的修改，可谓是牵一发而动全身。由此可见，处于上位阶的法律的制定必须保持高度的慎重与严谨，能不修改就尽量通过完善其他部门法的方式进行完善，如果确实涉及国家相关基本制度需要改动，对其的修改也应当遵循严格的程序，审慎而为。同时，由于社会关系的紧密联系，一部调整新的社会关系的法律的出现，也会导致其他法律的大范围的修改与变动。我国正处于法制建设的关键时期，每年都会有诸多调整新的社会关系的法律出台，因而新出台的法律与其他法律的关系如何协调、内容如何统一也是摆在立法者面前的一项重要课题。在保证法制统一的前提下，必须在协调各个法律之间的内容关系的问题上作一番考量。比如，2005 年《公务员法》的出台就导致了以前调整公务员法律关系的国务院的《国务院关于国家行政机关工作人员的奖惩暂行规定》和《国家公务员暂行条例》的废止，1996 年通过的《行政处罚法》就导致了其他法规的大规模修改，其中在《行政处罚法》最后一条第 2 款中，立法者写明："本法公布前制定的法规和规章关于行政处罚的规定与本法不符合的，应当自本法公布之日起，按照本法规定予以修订，在 1997 年 12 月 31 日前修订完毕。"由此可见，相关新的法律的出台，便会导致调整涉及该方面社会关系的行政法规、地方性法规和规章的相应修改。只有不断对其他法律进行修改与调整，才能保持法律能够不断适应新的社会关系的需要，使立法不断地趋向科学与合理，保持法律体系的内在协调与统一。

3. 法的修改的类型

（1）根据法的修改的程度不同，可以将法的修改分为全面修改与部分修改。全面修改一般是对法律进行大规模的全局性的修改和变动，这种全局性的修改一般多是由于社会客观情势的巨大变化从而导致原有法律无法继续用来调整现行的社会关系，必须对法律进行从头到尾的改换才能实现新的社会关系的要求。在我国立法实践中，这种全面性的修改最典型的就是 1982 年现行宪法的出台以及 1997 年的《刑法》取代了 1979 年的《刑法》。由于 1978 年《宪法》是在特定的历史背景下制定的，在当时已经无法准确地对国家制度关系作出反映，因而立法者制定了 1982 年《宪法》对国家的基本政治制度、公民的基本权利和义务以及国家机构作出了新的规定和安排，从而更好地适应了新的社会生活的要求。同样，1979 年《刑法》规定了类推适用的刑法基本原则，这就对整个刑法的方向性作出了与现代无罪推定刑法原则的背离，已经无法适应我国建设社会主义法治国家的要求，因而立法者在 1997 年《刑法》中确立了法无明文规定不为罪的刑法基本原则，实现了与发达法治国家刑法基本原则的接轨。整部 1997 年《刑法》也对一些过时的罪名进行了修改，拟定了更为适合改革开放新形势的新罪名。从这两部法律的修改来看，全面修改的痕迹体现得淋漓尽致。

而部分修改一般是对原有法律作出的少量的局部变动。立法者一般会通过决定、规定、修正案的方式对部分修改作出表述。比如，2009 年 8 月 27 日第十一届全国人民代表大会常务委员会第十次会议通过了《全国人民代表大会常务委员会关于修改部分法律的决定》，在这部修改决定中，立法者通过具体的条文对涉及的具体需要修改的环节作出了修改要求，其中共涉及五个大项、95 类部门法的修改问题。五个大项中主要涉及对法律中明显不适应社会主义市场经济和社会发展要求的规定作出修改、对法律和法律解释中关于"征用"的规定作出修改、对法律和有关法律问题的决定中关于治安管理处罚的规定作出修改、对法律中关于刑事责任的规定作出修改、对法律中引用其他法律名称或者条文不对应的规定作出修改这五类的问题。具体涉及的法律修改比如删去下列法律中关于"投机倒把""投机倒把罪"的规定，并作出修改，将《烟草专卖法》第 35 条第 1 款修改为："倒卖烟草专卖品，构成犯罪的，依法追究刑事责任；情节轻微，不构成犯罪的，由工商行政管理部门没收倒卖的烟草专卖品和违法所得，可以并处罚款。"比如将《兵役法》（2011 年）第 27 条中的"《中国人民解放军军官服役条例》"修改为"《中华人民共和国现役军官法》和《中华人民共和国预备役军官法》"。将《气象法》第 35 条第 2 款中的"《中华人民共和国城市规划法》"修改为"《中华人民共和国城乡规划法》"等等。

（2）根据立法主体的位阶顺序不同，可以将法的修改分为同位修改和错位修改。一般而言，制定法律的机关应当负责对其制定的法律进行修改，这就是同位修改的原则，也是正常情况下的一般修改原则，而错位修改就是不同级别的制定法律的主体对彼此所制定的法进行的修改。可以包括上级立法机关修改下级立法机关制定的法律，也可以包括下级立法机关修改上级立法机关制定的法律。比如我国《宪法》第 67 条第 3、7、8 项分别规定了全国人民代表大会常务委员会有权在全国人民代表大会闭会期间，对全国人民代表大会制定的法律进行部分补充和修改，但是不得同该法律的基本原则相抵触；有权撤销国务院制定的同宪法、法律相抵触的行政法规、决定和命令；有权撤销省、自治区、直辖市国家权力机关制定的同宪法、法律和行政法规相抵触的地方性法规和决议。由此可见，虽然《宪法》赋予了下级立法机关修改上级立法机关制定的法律的权限，但是下级立法机关修改上级立法机关制定的法律也必须严格按照程序进行，修改过程应该更为谨慎与合理。

（二）法的修订

关于法的修订的概念，学术界也存在着争议，有的观点将法的修订作为法的修改和法的补充的上位概念。法的修订有三种情形：一种是只对原有的某些条款进行修改，不增加新的条款；另一种是只增加一些新的条款，对原有的条款不作修改；还有一种是既修改原有的某些条款，又增加一些新的条款。[1]由此可见，这种观点的本质在于法的修订包含了法的修改与法的补充。还有一种观点认为法的修改是法的修订和法的修正的上位概念。法的修订和法的修正是法的修改的两种不同的类型。法的修正是指对现行法的部分内容进行的修改，法的修订是指对现行法的全面的修改，通常会直接通过一部新法来取代相对应的旧法。[2]持这种观点的学者是将法的修订视为法的修改的一部分，认为法的修订是对法的全面修改。

本书认为，第二种学者的观点比较合乎逻辑地界定了法的修订的内涵以及法的修订与法的修改的关系。也就是说，在法的修改的分类中，根据法的修改的程度不同，可以将法的修改分为全面修改与部分修改，其中法的全面修改就是法的修订。通常会采用通过一部新的法律来取代相应的旧的法律。部分修改通常是采用修改决定的形式或者修正案的形式进行，因此，当针对修改的条文和内容较多、修改幅度较大的法律时，不应再使用修改决定形式，而应该使用修订的形式。以修订形式修改法律的，是以修订草案的形式提请审议，相关部门向常委会作相关法律的修订草案的说明，全国人大或常委会经审议后以法的形式通过，修订后的法律由国家主席发布主席令公布施行。比如，1997 年对《刑法》进行全面修改时就采用了修订草案的形式，而此后

---

〔1〕　参见唐孝葵等主编：《地方立法比较研究》，中国民主法制出版社 1992 年版，第 147 页。

〔2〕　参见刘莘主编：《立法法》，北京大学出版社 2008 年版，第 309 页。

对刑法个别条文修改时通常采取修正案形式。从现阶段的法的修改的实践来看，法律修改的三种形式逐渐固定。一般而言，修正案形式通常用于对宪法和刑法的修改，修订形式与修改决定形式通常用于其他法律的修改，修订形式通常适用于法的全面修改，而修改决定形式适用于法的部分修改。

三、法的清理与废止

(一) 法的清理

1. 法的清理的概念、特征与性质

法的清理是指有权的国家机关，在其职权范围内，以一定方式对一国一定范围所存在的规范性法文件进行审查，确定它们是否继续适用或是否需要加以变动（修改、补充或废止）的专门活动。[1]另有学者认为，法律清理，又称作法律整理，是指有关国家机关在其职权范围内以一定方式和手段，按一定程序对一定范围内的法律进行体系上、内容上的审查，确定其是否继续有效或需要加以变动的专门性活动。[2]还有的学者认为法的清理是指立法主体依其职权，按照一定的程序，对某个时间段颁布的一定范围内的规范性法文件进行收集、整理、审查和分析，并决定其是否继续有效或是否需要修改或废止的专门活动。[3]

从法的清理概念的特征来看，法的清理的主体必须是立法主体，而不能是任何主体，法的情理并非任何一个国家机关都可以进行，只能由相应的立法主体进行。一般而言，通常是由法律的制定机关充当法律的清理机关，比如全国人大及其常委会清理自己制定的法律，国务院清理自己制定的行政法规，地方人民代表大会及其常委会清理自己制定的地方性法规，地方人民政府清理自己制定的地方政府规章等。这些法的清理主体通常是将清理法律工作授权给自己的专门委员会或者法制工作机构，由其进行具体的法律清理工作，对外仍以这些立法主体的名义公布法的清理结果。从法的清理程序来看，法的清理不能随意进行，必须按照严格的清理程序实施，首先应当由有职权清理法律的主体提出法律的清理案，进而由有职权清理法律的主体对法律清

〔1〕 参见周旺生：《立法学》（第 2 版），法律出版社 2009 年版，第 507 页。
〔2〕 参见黄文艺、杨亚非主编：《立法学》，吉林大学出版社 2002 年版，第 306 页。
〔3〕 参见刘莘主编：《立法法》，北京大学出版社 2008 年版，第 281 页。

理案进行审查，考量法律清理的必要性以及可行性等相关因素，最后由有权清理法律的主体通过法律清理案以及公布清理法律的结果。这些不同的程序阶段都可以由法律清理主体的专门委员会或者法制机构参与，但是其行使法律清理职权必须要得到有职权清理法律的主体的授权。

从法的清理的性质来看，立法学界对法的清理活动是否属于立法活动存在争议。根据上述学者的观点，他们都将法的清理视为一种立法活动，因为法的清理是有权的立法主体按照一定的程序和方法及原则对现行的法律、法规和规章进行整理和审查，依照法定的职权对其进行修改、补充和废止的活动，而立法活动也就是法的制定、修改与废止的活动，从这个意义上看，法的清理是一种涉及法的制定、修改与废止的活动，可以将其认定为是一种立法活动。而有的学者认为，法的清理不应该是一种立法活动。理由在于，其主张法的清理只是确定了哪些法律需要补充、修改，哪些法律继续有效，哪些法律需要废止，而不具体进行法的修改、补充活动，不需要在原有法律中增加新的内容。因此其将法的清理活动视为与立法活动紧密相关的一项立法技术性工作，是保障立法体系协调的手段。[1]由此可见，学者对法的清理活动是否为立法活动还是存在较大分歧的，在这个问题上，周旺生教授认为将法的清理活动划分为两个阶段可以更好地把握法的清理是否为立法活动。第一个阶段是梳理法的阶段。主要任务在于搞清楚现存各种法的基本情况，确定哪些可以继续适用，哪些需要修改补充，哪些需要废止。完成了这方面的任务就是法的清理的第一个阶段。第二个阶段是处理法的阶段。主要任务在于针对可以继续适用的法，将其列为现行法，针对需要补充或修改的，提上修改或补充的日程，有些可以届时修改或补充的，加以修改或补充再将其列为现行法，对需要废止的，加以废止。完成了这方面的任务就是法的清理的第二个阶段。在法的清理的第一个阶段，不需要在原有的法中增添新内容，也不改变它的面貌，而是对它进行分析、分类，因而不是直接制定或变动法的立法活动。但由于这一阶段实质上是就现存法是否继续适用或是否需要变动而作出决策的活动，它的进行关系到法的或存、或废、或改变面貌，因而也具有立法的性质。在法的清理的第二阶段，要具体解决法的或存或废、或

---

〔1〕　参见侯淑雯：《立法制度与技术原理》，中国工商出版社 2003 年版，第 251 页。

修改、或补充的问题，因而这一阶段的法的清理，是直接的正式的立法活动。[1]

由此可见，将法的清理划分为两个阶段，进而从局部到整体进行把握法的清理的性质，就不会陷入混淆两个阶段的误区，从第一个阶段来看，不是纯粹意义上的立法活动，但是可以说是在为立法活动进行铺垫而做的一些准备工作，到了第二个阶段才是纯粹意义上的立法活动，因此笼统地说法的清理是抑或不是立法活动都是不准确的，应该针对具体阶段进行具体的分析，进而从整体上对法的清理的性质作出把握。

2. 法的清理的价值

法的清理逐步成为国家立法工作中的一项重要工作，在国家法制建设中也发挥着越来越大的价值和意义。

法的清理对于一国法制的统一具有重要价值。由于各国的立法体制不同，因而在一国会存在不同的立法主体制定出来的各种各样的规范性法律文件，这些文件的效力等级不同，地位层次不一，在随着社会发展的过程中极容易出现相互矛盾、相互抵触的情况，如果不及时对这些法律体系进行梳理与处理，就会导致立法的滞后，无法对变化的社会关系作出有效的调整。通过法的清理活动，可以有效地减少这些法律规范性文件的冲突，保证各种法律文件各安其位，不越权不滞后，有效地维护国家法制体系的统一。法的清理还有助于法律及时跟上社会时代的步伐，根据社会的不同需要及时作出调整，可以有效地发挥法律在社会生活中的作用，避免法律成为落后的闲法。法的清理还有助于法律体系本身的严谨与科学，通过对法的清理，可以及时纠正法律体系中的过时的法律，补充有待需要的新的法律，促进立法规划与立法预测的科学化与针对性，使法律及时地进行新陈代谢、新老更新。最后法的清理也是保证法能够有效实施的关键，法律的制定为了适用，如果适用的法律是无法适应社会情况的法律，那么其作用就难以有效地发挥。经过有效的法律清理，可以消除不同规范性法律文件之间的冲突与矛盾，保证法的实施者对法的运用畅通无阻，保证司法审判的有法可依与司法效率。

3. 法的清理的类型

从法的清理类型来看，依据不同的标准可以作出不同的分类，从主要的

---

[1] 参见周旺生：《立法学》（第2版），法律出版社2009年版，第507页。

类型来看，可以划分为集中清理、专项清理以及定期清理这三种方式。

（1）集中清理。集中清理，顾名思义，一般是指立法主体将积累了一定时间段的规范性法律文件集中起来进行的梳理和处理活动。它是一种有效的、范围比较广泛的一种全面清理活动。这种清理活动的时间通常耗费较长，有待清理的法律数量也比较多，对人力和物力以及经费的要求比较高。通常发生在政权交接的转折时期，因为此时需要对前一个政权留下的大量的法律进行废止与修改，这种集中清理的活动可以有效地对过去的法律进行取舍。

（2）专项清理。专项清理，就是立法主体对某些具体的部门法律进行的有针对性的专门清理。其与集中清理相比涉及的法律规范的内容并不那么广泛，但是有针对性。通常是在当某一个部门的某一方面出现了法律的不合时宜的情形，采用专项清理可以在集中的时间段内对集中出现的问题作出集中的处理，效率较高，效果较好。一般立法主体通常会采用专项清理，逐步解决出现的立法问题，而不必等到问题较多较广后再用集中清理去解决。比如我国 2004 年实施的《行政许可法》最后一条第 2 款规定："本法实施前有关行政许可的规定，制定机关应当依照本法规定予以清理，不符合本法规定的，自本法施行之日起停止执行。"这就是我国法律中规定的对行政许可进行专项清理的规定。

（3）定期清理。定期清理是立法主体在固定的时间点针对法律进行的清理活动，这种清理活动可以保证清理的规律性与常规性。定期清理相比于集中清理，可以更为短期及时地协调法律之间的关系，使其在较短的时间内适应社会不断变化的客观情况。如果定期清理能够坚持下去成为一项重要的立法完善制度，那么对于整个法律体系的有效运行来说都是一件意义非凡的事情。

综上所述，每种法的清理类型有其存在的合理价值，立法者在立法活动中，应当将法的集中清理、法的专项清理与法的定期清理结合起来，发挥其各自的优势，弥补各自的不足，尤其要善于运用定期清理与专项清理，并将其作为一项制度长期保存下来，在固定的时间段对法律体系进行清理的同时，辅以必要的专项清理工作，就可以不必在等到问题出现较多时进行大规模的集中清理活动。因此，为了保证法制体系的统一与协调，发挥法律调整社会生活的重要作用，保持法律跟上时代发展的步伐，做好法的清理工作十分必要。

（二）法的废止

1. 法的废止的概念和特征

法的废止，是立法主体依据一定职权和程序，对现行法实施变动，使其失去法的效力的专门活动。[1]法的废止与法的制定与法的修改不同在于，法的废止是使法从根本上失去效力的活动，使法从根本上不存在了。如果仅仅是使得法中的某一个部分的内容失去了效力，还不是法的废止，仅仅属于法的修改的范畴，而法的废止必须是使得整部法律从整体上失去了效力。从法的废止的特征来看，其实施主体是特定的立法主体，在英美法系国家，司法机关存在违宪审查的权力，可以对违反宪法的法律宣布其无效。因此，司法机关也有权进行法的废止活动。法的废止也必须依照法定的权限进行，通常法的废止是由该法的制定主体进行，也就是同级废止，同时在某些情况下也存在着上级立法主体废止下级立法主体制定的法律的情况。比如我国《宪法》第67条第7、8项分别规定了全国人民代表大会常务委员会在全国人民代表大会闭会期间，有权撤销国务院制定的同宪法、法律相抵触的行政法规、决定和命令；有权撤销省、自治区、直辖市国家权力机关制定的同宪法、法律和行政法规相抵触的地方性法规和决议。法的废止必须按照严格的法定程序进行，不能由立法主体随意主观臆断进行。法的废止程序是立法程序的重要组成部分，必须经过提出、审议、表决通过与公布这样严格的程序，以保障法的废止活动的权威与严肃。

2. 法的废止的作用

法的废止虽然是使得法丧失了法律效力，貌似出现了无法可依的情形，但从本质上看，法的废止在立法活动中必不可少。社会关系不断的发展变化，诸多新情况、新环境的大量涌现，便会导致调整原有社会关系的法律无法跟上这种变化，有些过时的社会关系一旦超越了其存在的时代便没有了意义，有些社会关系仅仅停留在某几个特定的时代，在这些特定的时间段的调整这些特定社会关系的法律随着时代的不同没法适应新的时代的社会关系的要求。此时，对这些法律进行废止才是唯一正确的选择。同时，对这些法律的废止也是促进新的法律产生来适应新的社会关系的重要途径。只有对过时的法律进行不断的废止，才能够保证新的法律的大量涌现，避免旧的法律与新的法

---

[1] 参见周旺生：《立法学》（第2版），法律出版社2009年版，第503页。

律的冲突与矛盾，保证法律体系的协调统一。

3. 法的废止的方式

法的废止的方式除了前述的全国人大及其常委会对行政法规、地方性法规和规章作出撤销而实现废止的方式以外，在具体的法律规定中，也存在着其他的法的废止方式。

（1）公布新法的方式来实现对旧法的废止。比如，2006 年 3 月 1 日施行的《治安管理处罚法》最后一条规定："本法自 2006 年 3 月 1 日起施行，1986 年 9 月 5 日公布、1994 年 5 月 12 日修订公布的《中华人民共和国治安管理处罚条例》同时废止。"1999 年 10 月 1 日起施行的《行政复议法》最后一条规定："本法自 1999 年 10 月 1 日起施行。1990 年 12 月 24 日国务院发布、1994 年 10 月 9 日国务院修订发布的《行政复议条例》同时废止。"2021 年 1 月 1 日施行的《民法典》最后一条规定："本法自 2021 年 1 月 1 日起施行。《中华人民共和国婚姻法》、《中华人民共和国继承法》、《中华人民共和国民法通则》、《中华人民共和国收养法》、《中华人民共和国担保法》、《中华人民共和国合同法》、《中华人民共和国物权法》、《中华人民共和国侵权责任法》、《中华人民共和国民法总则》同时废止。"再比如 1997 年《刑法》的公布实施，就导致了 1979 年的《刑法》以及相关的过时的条例因为与新刑法相抵触而自行废止。在这种情况下，由于后法与前法是同样的名称，因而新的法律没有必要再在条文中写明先前的法律失去效力而废止。

（2）公布专门性的法律文件实现对一系列法律的废止。这是一种集中性的法律废止的方式。随着我国改革开放进程的开启和社会主义市场经济的实行，导致了一大批法律出现了过时的情况，因而立法主体有必要对相关法律进行集中的废止。比如 1986 年国务院《关于废止部分财贸法规的通知》《关于废止部分农林法规定的通知》、1987 年国务院《关于废止部分外事外经贸、工交城建、劳动人事和教科文卫法规的通知》《关于废止部分政法、军事、机关工作和其他法规的通知》。就在改革开放进入新时期的今天，立法者也进行着法的废止的工作。在 2009 年 6 月 22 日全国人大常委会召开的常务会议上，根据全国人大常委会有关部署，有关方面对我国现行 200 多件法律进行了全面清理，提出近 2000 件清理意见和建议，废止 8 件、修改 59 件 141 条法律。其中，全国人大常委会拟废止的 8 件法律分别是：《公安派出所组织条例》《城市街道办事处组织条例》《华侨申请使用国有的荒山荒地条例》《华侨捐资兴办学校办法》《关于授权国务院改革工商税制发布有关税收条例草案试行的决定》《关于惩治偷税、抗税犯罪的补充规定》《关于加强对法律实施情况检查监督的若干规定》《关于严惩组织、运送他人偷越国（边）境犯罪的补充规定》。这次法律清理重点，放在改革开放早期制定的与经济社会发展特别是社会主义市场经济要求明显不适应的法律规定上，有助于保持我国新时期法律体系的协调统一。

四、法的解释

法的解释从广义来看，是指有关机关或个人对法律文本的内容、含义、精神和技术要求等所作的说明，通常根据解释主体的效力的不同将其分为有权解释和无权解释两大类[1]。狭义的法的解释，是指有法律解释权的国家机关依照宪法和法律赋予的职权，对有关法律文本进行的解释，我国法学界通常将其分为立法解释、司法解释和行政解释，分别由立法机关、司法机关和行政机关作出。由此可见，狭义的法的解释单纯指的是有权机关的解释。而我们对法的解释的研究通常是从广义的角度进行的，将各种主体作出的有关法的内容、含义和术语的说明和解答都作为法的解释的范畴。

法之所以需要进行解释，首先从法的文本自身来看，法是抽象的、概括的，只有进行了解释，才能适用于具体的案件中。在立法时，立法机关舍去了作为法律调整对象的行为和关系的差别因素，仅考虑它们的共性规定行为的界限或权利义务关系，但在执法和司法时，执法者和司法者所遇到的却是具有个性的行为和关系，这就需要正确地理解法律规范的含义及其适用条件。[2]法律本身要保持稳定性，法律一经制定就必须保持相对的稳定性，不能朝令夕改。如果法律不断修改，就会使人们无法按照预期的法律调整自己的行为，人们将会在不断变动的法律面前无所适从。然而，如果法律过于保持稳定又会产生法律僵化滞后的弊端，无法适应不断发展变化的客观情势，因而法律解释的作用便不言而喻，可以使法律不断地适应发展变化的客观情况的要求。同时，一国法律体系作为一个协调统一的有机整体，法律之间的协调统一十分必要，如果其中任何一部法律对立法意图的表述不清，或者存

---

〔1〕 参见刘莘主编：《立法法》，北京大学出版社 2008 年版，第 208 页。
〔2〕 参见黄文艺、杨亚非主编：《立法学》，吉林大学出版社 2002 年版，第 218~219 页。

在歧义，直接会使人们对与其相关的法律的精神的理解和把握发生困难，在这种情况下，对法律进行必要解释就可以及时消除这种歧义与误解，使各部法的精神相互协调，并且促进法制体系的有机统一。最后，对法的解释也是保证法能够有效适用的重要手段。法的制定为了实施，法律规定只有适用到具体的社会案件中去才能够发挥作用。法的制定很重要的目的是司法机关进行法的适用。然而，法律体系出现了较多的歧义与矛盾时，不仅不利于法制体系自身的统一，而且会对司法工作造成严重的阻碍，司法机关人员将在法律的适用问题上感到困惑不解。同时社会成员也不知道根据法律如何来安排自己的行为，由此可见，如果不对法律进行有效的必要解释，不仅会对司法工作造成影响，同时也会对人们的守法行为带来不利。只有及时对法在实施过程中出现的问题进行有效的解释，才能克服以上这些问题，保证法律的可诉性的畅通，实现法律在社会生活中的调整作用的发挥。

实务中，法的解释一般分为有权解释和学理解释。

（一）有权解释

1. 有权解释的内涵

有权解释，又称为法定解释，官方解释，一般是指由特定的国家机关按照宪法和法律所赋予的权限所实施的解释。根据 1981 年 6 月 10 日第五届全国人民代表大会常务委员会第十九次会议通过《关于加强法律解释工作的决议》针对法律解释问题的规定为："一、凡关于法律、法令条文本身需要进一步明确界限或作补充规定的，由全国人民代表大会常务委员会进行解释或用法令加以规定。二、凡属于法院审判工作中具体应用法律、法令的问题，由最高人民法院进行解释。凡属于检察院检察工作中具体应用法律、法令的问题，由最高人民检察院进行解释。最高人民法院和最高人民检察院的解释如果有原则性的分歧，报请全国人民代表大会常务委员会解释或决定。三、不属于审判和检察工作中的其他法律、法令如何具体应用的问题，由国务院及主管部门进行解释。四、凡属于地方性法规条文本身需要进一步明确界限或作补充规定的，由制定法规的省、自治区、直辖市人民代表大会常务委员会进行解释或作出规定。凡属于地方性法规如何具体应用的问题，由省、自治区、直辖市人民政府主管部门进行解释。"这是我国法律规定有权解释的重要法律文件。

根据以上规定，在当代中国，法定解释包括立法解释、司法解释、行政解释。针对立法解释，有广义和狭义的不同概念内涵。狭义的立法解释专指全国人大常委会对宪法和法律的解释，这里的法律也是狭义的法律，专指全国人大及其常委会制定的法律。广义的立法解释是指全国人大常委会对宪法和法律的解释，还包括有权的地方人民代表大会常委会对地方性法规的解释。[1] 司法解释是最高司法机关在适用法律过程中对具体应用法律的问题所作的解释。与司法机关分为审判机关和检察机关相对应，司法解释也分为审判解释、检察解释和审判检察联合解释。审判解释是最高人民法院对各级人民法院在审判过程中具体应用法律的问题所作的解释，这种解释对全国的审判工作具有指导意义，具有法律效力，可以作为各级人民法院办案的依据。检察解释是最高人民检察院对在检察工作中具体应用法律问题所作的解释，对全国检察工作有指导意义。审判检察联合解释就是最高人民法院和最高人民检察院对审判工作和检察工作中遇到的共同问题所作的联合解释。对全国的法院工作和检察院工作有指导意义。行政解释就是行政机关在执行法律的过程中对如何具体应用法律问题所作的解释，包括国务院及其各部门对法律的具体应用所作的解释，省、自治区、直辖市人民政府及其部门对地方性法规的具体应用所作的解释。总之，以上这些都属于有权解释的范畴，形成了我国法律解释体系中有权解释的体系框架。

2. 我国《立法法》对有权解释的规定

我国《立法法》对法律解释的规定集中体现在第二章的第四节“法律解释”中，根据我国《立法法》所确定的法律解释，通常是指对全国人大及其常委会通过的法律的解释，不包括宪法解释、法规解释和规章解释。因而，《立法法》中的法律解释可以被视为狭义立法解释的范畴，具体来看：

（1）根据《立法法》第 48 条的规定，法律解释权属于全国人民代表大会常务委员会。法律有以下情况之一的，由全国人民代表大会常务委员会解释：一是法律的规定需要进一步明确具体含义的；二是法律制定后出现新的情况，需要明确适用法律依据的。由此可见，这里的法律指的是全国人民代表大会及其常务委员会制定的法律，不包括行政法规和地方性法规及规章。由此可见，该条规定了我国法律解释权限的归属，以及需要进行法律解释的情形。

（2）根据《立法法》第 49 条的规定，国务院、中央军事委员会、国家监

---

〔1〕 参见张文显主编：《法理学》，高等教育出版社 1999 年版，第 327 页。

察委员会、最高人民法院、最高人民检察院、全国人民代表大会各专门委员会，可以向全国人民代表大会常务委员会提出法律解释要求或者提出相关法律案。这是《立法法》对提出法律解释的主体规定。

（3）根据我国《立法法》第 50 条、第 51 条以及第 52 条的规定，常务委员会工作机构研究拟订法律解释草案，由委员长会议决定列入常务委员会会议议程。法律解释草案经常务委员会会议审议，由宪法和法律委员会根据常务委员会组成人员的审议意见进行审议、修改，提出法律解释草案表决稿。法律解释草案表决稿由常务委员会全体组成人员的过半数通过，由常务委员会发布公告予以公布。这三个条文集中规定了我国法律解释的相关程序，包括法律解释草案的拟定与提出，法律解释草案是由常委会的工作机构拟定，并由委员长会议决定列入常委会会议议程；法律解释草案的审议表决，其中法律解释草案是由常委会会议审议，由宪法和法律委员会根据审议意见作出修改而提出表决稿；法律解释草案的通过，主要是由常委会组成人员过半数通过，法律解释草案即获得通过，最后是规定了由常委会发布公告进行公布。

（4）我国《立法法》第 53 条规定："全国人民代表大会常务委员会的法律解释同法律具有同等效力。"该条是对全国人大常委会的法律解释的法律效力的规定，保证了全国人大常委会的法律解释的权威性与约束力。

（二）学理解释

学理解释，又称为非正式解释，无权解释，有的学者认为学理解释一般是指法学研究人员、法制宣传机关、新闻媒体等对有关法律或法律条文所进行的理论阐释、注释或宣传性解释。这种解释一般具有学术性、理论性、相对自由性和传播性等特征。[1]这种解释与有权解释的本质区别在于其没有法律上的约束力和适用效力。其与有权解释所强调的是特定的主体对法作出的具有法的效力的解释不同，学理解释侧重强调其解释主体的非特定性，而有的学者认为不能仅仅将学理解释的主体限定于上述的社会组织、学者、学术团体和报刊之类的范围，因为，除此之外，国家立法机关、司法机关、行政机关也可以根据学理对法进行解释。而且社会组织和报刊之类所作的解释也不一定都是根据学理所进行的解释。学理解释这一概念强调的是法的解释的

---

〔1〕 参见黄文艺、杨亚非主编：《立法学》，吉林大学出版社 2002 年版，第 221 页。

方法，而不像有权解释那样强调的是法的效力。[1]有权解释与学理解释根本不是相对应的范畴，有权解释的主体也可以根据学理的观点对法律作出有权解释。因而需要将学理解释的概念从学者、报刊、宣传、教育等范围的局限中剥离出来，正确把握学理解释的范围。

【法律规范】

《宪法》

第 62 条第 1、3 项　全国人民代表大会行使下列职权：

（一）修改宪法……

（三）制定和修改刑事、民事、国家机构的和其他的基本法律；

第 64 条　宪法的修改，由全国人民代表大会常务委员会或者五分之一以上的全国人民代表大会代表提议，并由全国人民代表大会以全体代表的三分之二以上的多数通过。

法律和其他议案由全国人民代表大会以全体代表的过半数通过。

第 67 条第 1、2、3、4 项　全国人民代表大会常务委员会行使下列职权：

（一）解释宪法，监督宪法的实施；

（二）制定和修改除应当由全国人民代表大会制定的法律以外的其他法律；

（三）在全国人民代表大会闭会期间，对全国人民代表大会制定的法律进行部分补充和修改，但是不得同该法律的基本原则相抵触；

（四）解释法律；

《立法法》

第 2 条　法律、行政法规、地方性法规、自治条例和单行条例的制定、修改和废止，适用本法。

国务院部门规章和地方政府规章的制定、修改和废止，依照本法的有关规定执行。

《行政许可法》

第 83 条第 2 款　本法实施前有关行政许可的规定，制定机关应当依照本法规定予以清理，不符合本法规定的，自本法施行之日起停止执行。

---

〔1〕　参见周旺生：《立法学》（第 2 版），法律出版社 2009 年版，第 359 页。

《行政复议法》（1999 年）

第 43 条 本法自 1999 年 10 月 1 日起施行。1990 年 12 月 24 日国务院发布、1994 年 10 月 9 日国务院修订发布的《行政复议条例》同时废止。

【论点要览】

《法哲学原理》（［德］黑格尔著，范扬、张企泰译，商务印书馆 1982 年版）：法律的范围一方面应该是个完备而有系统的整体，一方面他会继续不断地需要新的法律规定。法的完整性只是永久不断地对完整性的接近而已。

《中国立法原理论》（韩忠伟、杨涛、李晓棠，甘肃民族出版社 2008 年版）：法律是以调整社会关系和适应社会关系的需要为使命的。社会关系既有相对的稳定性，又有相对的变动性。当现行法律调整的社会关系发生重要变化时，应当对调整这种社会关系的法律加以修改和补充，使其适应变化了的社会关系的需要。

《立法学》（刘和海、李玉福，中国检察出版社 2001 年版）：由于我国施行的是多级多层次的立法体制，各种各样不同等级、不同效力的法律法规文件分别出自不同的立法主体。虽然我国《宪法》第 5 条规定了"国家维护社会主义法制的统一和尊严"，但由于立法技术上的落后和立法监督机制的薄弱，不同法律、法规之间的矛盾是很难避免的。

《法理学》（沈宗灵主编，北京大学出版社 1999 年版）：立法解释指全国人大常委会对宪法和法律的解释。

《法理学》（张文显主编，高等教育出版社 1999 年版）：立法解释指全国人大常委会对宪法和法律解释，以及有关地方人大常委会对地方性法规的解释。

【典型案例】

案例一：地方立法"放水"

2017 年 7 月中共中央办公厅、国务院办公厅就甘肃祁连山国家级自然保护区生态环境问题发出通报（以下简称《通报》）。《通报》指出："《甘肃祁连山国家级自然保护区管理条例》先后历经三次修订，仍然存在部分规定始终与国务院颁布的《中华人民共和国自然保护区条例》不一致的问题。《中华人民共和国自然保护区条例》规定，禁止在自然保护区内进行砍伐、放牧、狩猎、捕捞、采药、开垦、烧荒、开矿、采石、挖沙等 10 类活动，而《甘肃祁连山国家级自然保护区管理条例》将上述禁止的 10 类活动缩减为狩猎、开垦、烧荒等 3 类活动，且这 3 类活动都是近年来得到有效控制，对祁连山生态环境破坏较小的事项，因而甘肃省人大常委会制定的《甘肃祁连山国家级自然保护区管理条例》违反《中华人民共和国自然保护区条例》有关规定，构成下位法违反上位法。"该《通报》指出上述地方性法规违反上位法情形之后，中央政治局常委会专门听取了中央督查组的情况汇报，批准了对相关责任单位和责任人进行严肃问责的决定。

针对该立法案例，全国人民代表大会宪法和法律委员会副主任委员沈春耀强调，"甘肃条例的问题，不是立法技术出了问题，而是立法政策出了问题，放松了监管责任、放任了违法行为。立法上'放水'，执法上'放弃'，才导致了祁连山生态系统遭到严重破坏。这样的教训必须深刻汲取。"他认为，对上位法禁止的 10 类违法活动，如果甘肃省在立法修法时一定要作简化处理，使之符合地方实际，那么这种简化就应当是建立在可靠的调查研究的基础上，不是想当然立法。实际上，甘肃条例所禁止的 3 类行为都是近年来发生频次少、基本得到控制的事项，而其他 7 类恰恰是近年来频繁发生且对生态环境破坏明显的事项，主要是违规开矿、违法违章建设、偷排偷放等问题。沈春耀指出："如果甘肃省当时制定或者修改条例时，根据调查研究得到的实际情况，把主要的违法行为列为禁止事项并予以严格管控，有的放矢地进行地方立法，即使少写一些相对次要的东西，也不至于带来这么严重的后果。甘肃有关方面监督管理祁连山自然保护区，只依据地方性法规，而不依据全国通行的行政法规，本身就是错误的。"甘肃祁连山国家级自然保护区生态环境破坏问题突出，产生的原因之一是"在立法层面为破坏生态行为'放水'"。由此，"立法放水"作为我国立法领域一个专门术语登上了历史舞台。倘若仔细剖析《通报》可知，立法"放水"不是简单的对上位法内容的"遗漏"或者缺失，而是在对地方生态环境保护缺乏调查研究的情况下，擅自对上位法中规定的本来应该严格规定的内容在地方条例中被放松了。常见的情形有两种：一是上位法有限定的事项，下位法扩大了限定范围；二是下位法扩大了上位法规定的权利主体范围，这种范围的扩大违背了上位法的立法目的。

为了提高立法质量，预防并及时杜绝此类立法现象的再生，2017 年 9 月 8 日全国人大常委会法工委向各省、自治区、直辖市人大常委会办公厅发出的《关于做好涉及生态文明建设和环境保护的地方性法规专项自查和清理的函》（法工办函［2017］297 号），要求各地要抓紧组织开展"专项自查和清理工作"、杜绝地方性法规和自治法规（特别是单行条例）"与上位法不一致、故意放水"。

（资料来源：［1］朱恒顺："立法有过错也应当追责"，载《中国青年报》2017 年 7 月 26 日；［2］孙莹："如何认识地方立法中的'放水'现象"，载《人民之声》2021 年第 6 期；［3］沈寿文："论'立法放水'的认定"，载《理论探索》2023 年第 1 期。）

提示与问题：

（1）利用立法法知识，如何评价地方立法"放水"现象？

（2）法的清理能否避免地方立法"放水"现象的发生？

（3）如何认识地方立法"放水"与提高立法质量之间的关系？

案例二："徐玉玉案"与《个人信息保护法》

基本案情：

徐玉玉家境贫寒，家里的支出全都靠父亲微薄的收入，徐玉玉自己却十分努力。2016 年高考，徐玉玉以 568 分的成绩被南京邮电大学录取。南京邮电大学于 8 月 17 日为徐玉玉办理了助学申请。8 月 19 日下午 4 点 30 分左右，一个电话打给了徐玉玉母亲，并且转由徐玉玉接听，对方通过非法获取到的个人信息，充分掌握了徐玉玉的情况，并谎称有一笔 2600 元的助学金需要汇给她，让徐玉玉去银行办理手续。在这通陌生电话之前，徐玉玉曾接到过教育部门发放助学金的通知，让她办理助学金的相关手续，说钱过几天就能发下来。由于前一天接到的教育部门电话是真的，所以当时他们并没有怀疑这个电话的真伪。此后，徐玉玉听从对方的安排来到了银行，并按照对方的要求把自己卡里的 9000 元钱汇入对方所提供的账户，但是过了很久徐玉玉也没有收到对方的助学金汇款，再拨打电话，对方已经不再接听，徐玉玉这才知道自己的 9000 元已经被骗了。徐玉玉立即去公安局报警，在回家途中，由于极度自责和抑郁，导致心搏骤停而去世。据调查，犯罪嫌疑人杜某利用漏洞扫描工具发现"山东省 2016 高考网上报名信息系统"存在漏洞，于是他便利用网站漏洞获取了网站后台登录权限，盗取了包括徐玉玉在内的 64 万余条考生报名信息，并通过支付宝、QQ 向陈某出售上述信息 10 万余条，获利 14 100 余元。黑客杜某的行为触犯了《刑法》第 285 条，情节特别严重，构成了侵犯公民个人信息罪。陈某通过 QQ 群向黑客杜某购买上万条山东高考考生信息数据，非法获利超过 9900 元，依据《关于办理侵犯公民个人信息刑事案件适用法律若干问题的解释》陈某构成犯罪且情节特别严重。

在大数据时代，当我们大喊"大数据"高效、方便、快捷的同时，我们也在大数据里"裸奔"。大数据本质上是一种信息的体现形式，其中，个人信息作为数据的重要来源，逐步成为社会经济发展的稀缺资源，亦成为立法机关重点保护、行政机关重点监管、司法机关重点控制的客体。本案中，当徐玉玉考取南京邮电大学，申请国家助学金后，于 8 月 18 日接到了教育部有关方面打来的电话，但是 19 日就遭到了电信诈骗，这个过程如同一系列缜密的设计。虽然国家出台了《普通高等学校招生工作规定》来规制学生信息的泄露现象，但是仍然有些拥有这些信息的人为了某些利益将学生信息出售给诸多机构。

徐玉玉案发生之时，我国的《个人信息保护法》尚未出台。这意味着针对现实生活中，一些企业、机构甚至个人，从商业利益等出发，随意收集、违法获取、过度使用、非法买卖个人信息，利用个人信息侵扰人民群众生活安宁、危害人民群众生命健康和财产安全等问题存在无法可依的立法阙如情形。这也是导致徐玉玉案悲剧发生的根本原因之一。我国的刑法和行政法虽然对此进行了规定，但是依然不够完善且不够系统。例如，2017 年 6 月 1 日最高人民法院、最高人民检察院《关于办理侵犯公民个人信息刑事案件适用法律若干问题的解释》正式施行，两高的司法解释正式以法律条文的形式保护了公民个人信息，特别明确规定了非法获取、出售或者提供行踪轨迹信息、通信内容、征信信息、财产信息 50 条以上的将入罪。同年生效的《网络安全法》也首次在法律层面规定了个人信息保护的基本原则。但是依靠这些规定仍无法实现对个人信息权利的全面保护，导致侵犯个人信息的犯罪频频发生。

在信息化时代，个人信息保护已成为广大人民群众最关心最直接最现实的利益问题之一，而且徐玉玉案的发生直接促使社会公众广泛呼吁出台专门的个人信息保护法。据十三届人大常委会统计，本届以来，全国人大代表共有 340 人提出 39 件相关议案、建议，全国政协委员共提出相关提案 32 件。习近平总书记更是多次强调，要坚持网络安全为人民、网络安全靠人民，保障个人信息安全维护公民在网络空间的合法权益，并对加强个人信息保护提出明确要求。为了及时回应社会公众的现实需求，保护已被大数据"偷窥"已久的个人信息，落实党中央部署要求，第十三届全国人民代表大会常务委员会第三十次会议于 2021 年 8 月 20 日通过首部专门的《个人信息保护法》，并于 2021 年 11 月 1 日起施行。

（资料来源：［1］"反思徐玉玉案 别止于不再上演"，载《石家庄日报》2017 年 6 月 28 日；参见［2］夏天雨："对个人隐私保护的思考——以'徐玉玉案'为例"；［3］徐富、于涛、朱利明："个人信息的保护和完善——从徐玉玉案分析"；［4］刘俊臣："关于《中华人民共和国个人信息保护法（草案）》的说明"，载《全国人民代表大会常务委员会公报》第 1125～1126 页。）

提示与问题：

（1）结合《个人信息保护法》，谈谈如何理解立法的超前与滞后？

（2）结合立法学知识，如何评价《个人信息保护法》与相关法的体系性？

（3）如何做到法的与时俱进，避免类似案件的再次发生？

【参考书目】

周旺生：《立法学》（第 2 版），法律出版社 2009 年版，第二十二章。

刘莘主编：《立法法》，北京大学出版社 2008 年版，第九章。

黄文艺、杨亚非主编：《立法学》，吉林大学出版社 2002 年版，第十五章。

【分析思考】

（1）简述立法完善的基本含义

（2）分析思考法的修改与法的修订的关系。

（3）如何理解法的清理与法的废止的内容？

（4）论述法的解释的主要方法。

第十二单元
立法监督

【内容概要】

立法监督是享有立法权的立法主体依照法定的权限，按照法定的程序对立法主体的立法活动过程和立法结果所实施的监察和督导的活动。我国的立法监督一般包括备案、批准等方式。

【基本原理】

一、立法监督的概念

（一）立法监督的内涵

关于立法监督的含义，理论界有不同的理解。归纳起来，主要有以下几种观点：

第一种观点认为，立法监督即对立法机关的立法活动及其后果的监督。就是针对立法机关制定、修改和废止规范性法律文件的过程及规范性法律文件的内容的合法性和合理性所进行的监查和督导活动。这种理解的角度在于从立法监督的客体出发，对于立法监督的主体未作任何规定。因此，这种立法监督的主体具有相当广泛的特点，不仅包括具有专门立法监督权的国家机关的监督，还包括其他国家机关的监督和社会的监督。换言之，任何国家机关、社会组织和公民个人都可以通过特定的形式对立法活动提出建议、意见和批评。当然，在我国，这种形式的立法监督缺乏必要的法律形式和法律效力，因此，不具有可操作性。第二种观点认为，立法监督即法定立法机关在其权限之内进行的监督活动。这种理解从立法监督的主体出发，对立法监督的内容和客体未作规定。因此，这种立法监督的客体可以是任何国家机关、社会组织和公民个人，监督的内容可以是任何法律活动的合法性。不仅包括立法机关的立法活动，还可以是其他国家机关的行政、司法活动以及任何社会组织和个人的任何活动。第三种观点认为，立法监督即具有法定立法监督权的主体，依照法定的职权和程序，对立法活动所进行的具有法律约束力的监查和督导活动。这种理解对立法监督的主体、客体和内容都进行了严格的限定，其监督行为具有严格的法律程序和严肃的法律后果。[1]

由此可见，这三种观点对于立法监督的主体、客体和内容的界定都不相同，因而才得出了不同的概念界定。本书认为，立法监督作为一项国家重要的法律监督权力，应当只有特定的主体才能够享有，而不是任何机关、任何组织和个人都能够行使立法监督权。立法监督必须依据严格的法定权限和程序进行。为了保证严肃的立法监督权力的有效实施，法律监督主体必须严格依照法定的权限实施监督，不得超越法律赋予的监督权，也不得滥用监督权，更不能将监督权置若罔闻。只有严格依照法律规定的监督范围和监督方式行使立法监督权的监督行为才是合法有效的监督。立法监督应该以立法活动过程和立法结果两个方面作为监督的客体，立法监督不仅仅应该是对整个立法活动的监督，而且还应该包括对立法结果的持续性的监督。既包括对立法主体制定规范性法律文件的活动过程进行监督，还包括对基于立法所产生的规范性法律文件所进行的监督。从立法监督的客体来看，这两方面的监督都是必要的，而且是缺一不可的，少了其中任何一项，对立法的监督都不能说是完善的。立法监督的目的就是为了保证良法的出现，而如果只注重对立法活动抑或是只注重对立法结果进行单方面的监督，肯定无法避免另一方面会出现种种的弊端，因此，严格的立法监督的客体应该包含立法活动和立法结果两个方面。由此几点特征可以将立法监督的概念概括为，立法监督就是享有立法权的立法主体依照法定的权限，按照法定的程序对立法主体的立法活动过程和立法结果所实施的监查和督导的活动。

（二）我国的立法监督体制

对立法监督的基本含义进行剖析，有必要对我国立法监督体制从主体、客体和内容三个方面进行把握。具体而言，从我国的立法监督体制来看，我国立法监督的主体具有广泛性，立法监督的客体以及内容种类多样、复杂且

---

[1]　参见黄文艺、杨亚非主编：《立法学》，吉林大学出版社 2002 年版，第 250~251 页。

较为全面。

1. 我国立法监督的主体

根据我国《宪法》和《立法法》的规定，我国的法定的立法监督主体包括以下几类机关：

（1）全国人民代表大会。根据《宪法》和《立法法》的规定，全国人民代表大会有权监督宪法的实施，有权改变和撤销它的常务委员会制定的不适当的法律，有权撤销全国人民代表大会常务委员会批准的违背《宪法》和《立法法》规定的自治条例和单行条例。

（2）全国人大常委会。全国人大常委会是全国人大的常设机关，有权解释宪法并监督宪法的实施，有权撤销同宪法和法律相抵触的行政法规，有权撤销同宪法、法律和行政法规相抵触的地方性法规，有权撤销省、自治区、直辖市的人民代表大会常务委员会批准的违背《宪法》和《立法法》规定的自治条例和单行条例。

（3）国务院。国务院是国家最高行政机关，是国家权力机关的执行机关，对部门规章和政府规章具有广泛的监督权。根据《立法法》的规定，国务院有权改变或者撤销不适当的部门规章和地方政府规章，并且可以针对部门规章之间、部门规章与地方政府规章之间对同一事项的规定不一致时，作出裁决。

（4）省、自治区、直辖市人民代表大会。省、自治区、直辖市人大是地方最高级别的权力机关，有权改变或者撤销它的常务委员会制定的和批准的不适当的地方性法规。

（5）地方人民代表大会常务委员会。地方人民代表大会常务委员会有权撤销本级人民政府制定的不适当的规章。

（6）省、自治区人民政府。省、自治区的人民政府有权改变或者撤销下一级人民政府制定的不适当的规章。

（7）中央军委。根据《立法法》的规定，中央军委作为国家最高军事机关，有权对中央军事委员会各总部、军兵种、军区根据法律和中央军事委员会的军事法规、决定、命令在其权限范围内制定的军事规章进行立法监督。

2. 立法监督的客体及内容

将立法监督的客体和内容集中进行阐述，是由于立法监督的客体及内容关联紧密，而且在一定程度上没必要将二者完全割裂开来。因为立法监督的客体包括对立法活动过程的监督以及对立法结果的监督，而这两项要素完全可以成为立法监督的重要内容，对立法结果的监督同样也是对立法内容进行监督的重要方面，立法权限、立法程序和立法技术这些监督内容既可以成为立法活动监督客体的方面，也可以包含于立法监督的内容之中。

（1）从立法结果来看，我国立法结果的内容形式多样，种类繁多，立法监督对立法内容的审查主要包括对宪法、法律、行政法规、地方性法规、自治条例和单行条例、军事法规、部门规章、政府规章、军事规章以及有权解释的审查和监督。立法监督在审查这些规范性法律文件时，通常会考虑立法内容是否遵循宪法的基本原则与制度，是否与宪法以及级别较高的法律相抵触，同等效力的规范性法律文件是否存在冲突以及这些规范性法律文件的内容是否体现立法者的真正主旨与意图。

（2）从立法活动过程来看，我国对立法活动过程的监督主要体现在：

第一，审查立法主体是否具有制定相关规范性法律文件的权限和资格，以及享有立法权限的立法主体是否超越立法权限进行立法。同时，针对立法不作为的监督也是重要的立法活动监督的内容，要监督立法主体是否严格履行立法职责，是否根据社会的需要及时制定相关的法律、法规、规章。

第二，审查立法主体是否严格按照《立法法》规定的立法程序制定相应的规范性法律文件，是否存在减少立法程序步骤的情形，立法监督必须严格强调严格遵循立法程序作为制定良法的先决条件，以保证立法活动的程序正当性。

第三，审查立法技术的运用是否科学合理，审查立法结构、立法语言以及立法的预测、规划等是否符合要求，以保障立法从每个环节都做到井然有序、符合逻辑。

（三）立法监督的意义

立法监督的意义在于，从立法监督的活动本身来看，可以保证立法的科学化与合理化，提高立法的质量，更为有效地实现立法者的立法意图的贯彻。有效的立法监督可以保证立法的内容客观与准确，恰当地反映社会关系的本质要求和社会的发展规律，保证法律能够成为有效调整社会关系的手段和工具，实现立法过程的科学以及法律体系的协调统一。具体而言，通过对立法者制定的法律的有效监督，可以使立法者搜集大量的关于所制定出来法律的批评和建议，当立法者对这些批评和建议进行斟酌考量的同时，便可以进一步促进其对制定的法律进行进一步的改良与提高，使这些法律更好地反映社会生活的客观需要，更好地调整社会关系的方方面面，与此同时，通过对法律的监督，还可以修改制定出来的法律中的背离社会发展要求的法律，废止那些阻碍社会发展的法律，补充新的适应社会现实需要的法律。同时，通过立法监督可以有效地消除法律体系内部的冲突与矛盾，明确各种立法主体的权限范围，保证立法主体在立法权限范围内按照严格的立法程序运用合理的立法技术进行立法，可以促进国内法律形成统一有序的立法整体，进而提高立法的质量与效果。立法监督在保证法律科学化和提高立法质量的同时，还可以使得贯穿各部门法中的立法精神与法律原则在立法监督的环境中保持整体的统一与一致，保持各部门法在根据宪法制定的同时不与宪法相抵触与冲突，同时各个部门法之间也形成相互协调、相互配合的有机关系，当下位阶的法律与上位阶的法律相抵触时，通过立法监督便可以宣布下位阶的法律无效从而有效地协调上下位阶法律之间的关系，形成内在逻辑体系完整统一的法律效力层次分明的法律位阶体系，有效地避免了法律、法规之间的内部冲突与矛盾，保证了全部立法在内容和效力上的合理配合与协调，保证法的可诉性与可操作性。因此，通过立法监督，统一立法精神，消除法律规范性文件的内部冲突，可以有效地维护国家的法制统一与权威。

二、立法监督的种类

立法监督种类多种多样，为了实现有效的立法监督效果，通常采用内部监督与外部监督相结合、立法过程监督和立法结果监督相结合以及事前监督与事后监督相结合的方式对立法进行监督。

（一）内部监督与外部监督相结合

内部监督就是立法主体内部所实施的立法监督。主要包括立法主体对自己所立之法的监督以及立法主体之间的互相监督，比如上级立法主体对下级立法主体的监督等。外部监督就是立法主体以外的机关、组织和个人对立法进行的监督。包括依据法定途径进行的监督以及法定途径以外的监督，根据《立法法》规定，国务院、中央军事委员会、国家监察委员会、最高人民法院、最高人民检察院和各省、自治区、直辖市的人民代表大会常务委员会认为行政法规、地方性法规、自治条例和单行条例同宪法或者法律相抵触的，可以向全国人民代表大会常务委员会书面提出进行审查的要求，由常务委员会工作机构分送有关的专门委员会进行审查、提出意见。前款规定以外的其他国家机关和社会团体、企业事业组织以及公民认为行政法规、地方性法规、自治条例和单行条例同宪法或者法律相抵触的，可以向全国人民代表大会常务委员会书面提出进行审查的建议，由常务委员会工作机构进行研究，必要时，送有关的专门委员会进行审查、提出意见。由此可见，我国《立法法》明确规定了立法监督的外部监督方式。只有将立法的内部监督与外部监督有机地结合起来，才能使得两者相互作用，促进立法的健康发展。

（二）立法过程监督和立法结果监督相结合

立法过程的监督就是对立法主体的立法活动过程进行的监督，主要包括对立法程序、立法权限、立法主体资格以及立法技术等诸多方面的监督。立法过程监督可以及时发现立法过程中存在的问题，从而及时地解决，不必等到立法活动结束后再对立法进行监督，可以有效地实现立法的科学性与合理性。立法结果的监督就是立法主体所立之法的监督，强调对象是针对已经形成的规范性法律文件。既要监督这些立法文件自身是否矛盾、与其他立法是否冲突，还要监督这些立法文件是否符合立法目的，反映社会关系的客观要求。只有将立法过程监督与立法结果监督有机结合，才能保证立法的整个环节都健康科学，不能只重视对立法结果的监督，而忽视了对立法活动过程的有效监督，更不能只注重立法活动过程的监督，而忽视了对立法结果的长效监督，如果只侧重一个方面的监督，势必会影响整体立法的质量，产生顾此失彼、片面追求立法效果的不良影响。

（三）事前监督与事后监督相结合

事前监督主要是在相关规范性法律文件生效之前，由监督主体进行的监督。通常情况下，有监督权的主体要根据相关立法文件是否合法、合宪、适当作出批准或否决的决定。事后监督主要是当法在实施过程中出现违反宪法规定或者违反上位法规定的情形时，或者出现内容不适当的问题时，由有监督权的主体对相关立法文件进行审查作出处理决定。事前监督可以保证相关立法避免出现违宪与违法的情形，也可以防止不合理的立法的出台，可以及时尽早地纠正立法中出现的问题，避免事后再来纠正造成的损失。而事后监督可以解决立法在具体实施过程中出现的问题，这些问题是通过事前监督无法解决的，因为有些问题只有当法付诸实施后才能显见，因而，对法的事后监督可以有效地弥补事前监督的不足，有效地对法在运行过程中出现的问题及时加以解决。由此可见，将事前监督和事后监督这两种监督方式有机结合，便可以有效地防止立法在生效前与生效后出现的种种问题，保证立法的健康发展。

三、违宪审查

（一）违宪审查的概念

自从美国联邦最高法院于 1803 年通过马伯里诉麦迪逊案开始了对立法的违宪审查权后，这项制度在世界范围内得到较快的发展。违宪审查是指享有违宪审查权的国家机关通过法定程序，以特定的方式审查和裁决某项立法或某种行为是否合宪的制度。它是宪法的监督手段，其目的在于制裁并处罚违宪行为，尤其是立法机关和行政机关制定的违宪的法律和法律性文件的行为，以期达成制约国家权力，保障公民权利，保证宪法的有效实施，并维护宪法的最高权威，维护宪政秩序与公民自由的目的。

（二）违宪审查的主要模式

纵观各国违宪审查制度的发展与运行，不难发现，目前世界各国违宪审查制度主要有司法机关审查模式、立法机关审查模式以及专门机关审查模式这三种类型[1]。

1. 司法机关审查模式

司法机关审查模式就是指普通法院在审理具体的案件中，对该案件所适用的法律和行政法规的合宪性进行审查和裁决的一种违宪审查模式。美国是典型的代表。美国最早的违宪审查发生在 1796 年"希尔顿控诉合众国"一案中，当时的美国法官佩特森和威尔逊，就行使了判决国会一项法案违宪的权利。到了美国第四任首席大法官约翰·马歇尔（1801 年至 1835 年任职）任期内的 1803 年，最高法院第一次明确宣布它有权对国会通过的法律进行司法审查，并第一次判决一条联邦法律违宪。从此这种基于普通法院的违宪审查机制就确立下来了。马歇尔大法官在判决书中这样写道："极为明显而不容置疑的一项立论是，宪法取缔一切与之相抵触的法条。违反宪法的法条不成为法律。判断何者为法律，断然属于司法部门的权限和职责。"

在这种模式下，法院应当事人的请求，对当事人认为侵犯自己权利的某

---

〔1〕 参见罗锋："全球三种违宪审查模式比较"，载《国际先驱导报》2004 年 6 月 29 日。

项法律或法规进行审查。如果发现被适用的某个法条违宪，便宣布该法条无效并拒绝适用。这种模式下任何普通法院都可以通过受理公民的诉讼来行使违宪审查权。而这种模式中的许多案例，是与判例法制度相适应的。启动违宪审查程序的主动权始终掌握在公民手中。他们可以通过个案向任何普通法院提起诉讼，搁置违宪的立法，也可以在议会走廊说服议员修改宪法，推翻违宪的判决结果。这种司法机关审查模式的优点在于，使得违宪审查具有经常性、有效性和可操作性，有效地平衡国家权力，协调社会各种利益，维护国家权力结构和宪法的最高权威。但这种违宪审查的问题在于司法活动本身也难保证是绝对客观中立的过程，法官的主观性往往干扰了他准确的体现立宪意图，而且司法审查主要是具体的个案审查，它不能撤销违宪的法律及法律文件；对于有关法律违宪的裁决的效力具有不确定性和有限性。司法权具有终极性、被动性，受到行政权和立法权的制约，还可以上诉。

2. 立法机关审查模式

立法机关审查模式是指宪法或宪法惯例所规定的立法机关负责审查和裁决违宪案件的合宪性的违宪审查模式。英国是典型的代表。早在君主立宪制度确立之初，《权利请愿书》与《权利法案》就明确表示，法律由普通法院与衡平法院独立适用。英国的宪法性法律《王位继承法》明确规定，英国法律是英国人民与生俱来的权利，君主及其大臣必须批准与确认。英国自17世纪以来，在政体上一直奉行"议会至上"的原则，因而由议会行使违宪审查权，并沿袭至今。它的基本特征是"议会有权制定和废止任何法律"，"不存在任何有权废除议会法案或认为它无效的司法机关或其他机关"。内阁和法院由议会产生并对其负责，议会可以制定、修改和废止任何法律，包括各种宪法性文件；任何一部法律如果违宪，议会都有权修正或废止。这种监督模式的最大优点在于它的权威性、有效性和权力行使的统一性，以及监督的直接性和快捷性，但是问题在于有效性、经常性和公正性缺乏，立法机关自己审查自己，对自己立法的审查不具有公正性使得立法机关审查模式有的时候就失去了审查的意义。

3. 专门机关审查模式

专门机关审查模式是指由宪法所规定的专门机关对法律、法规、行政行为的合宪性进行审查和裁决的违宪审查模式。这种模式因为首创于奥地利，所以又称奥地利模式。欧洲实行这种制度的国家比较多，代表国家如法国的宪法委员会和德国、俄罗斯、意大利等国的宪法法院。法国宪法委员会的主要职责就是"各组织法在公布前，议会两院的规章在施行前，都必须提交宪法委员会，宪法委员会应就其是否符合宪法作出裁决"。2002 年 12 月，德国联邦宪法法院二厅以多数反对的结果，否决了德国将于 2003 年 1 月生效的《新移民法》，联邦法院多数法官认为，2002 年 3 月 22 日联邦参议院通过新移民法的程序违反了德国宪法第 78 条的规定，原因是勃兰登堡州未能一致投票却算作了赞同票。这种模式的问题在于专门机关不可避免受到政策影响，政治倾向性强，很难保证客观公正的监督。

这种模式的基本特点是在普通法之外设立专门的宪法法院或宪法委员会来对法律等进行合宪性审查。这两种审查方式具有不同之处，宪法委员会是政治机关，不受理诉讼案件，而且它进行的是"事前审查"，经审查合宪的予以公布。而宪法法院是司法机关，不仅可以进行"事前审查"，也可以通过宪法诉讼的方式进行"事后审查"。在不同的国家里，违宪审查的部门不同，但共同的是违宪审查机构的专业化与独立性：专门审理政府或立法机关侵犯公民权利的案件，独立于普通法院、独立于行政机关，并且都关注过程合法性。从违宪审查的手段上说，现代国家通过两种方式对法律及法律性文件的合宪性进行审查。一是事先审查，即在法律、法律性文件颁布生效之前所进行的合宪性审查，一旦被确认违宪，该项法律、法律性文件便不得颁布实施；二是事后审查，即颁布实施之后进行的合宪性审查。

（三）我国相关的审查制度现状

我国对立法文件的审查模式并不是纯粹意义上的违宪审查模式。在现阶段，根据宪法和相关法律的规定，我国已经形成了具有中国特色的审查模式。我国《立法法》第 107 条、第 108 条、第 110 条、第 112 条对相关立法的审查监督制度作出了规定，第 107 条规定："法律、行政法规、地方性法规、自治条例和单行条例、规章有下列情形之一的，由有关机关依照本法第一百零八条规定的权限予以改变或者撤销：（一）超越权限的；（二）下位法违反上位法规定的；（三）规章之间对同一事项的规定不一致，经裁决应当改变或者撤销一方的规定的；（四）规章的规定被认为不适当，应当予以改变或者撤销的；（五）违背法定程序的。"第 108 条规定："改变或者撤销法律、行政法规、地方性法规、自治条例和单行条例、规章的权限是：（一）全国人民代表大会有权改变或者撤销它的常务委员会制定的不适当的法律，有权撤销全国人民代表大会常务委员会批准的违背宪法和本法第八十五条第二款规定的自治条例和单行条例；（二）全国人民代表大会常务委员会有权撤销同宪法和法律相抵触的行政法规，有权撤销同宪法、法律和行政法规相抵触的地方性法规，有权撤销省、自治区、直辖市的人民代表大会常务委员会批准的违背宪法和本法第八十五条第二款规定的自治条例和单行条例；（三）国务院有权改变或者撤销不适当的部门规章和地方政府规章；（四）省、自治区、直辖市的人民代表大会有权改变或者撤销它的常务委员会制定的和批准的不适当的地方性法规；（五）地方人民代表大会常务委员会有权撤销本级人民政府制定的不适当的规章；（六）省、自治区的人民政府有权改变或者撤销下一级人民政府制定的不适当的规章；（七）授权机关有权撤销被授权机关制定的超越授权范围或者违背授权目的的法规，必要时可以撤销授权。"第 110 条规定："国务院、中央军事委员会、国家监察委员会、最高人民法院、最高人民检察院和各省、自治区、直辖市的人民代表大会常务委员会认为行政法规、地方性法规、自治条例和单行条例同宪法或者法律相抵触的，或者存在合宪性、合法性问题的，可以向全国人民代表大会常务委员会书面提出进行审查的要求，由全国人民代表大会有关的专门委员会和常务委员会工作机构分送有关的专门委员会进行审查、提出意见。前款规定以外的其他国家机关和社会团体、企业事业组织以及公民认为行政法规、地方性法规、自治条例和单行条例同宪法或者法律相抵触的，可以向全国人民代表大会常务委员会书面提出进行审查的建议，由常务委员会工作机构进行审查，必要时，送有关的专门委员会进行审查、提出意见。"第 111 条规定："全国人民代表大会专门委员会、常务委员会工作机构可以对报送备案的行政法规、地方性法规、自治条例和单行条例等进行主动审查，并可以根据需要进行专项审查。国务院备案审查工作机构可以对报送备案的地方性法规、自治条例和单行条例，部门规章和省、自治区、直辖市的人民政府制定的规章进行主动审查，并可以根据需要进行专项审查。"第 112 条规定："全国人民代表大会专门委员会、常务委员会工作机构在审查中认为行政法规、地方性法规、自治条例和单行条例同宪法或者法律相抵触的，或者存在合宪性、合法性问题的，可以向制定机关提出书面审查意见；也可以由宪法和法律委员会与有关的专门委员会、常务委员会工作机构召开联合审查会议，要求制定机关到会说明情况，再向制定机关提出书面审查意见。制定机关应当在两个月内研究提出是否修改或者废止的意见，并向全国人民代表大会宪法和法律委员会、有关的专门委员会或者常务委员会工作机构反馈。全国人民代表大会宪法和法律委员会、有关的专门委员会、常务委员会工作机构根据前款规定，向制定机关提出审查意见，制定机关按照所提意见对行政法规、地方性法规、自治条例和单行条例进行修改或者废止的，审查终止。全国人民代表大会宪法和法律委员会、有关的专门委员会、常务委员会工作机构经审查认为行政法规、地方性法规、自治条例和单行条例同宪法或者法律相抵触，或者存在合宪性、合法性问题需要修改或者废止，而制定机关不予修改或者废止的，应当向委员长会议提出予以撤销的议案、建议，由委员长会议决定提请常务委员会会议审议决定。"

需要强调的是，《立法法》确立的以宪法和法律委员会为主的审查主体，充分体现了中国特色的合宪性审查制度。党的十九大报告曾明确提出：加强宪法实施和监督，推进合宪性审查工作，维护宪法权威。为推进合宪性审查工作，全国人民代表大会通过修改宪法设立了宪法和法律委员会。根据 2018 年 3 月 11 日第十三届全国人民代表大会第一次会议通过的《宪法（修正案）》第 44 条，《宪法》第 70 条第 1 款中 "全国人民代表大会设立民族委员会、法律委员会、财政经济委员会、教育科学文化卫生委员会、外事委员会、华侨委员会和其他需要设立的专门委员会"，修改为："全国人民代表大会设立民族委员会、宪法和法律委员会、财政经济委员会、教育科学文化卫生委员会、外事委员会、华侨委员会和其他需要设立的专门委员会。" 新成立后的宪法和法律委员会，负责推动宪法实施、开展宪法解释、推进合宪性审查、加强宪法监督、配合宪法宣传等工作。为了贯彻宪法的实施，推进立法的合宪性审查，2023 年 3 月 15 日第十四届全国人大一次会议表决通过的《关于修改立法法的决定》将法律委员会修改为宪法和法律委员会，从制度上实现了宪法和法律的衔接，对深入推进合宪性审查工作，加强宪法实施与监督，推进全面依法治国具有重大意义。

四、备案与批准

（一）备案

1. 备案的概念与类型

备案是立法监督制度中的一个重要环节。备案，是指行政法规、地方性法规、自治条例和单行条例、规章在颁布实施后，由制定机关依法报送上级国家机关存档，以备审查的一项制度。[1]备案制度可以使上级监督部门对下级立法机关的立法活动进行审查，不仅可以及时消除法律的冲突和矛盾，维护法制的统一，加强对立法的监督管理，对立法状况进行全面的掌握，还可以沟通上、下级立法机关之间的关系，使其更好地协调工作。

备案通常是立法机关或议会用来监督和控制委任立法或授权立法的一种重要的制度，立法监督意义上的备案制度，主要有三种类型：[2]

（1）单纯备案。有关主体将应送交备案的法送交有关主体备案后，不需要接受备案机关作出任何决定即可生效而成为正式法。

（2）实质备案。有关主体将应送交备案的法送交有关主体备案后，接受备案的主体如对送交备案的法持有异议或予以否决，则送交备案的法便因之失效。

（3）限期备案。有关主体将法送交有关备案主体后，接受备案的机关有权在一定期限内对备案的法提出反对或异议，并且有权作出废除的决定。如果过了法定期限没有对送交备案的法提出异议或反对，则该法自行生效。

2. 我国立法的备案制度

我国立法的备案制度，主要是针对法规和规章这两类规范性法律文件而言的，早在 1987 年，全国人民代表大会常务委员会办公厅和国务院办公厅就联合发布了《关于地方性法规备案工作的通知》，进而在 1990 年，国务院制定了《法规规章备案规定》，通过这些规范性的法律文件，使得法规、规章备案的范围、程序、审查和处理都实现了有章可循。随着《立法法》的出台，我国的立法备案制度进入了新的发展时期，各项制度更为完善与具体。2001 年国务院又根据《立法法》制定了《法规规章备案条例》，使有关主体向国务院报送法规和规章的备案制度有了更为集中和系统的规则。

（1）关于我国立法备案的情形，我国《立法法》与国务院《法规规章备案条例》分别作出了不同的规定。根据《立法法》第 109 条规定："行政法规、地方性法规、自治条例和单行条例、规章应当在公布后的三十日内依照下列规定报有关机关备案：（一）行政法规报全国人民代表大会常务委员会备案；（二）省、自治区、直辖市的人民代表大会及其常务委员会制定的地方性

---

〔1〕　刘明利编著：《立法学》，山东大学出版社 2002 年版，第 242 页。
〔2〕　参见周旺生：《立法学》（第 2 版），法律出版社 2009 年版，第 336 页。

法规，报全国人民代表大会常务委员会和国务院备案；设区的市、自治州的人民代表大会及其常务委员会制定的地方性法规，由省、自治区的人民代表大会常务委员会报全国人民代表大会常务委员会和国务院备案；（三）自治州、自治县的人民代表大会制定的自治条例和单行条例，由省、自治区、直辖市的人民代表大会常务委员会报全国人民代表大会常务委员会和国务院备案；自治条例、单行条例报送备案时，应当说明对法律、行政法规、地方性法规作出变通的情况；（四）部门规章和地方政府规章报国务院备案；地方政府规章应当同时报本级人民代表大会常务委员会备案；设区的市、自治州的人民政府制定的规章应当同时报省、自治区的人民代表大会常务委员会和人民政府备案；（五）根据授权制定的法规应当报授权决定规定的机关备案；经济特区法规、浦东新区法规、海南自由贸易港法规报送备案时，应当说明变通的情况。"根据《法规规章备案条例》第 3 条规定："法规、规章公布后，应当自公布之日起 30 日内，依照下列规定报送备案：（一）地方性法规、自治州和自治县的自治条例和单行条例由省、自治区、直辖市的人民代表大会常务委员会报国务院备案；（二）部门规章由国务院部门报国务院备案，两个或者两个以上部门联合制定的规章，由主办的部门报国务院备案；（三）省、自治区、直辖市人民政府规章由省、自治区、直辖市人民政府报国务院备案；（四）较大的市的人民政府规章由较大的市的人民政府报国务院备案，同时报省、自治区人民政府备案；（五）经济特区法规由经济特区所在地的省、市的人民代表大会常务委员会报国务院备案。"第 4 条规定："国务院部门，省、自治区、直辖市和较大的市的人民政府应当依法履行规章备案职责，加强对规章备案工作的组织领导。国务院部门法制机构，省、自治区、直辖市人民政府和较大的市的人民政府法制机构，具体负责本部门、本地方的规章备案工作。"第 5 条规定："国务院法制机构依照本条例的规定负责国务院的法规、规章备案工作，履行备案审查监督职责。"

根据上述规定可以看出，在我国，接受备案的主体是十分广泛的，同时，需要备案的法的范围也是多种多样的。全国人大常委会、国务院、省、自治区、直辖市和较大的市的人大常委会都有权接受备案，行政法规、地方性法规、自治条例和单行条例、部门规章和政府规章、经济特区法规、授权法规都应当备案。其中，全国人大常委会除了不接受规章的备案以外，其他的行政法规、地方性法规、自治条例和单行条例、经济特区法规以及授权制定的法规都要报全国人大常委会备案。国务院在接受所有的规章备案的同时，还接受所有的地方性法规的备案。同时，根据《法规规章备案条例》的规定，政府的法制机构在备案中承担重要的角色，这些各个级别的政府法制机构，承担着履行备案审查监督的职责。

需要强调的是，在备案实践中，我国法规和规章多是在公布以后，或者是在发生效力以后才被报送有关机关备案的。行政法规、地方性法规、自治条例和单行条例、部门规章和政府规章、经济特区法规、根据授权制定的法规这些立法文件报送有关国家机关的备案在我国并不影响这些法规和规章的效力，立法主体将这些法规和规章报送有关机关备案后，这些被报送的法规和规章仍然有效。

（2）关于法规、规章的备案程序。根据《法规规章备案条例》的规定，关于法规、规章备案的程序体现在：

第一，依照本条例报送国务院备案的法规、规章，径送国务院法制机构。报送法规备案，按照全国人民代表大会常务委员会关于法规备案的有关规定执行。报送规章备案，应当提交备案报告、规章文本和说明，并按照规定的格式装订成册，一式10份。报送法规、规章备案，具备条件的，应当同时报送法规、规章的电子文本。

第二，报送法规、规章备案，符合本条例规定要求的，国务院法制机构予以备案登记；不符合规定要求的，不予备案登记或者暂缓办理备案登记。暂缓办理备案登记的，由国务院法制机构通知制定机关补充报送备案或者重新报送备案；补充或者重新报送备案符合规定的，予以备案登记。

第三，经备案登记的法规、规章，由国务院法制机构按月公布目录。编辑出版法规、规章汇编的范围，应当以公布的法规、规章目录为准。国家机关、社会团体、企业事业组织、公民认为地方性法规同行政法规相抵触的，或者认为规章以及国务院各部门、省、自治区、直辖市和较大的市的人民政府发布的其他具有普遍约束力的行政决定、命令同法律、行政法规相抵触的，可以向国务院书面提出审查建议，由国务院法制机构研究并提出处理意见，按照规定程序处理。

第四，国务院法制机构对报送国务院备案的法规、规章，就下列事项进行审查：是否超越权限；下位法是否违反上位法的规定；地方性法规与部门规章之间或者不同规章之间对同一事项的规定不一致，是否应当改变或者撤销一方的或者双方的规定；规章的规定是否适当；是否违背法定程序。国务院法制机构审查法规、规章时，认为需要有关的国务院部门或者地方人民政府提出意见的，有关机关应当在规定期限内回复；认为需要法规、规章的制定机关说明有关情况的，有关制定机关应当在规定期限内予以说明。经审查，地方性法规同行政法规相抵触的，由国务院提请全国人民代表大会常务委员会处理。经审查，规章超越权限，违反法律、行政法规的规定，或者其规定不适当的，由国务院法制机构建议制定机关自行纠正；或者由国务院法制机构提出处理意见报国务院决定，并通知制定机关。

第五，对于不报送规章备案或者不按时报送规章备案的，由国务院法制机构通知制定机关，限期报送；逾期仍不报送的，给予通报，并责令限期改正。省、自治区、直辖市人民政府应当依法加强对下级行政机关发布的规章和其他具有普遍约束力的行政决定、命令的监督，依照本条例的有关规定，建立相关的备案审查制度，维护社会主义法制的统一，保证法律、法规的正确实施。

（二）批准

1. 批准的概念

批准是指立法监督主体通过行使对立法文件的批准权对立法主体的立法权限、立法程序及立法内容进行的监查和督导活动。批准权的行使包括对立法文件积极的批准和消极的否决两种形式。[1]它可以是指有关国家机关制定的规范性文件，需要报其他国家机关同意后才能颁布实施的制度和活动，更多地属于立法过程中的一个环节而非立法监督措施。从功能理论角度审视，批准制度可以有效预防立法冲突，可以把它作为立法活动进行实现监督的一种方式。[2]

2. 我国立法的批准制度

我国立法的批准制度不同于其他国家的立法批准制度，它既不是指授权机关对受权机关所立之法的批准，更不是指立法机关将已通过的法案送交国家元首或行政机关批准。我国立法中的批准制度是具有中国特色的立法批准制度。包括对民族自治地方的自治条例和单行条例的批准制度和对设区的市

---

〔1〕 参见黄文艺、杨亚非主编：《立法学》，吉林大学出版社 2002 年版，第 264 页。
〔2〕 参见朱力宇、叶传星主编：《立法学》（第 4 版），中国人民大学出版社 2015 年版，第 218 页。

的地方性法规的批准制度两类。

（1）民族自治地方立法的批准制度。《宪法》第116条规定："民族自治地方的人民代表大会有权依照当地民族的政治、经济和文化的特点，制定自治条例和单行条例。自治区的自治条例和单行条例，报全国人民代表大会常务委员会批准后生效。自治州、自治县的自治条例和单行条例，报省或者自治区的人民代表大会常务委员会批准后生效，并报全国人民代表大会常务委员会备案。"我国《立法法》第85条规定："民族自治地方的人民代表大会有权依照当地民族的政治、经济和文化的特点，制定自治条例和单行条例。自治区的自治条例和单行条例，报全国人民代表大会常务委员会批准后生效。自治州、自治县的自治条例和单行条例，报省、自治区、直辖市的人民代表大会常务委员会批准后生效。自治条例和单行条例可以依照当地民族的特点，对法律和行政法规的规定作出变通规定，但不得违背法律或者行政法规的基本原则，不得对宪法和民族区域自治法的规定以及其他有关法律、行政法规专门就民族自治地方所作的规定作出变通规定。"《民族区域自治法》第19条规定："民族自治地方的人民代表大会有权依照当地民族的政治、经济和文化的特点，制定自治条例和单行条例。自治区的自治条例和单行条例，报全国人民代表大会常务委员会批准后生效。自治州、自治县的自治条例和单行条例报省、自治区、直辖市的人民代表大会常务委员会批准后生效，并报全国人民代表大会常务委员会和国务院备案。"第20条规定："上级国家机关的决议、决定、命令和指示，如有不适合民族自治地方实际情况的，自治机关可以报经该上级国家机关批准，变通执行或者停止执行；该上级国家机关应当在收到报告之日起六十日内给予答复。"

根据这些法律的规定，民族自治地方被赋予了相当大的自治权力，其可以行使包括组建公安部队、独立使用财政经费、独立管理地方经济、文化和社会事业等诸多方面的权力。而这些自治权力是一般的地方国家机关不可能享有的，民族自治地方的自治机关在这么多自由权限的范围内制定自治条例和单行条例，如果不对其进行必要且有效的制约和监督，那么很容易出现这些自治权力被滥用的后果。同时，为了保障民族自治地方具有高度的自治性，还必须赋予其制定相应自治条例和单行条例的权力，由此，就必须实行相对灵活的民族自治地方的立法批准制度，以保证国家的统一和各民族的安定团结。因此，根据《宪法》和《民族区域自治法》的规定，对民族自治地方的自治立法的审查必须坚持原则性与灵活性的有机结合，要考虑这些自治法规是否依照当地民族的政治、经济、文化和社会特点制定，还有考虑这些依据当地民族的特点制定的法规对法律和行政法规的变通规定是否违背了宪法、法律或者行政法规的基本原则，是否违背了法律的禁止性规定。也就是说，民族自治地方的立法的变通规定也必须在一定限度内进行，如果发现有不符合批准规定条文，应当及时进行修改，以保证国家法制的统一与权威。

（2）设区的市立法的批准制度。我国《立法法》第81条第1、2款规定："设区的市的人民代表大会及其常务委员会根据本市的具体情况和实际需要，在不同宪法、法律、行政法规和本省、自治区的地方性法规相抵触的前提下，可以对城乡建设与管理、生态文明建设、历史文化、基层治理保护等方面的事项制定地方性法规，法律对设区的市制定地方性法规的事项另有规定的，从其规定。设区的市的地方性法规须报省、自治区的人民代表大会常务委员会批准后施行。省、自治区的人民代表大会常务委员会对报请批准的地方性法规，应当对其合法性进行审查，认为同宪法、法律、行政法规和本省、自治区的地方性法规不抵触的，应当在四个月内予以批准。省、自治区的人民代表大会常务委员会在对报请批准的设区的市的地方性法规进行审查时，发现其同本省、自治区的人民政府的规章相抵触的，应当作出处理决定。"《地方各级人民代表大会和地方各级人民政府组织法》第10条第2款规定："设区的市、自治州的人民代表大会根据本行政区域的具体情况和实际需要，在不同宪法、法律、行政法规和本省、自治区的地方性法规相抵触的前提下，可以依照法律规定的权限制定地方性法规，报省、自治区的人民代表大会常务委员会批准后施行，并由省、自治区的人民代表大会常务委员会报全国人民代表大会常务委员会和国务院备案。"以上两种法律规定是我国法律中对有关设区的市的立法批准制度的相关规定。

从这两种法律规范可以看出，我国地方上设区的市的数量众多，而且各地方的经济社会发展不平衡，如果不对设区的市所制定的法律进行批准，不但可能会出现有损宪法权威的情形，而且还可能破坏我国的法制的统一与权威。因此，对设区的市的立法进行批准，不但可以保证宪法的尊严，维护我国法制的统一，而且还可以清晰掌握各个设区的市的不同立法情况，保持设区的市的立法不至于出现偏颇与孤立。对设区的市的立法的批准主要审查其是否与宪法、法律、行政法规和地方性法规相抵触，是否符合本地区的具体情况和实际需要，针对符合要求的在四个月内作出批准决定，如果发现相抵触的情形，应该作出不批准的决定，通知相应的机关作出修改。

【法律规范】

《立法法》

第 105 条　法律之间对同一事项的新的一般规定与旧的特别规定不一致，不能确定如何适用时，由全国人民代表大会常务委员会裁决。

行政法规之间对同一事项的新的一般规定与旧的特别规定不一致，不能确定如何适用时，由国务院裁决。

第 107 条　法律、行政法规、地方性法规、自治条例和单行条例、规章有下列情形之一的，由有关机关依照本法第一百零八条规定的权限予以改变或者撤销：

（一）超越权限的；

（二）下位法违反上位法规定的；

（三）规章之间对同一事项的规定不一致，经裁决应当改变或者撤销一方的规定的；

（四）规章的规定被认为不适当，应当予以改变或者撤销的；（五）违背法定程序的。

第 109 条　行政法规、地方性法规、自治条例和单行条例、规章应当在公布后的三十日内依照下列规定报有关机关备案：

（一）行政法规报全国人民代表大会常务委员会备案；

（二）省、自治区、直辖市的人民代表大会及其常务委员会制定的地方性法规，报全国人民代表大会常务委员会和国务院备案；设区的市、自治州的人民代表大会及其常务委员会制定的地方性法规，由省、自治区的人民代表大会常务委员会报全国人民代表大会常务委员会和国务院备案；

（三）自治州、自治县制定的自治条例和单行条例，由省、自治区、直辖市的人民代表大会常务委员会报全国人民代表大会常务委员会和国务院备案；

（四）部门规章和地方政府规章报国务院备案；地方政府规章应当同时报本级人民代表大会常务委员会备案；设区的市、自治州的人民政府制定的规章应当同时报省、自治区的人民代表大会常务委员会和人民政府备案；

（五）根据授权制定的法规应当报授权决定规定的机关备案；经济特区法

规、浦东新区法规、海南自由贸易港法规报送备案时，应当说明对法律、行政法规、地方性法规作出变通的情况。

【论点要览】

《中国立法原理论》（韩忠伟、杨涛、李晓棠，甘肃民族出版社 2008 年版）：由于监督启动程序的不完备，常常使得一些有种种问题的规范性法律文件得不到及时的审查，也使得受到这些文件所影响的当事人权益得不到有力而及时的保障和救济。

《立法学》（周旺生，法律出版社 2009 年版）：立法监督对立法活动及其结果所具有的重要作用，决定了它在现代立法实践、立法制度和立法理念等诸多方面都具有非常重要且不可缺少的位置。反过来，一个国家的立法监督理论和实践落后，立法监督制度很不健全，这个国家在立法实践、立法制度和立法理念方面，就同立法的法治化、民主化和科学化的境地尚有遥远的路径。

《中国立法体制、程序与监督》（马怀德主编，中国法制出版社 1999 年版）立法监督制度的缺陷与不足在于从总体上说显得粗放，还需要进一步法律化、制度化。我国宪法和有关法律中对关于立法监督的条款，宣言性、原则性的规定较多，具体性、程序性的规定较少，缺乏可操作性。

《宪法比较研究》（李步云主编，法律出版社 1998 年版）：美国对地方立法的审查监督受三权分立体制的影响和制约，美国联邦法院在对美国国会立法进行违宪审查时比较谨慎，而对各地方立法的审查则比较严格，通常审查州立法是否违宪的案件就占据全部司法审查案件的绝大多数。

《德国联邦宪法法院总论》（刘兆兴，法律出版社 1998 年版）：德国联邦宪法法院对授权立法的审查分为抽象的法律、法规审查和具体的法律、法规审查两种。

【典型案例】

案例一：全国人大常委会备案审查纠正类似"超生即辞退"法规

基本案情：

全国人大常委会法工委副主任许安标 2020 年 3 月 12 日表示，截至 2019 年底，五年来十二届全国人大常委会共收到公民、组织提出的审查建议 1527 件。

他介绍，这些审查建议按照职责分工，属于全国人大常委会备案审查范围的是 1206 件，占 79%，其中建议对行政法规进行审查的有 24 件，占 2%，建议对地方性法规进行审查的有 66 件，占 5.5%，建议对司法解释进行审查的有 1116 件，占 92.5%，这个比例较高。

许安标表示，备案审查是我国维护法制统一、维护宪法权威的一项很重要的宪法性制度，这项制度主要包括备案和审查两方面内容，备案是制定规范性文件的机关要按照规定的时间和程序报送上一级机关备案，审查就是接受备案的机关可以对报送备案的规范性文件进行审查，发现有和宪法法律等上位法相抵触的，依法予以处理，启动审查有两种方式，一种是主动审查，根据需要可以主动审查，另一种是依申请审查，就是公民、组织申请提出的审查建议，要进行审查。

据了解，2017 年 5 月，北京大学、上海财经大学、浙江财经大学、人力资源和社会保障部劳动科学研究所 4 位学者联名向全国人大常委会法工委提出审查建议，认为广东、云南、江西、海南、福建、辽宁、贵州等省份的地方立法中有关"超生即辞退"的规定违反了法律规定，为纠正和防止地方立法随意突破法律规定，建议对地方立法中增设用人单位单方解除劳动合同法定情形的规定予以审查。

根据审查程序，收到审查建议后，全国人大常委会法工委函告了审查建议中提到的 7 省人大常委会，要求其说明情况。辽宁和贵州两地在收到函告后均表示将适时启动对计生条例的修改程序。

2020 年 1 月 21 日，全国人大常委会法工委法规备案审查室获悉，他们已先后收到福建、江西、海南、云南四省人大常委会的反馈，福建省已于 2019 年 11 月作了修改，江西、海南、云南三省已将修改此规定正式列入 2020 年立法计划。而广东省人大常委会也于 2020 年 1 月 18 日公开表态"抓紧落地"。

许安标说，十二届全国人大常委会高度重视备案审查工作，对报送的行政法规、司法解释逐件进行主动审查，只要报送来了，都要审查。同时有重点地进行主动审查，还对公民、法人和其他组织提出的审查建议认真研究处理，纠正和解决了一批地方性法规、司法解释中存在的问题，取得了良好效果。

2017 年 12 月，十二届全国人大常委会首次听取和审议备案审查工作情况报告，在社会上产生了很大反响，收到的审查建议数量大幅度增加，2020 年 1 月和 2 月，收到了 4000 多件，目前正在甄别，有的是表示感谢、支持，有一些是提出新的审查建议的。

许安标说，审查建议数量大、增长速度快、涉及领域广，内容聚焦关心国家法制统一、涉及人民群众切身利益，梳理后发现，包括几个方面：第一，涉及市场经济活动、公平竞争规则方面的规定；第二，有关行政强制、行政处罚等方面的规定；第三，有关婚姻家庭、劳动用工等方面的规定，比如2016年以来收到大量针对《关于适用〈中华人民共和国婚姻法〉若干问题的解释（二）》中关于夫妻共同债务承担的规定的审查建议；第四，有关限制或者剥夺人身自由的刑事、行政措施等方面的规定。

许安标表示，这种情况既反映了我国的法规、司法解释调整的社会关系日益广泛、复杂，也反映出人民群众依靠法律途径维护自身权利的意识不断增强。

对于收到公民审查建议，有一套规范的处理程序，首先是逐一接收、登记、审查研究，发现存在与法律相抵触或者不适当的问题，积极稳妥做出处理。属于全国人大常委会备案审查范围内的，留下来进一步研究，不属于的，转交有关备案审查机关处理。

对于这些审查建议提出的问题有一定道理的，全国人大常委会法工委要进一步展开研究，有些问题比较复杂，通过召开座谈会、论证会、咨询研究，同时向法规、司法解释的制定机关发函，请制定机关就这个问题的制定背景、考虑、依据和所包含的立法原意做出解释说明。在此基础上，全国人大常委会法工委慎重提出处理意见，沟通协商把这个问题解决。

针对未来备案审查工作中会不会采取撤销的办法来解决、进一步增强备案审查制度刚性的问题，许安标表示，这些法规、司法解释通过研究，在备案审查工作中很容易形成共识，制定机关在备案审查过程中很快纠正了，很多情况下，不需要动用撤销手段，但是在制度设计上也有相应安排。如果拒不撤销怎么办？可以由全国人大常委会委员长会议提出议案，由全国人大常委会决定撤销。

（资料来源：王亦君、王鑫昕："全国人大常委会备案审查纠正类似'超生即辞退'法规"，载《中国青年报》2020年3月12日。）

提示与问题：

（1）为什么地方性法规中"超生即辞退"规定涉嫌违法？

（2）地方性法规中"超生即辞退"规定是否涉嫌违宪？

（3）如何评价公民在合宪性审查中的作用？

案例二：马伯里诉麦迪逊案

基本案情：

在 1800 年底举行的美国总统大选中，以亚当斯为首的联邦党与以杰弗逊为首的共和党之间的政治角逐白热化。结果亚当斯未获连任，杰弗逊获胜，成为美国第三任总统。在总统权力交接之前，亚当斯利用手中的总统权力及其由联邦党所控制的国会，对司法机构作了重大调整，并且利用仍然在职的机会任命了 42 名联邦党人担任哥伦比亚特区的治安法官。由于当时客观条件所限，时任亚当斯总统国务卿的约翰·马歇尔却没有在午夜前把委任状全部发出。新上任的杰弗逊总统本就对联邦党人在权力交接前夜"突击提干"的损招不满，当他听说滞留的十七份联邦党人法官委任令一事后，立刻命令新任国务卿麦迪逊扣押了这批委任令。其中就包括威廉·马伯里的委任状。于是，马伯里决定提起诉讼。

马伯里一纸诉状将麦迪逊告到联邦最高法院，其依据是国会 1789 年通过的《联邦司法法》第 13 条："在法律原则和习惯所容许的范围内，美国最高法院有权向联邦政府现职官员下达执行令（执行令是法院签发的一种要求具有法律责任的官员履行职责的命令），命其履行其法定义务。"根据该条法律，美国最高法院对这类案子拥有初审管辖权。该案的核心在于美国最高法院能否向国务卿下达执行令，而实质上最高法院此时面临的是自身法律地位的问题，是宪法赋予最高法院与行政权、立法权同等的权力能否真正实现的问题。

美国最高法院法官马歇尔在此案中判决主张，根据《美国宪法》第 3 章第 2 节第 2 款："涉及大使、其他使节和领事以及以州为一方当事人的一切案件，最高法院具有原始管辖权。对上述以外的所有其他案件，最高法院具有上诉管辖权。"因而判定马伯里所依据的 1789 年的《联邦司法法》的第 13 条违宪而无效，不能适用于本案，而且《宪法》本身把最高法院的初审权限制在"涉及大使、公使、领事以及以州为当事人的案件"。由于马伯里不属于以上的任何一类，最高法院不应受理此案。据此，最高法院驳回了马伯里的诉讼请求。马歇尔的根据是如前所述的《宪法》第 3 章第 2 节第 2 款，而马伯里在最高法院起诉是参考了如上所述的 1789 年《联邦司法法》第 13 条，于是马歇尔斩钉截铁地指出，《联邦司法法》这一条与宪法冲突，非法扩大了美国最高法院的权限。在马歇尔的判决意见中认为，宪法要么是一项用普通方法不可改变的最高法，要么就是与普通法处于同等地位，并且像其他立法一样，立法机关想要改变就可以改变。倘若前一种选择是正确的，那么违反宪法的立法就不成其为法律；倘若后一种选择是正确的，那么成文宪法就是人民想要限制一项其本身性质是无限权力的荒谬企图。马歇尔强调，宪法构成国家的根本法和最高法律，违反宪法的法律是无效的，解释法律显然是司法部门的权限范围和责任。据此，马歇尔得出结论，宪法的含义否定了最高法院拥有原诉管辖权；尽管《联邦司法法》赋予了最高法院原诉和上诉管辖权，但因违宪而无效，本案撤销。

美国的法律体系是成文法与案例法的结合，既然立法和行政部门无法推翻美国最高法院对马伯里案的判决，那么，按照英美普通法系遵循先例的原则，此判决将作为宪法惯例被后人永远引用。据统计，在最高法院以后的判决中，马伯里案高踞被引用的案例之首，达数百次之多。根据这一经典案例逐渐确立了联邦法院司法审查权。

（资料来源：[1]［美］伯纳德·施瓦茨：《美国最高法院史》，毕洪海等译，中国政法大学出版社 2005 年版；［2]［美］斯坦利·I. 库特勒编著：《最高法院与宪法——美国宪法史上重要判例选读》，朱曾汶、林铮译，商务印书馆 2006 年版。）

提示与问题：

（1）简述违宪审查制度的模式。

（2）结合立法学相关知识，如何评价马伯里诉麦迪逊案？

（3）马伯里诉麦迪逊案对中国违宪审查制度的构建有何意义？

【参考书目】

周旺生：《立法学》（第 2 版），法律出版社 2009 年版，第十四章。

刘莘主编：《立法法》，北京大学出版社 2008 年版，第十章。

黄文艺、杨亚非主编：《立法学》，吉林大学出版社 2002 年版，第十三章。

【分析思考】

（1）简述立法监督的内涵的种类。

（2）论述违宪审查制度。

（3）如何理解备案与批准的关系？

后　记

　　本书终于收笔。作为第一责任人的我，没有想象的欣喜，也没有终于完工后的轻松，有的只是忐忑。

　　从教之后，我给本科生讲授的第一门课就是《立法学》，当时所使用的参考教材就是北京大学周旺生教授编写的《立法学》，从此深深地受其影响。可以说，我所谓的立法学体系与基本理论知识，更多地是来源于周教授，我是周老师所不认识的也不记名的弟子。在此，我要对周旺生教授道一声诚挚的感谢！

　　本教材是作为兰州大学法学院本科生和研究生上课的参考教材，是按照学院统一的编写体例完成的，得以出版也得到了学院的大力支持。为此我也要衷心地感谢兰州大学法学院给我们提供的宝贵的锻炼机会！

　　本教材共30万余字，三位作者各自贡献10万字以上，鉴于合作深度，就不以章节划分了，特此说明。

　　学然后知不足，教然后知困。知不足，然后能自反也；知困，然后能自强也。故曰：教学相长也。自勉。